Stephen Smith

NACH EUROPA!

Das junge Afrika auf dem Weg
zum alten Kontinent

Übersetzt von
Dagmar Engel und Andreas Rostek

edition.fotoTAPETA
Berlin

Für Charlie und Anne
und für Doris

INHALT

Die deutsche Übersetzung meines Buches ist für mich von besonderer Bedeutung, weil ich als Einwanderer in Deutschland aufgewachsen bin. Als ich vier Jahre alt war, kam mein amerikanischer Vater bei einem Verkehrsunfall ums Leben und meine deutsche Mutter kehrte in ihre Heimatstadt – Hanau – zurück. Ich ging in Hessen zur Schule und begann dann an der Freien Universität in Berlin mein Studium. Ich habe meine Alltagssprache gewechselt, vom Englischen ins Deutsche, das bis dahin im strengen Wortsinn nur meine „Muttersprache" gewesen war. Spätestens im Gymnasium war ich, abgesehen von meinem Namen, von einem deutschen Kind nicht mehr zu unterscheiden. Ich fühlte mich auch so einheimisch, dass ich andere – in den 1960er Jahren vor allem Italiener und Spanier – als Ausländer empfand und das nicht immer verbunden mit einer spontanen „Willkommenskultur". (Ich kann mich gut daran erinnern, dass mich mediterrane Knoblauchausdünstungen auf meiner täglichen Busfahrt zur Schule eher störten.) Gleichwohl habe ich die deutsche Staatsbürgerschaft nicht angenommen, ein wenig vielleicht, um meinem Vater die Treue zu halten, vor allem aber, weil ich gelegentlich als „GI-Kind" gehänselt wurde. Das war faktisch unzutreffend, aber ich habe das nie richtiggestellt. Ich habe daraus den Schluss gezogen, dass etwas in mir nie ganz im Deutschen aufgehen würde, und bin Amerikaner geblieben. Das war nicht immer der Weg des geringsten Widerstandes. Regelmäßig musste ich meine Aufenthaltsgenehmigung erneuern, gelegentlich eine Arbeitserlaubnis beantragen, und ich weiß nicht, wie ich mein Studium finanziert hätte, wäre die Studienstiftung des Deutschen Volkes nicht so großherzig „blind" für Nationalitäten.

Ich war vierundzwanzig, als ich nach Frankreich übersiedelte. Ich hatte ein Jahr in Afrika verbracht und dann beschlossen, mich an der Sorbonne auf den „Schwarzen Kontinent" zu spezialisieren. Während ich zusätzlich als Korrespondent in Paris für *die tageszeitung* arbeitete, wechselte ich wieder meine Alltagssprache. Nach vier Jahren als Reisekorrespondent in Afrika für *Radio France Internationale (RFI)* stieg ich zuerst bei *Libération* und dann im Jahr 2000 bei *Le Monde* als deren Chefredakteur für Afrika ein. Ganz und gar Franzose bin ich dennoch nicht geworden. Ein bisschen Akzent ist geblieben, mein Name natürlich auch, und selbst meine Art, im Raum zu stehen, hat nie die Behauptungskraft gallischer Männlichkeit erreicht. Gleichwohl kann ich mit Stolz vermelden, dass dieses Buch französische Preise gewonnen hat – einen *Grand Prix der Académie française, le Prix du Livre de Géopolitique 2018* und den Preis der *Revue des Deux Mondes* –, die über Relevanz und Originalität hinaus „literarische Qualitäten" auszeichnen wollen. Im Übrigen bin ich mit einer Französin verheiratet und alles in allem wohl so „assimiliert", wie das für einen Ausländer möglich ist (und zu Kolonialzeiten für ein paar auserlesene Afrikaner möglich war).

2006 bin ich in die USA zurückgekehrt, um an der *Duke University* zu lehren. Ich habe meine Kindersprache wiedergefunden, aber mein Familienleben ist französisch geblieben, und die Idee einer „Heimkehr" ist mir nie gekommen (trotz des *„Welcome home!"* an der Grenze, an das ich nicht gewöhnt war, trotz zwei Amtszeiten von Obama – und jetzt aus Trotz gegen Trump). Warum erzähle ich das alles? Weil ich entgegen der neuen Misstrauenskultur, die überall *fake news* entlarven will und Experten abtut als überhebliche „Meinungsmacher", an dem guten Glauben festhalte, der einen Autor an seine Leser bindet. Weil ich denke, dass es wichtig ist, offen darüber zu reden, „von wo aus man spricht", ohne dass der unvermeidliche Standpunkt – in meinem Falle: als Weißer, als Wohlhabender, als Mann oder als Glaubensloser – zur eindimensionalen Identität wird. Und schließlich, weil mir scheint, dass David Goodhart, der britische Autor von *The Road to Somewhere: The Populist Revolt and the Future of Politics*, eine erhellende Unterscheidung macht, wenn er die *Somewheres* – die „Verorteten" – und die *Anywheres* – die „Ungebundenen" – wie zwei moderne Stämme ethnographisch ausleuchtet. (Ich spreche da etwas platter von den Verlierern und Gewinnern der Globalisierung). Aber das schließt eine Debatte nicht aus, ganz im Gegenteil, nicht einmal ein Streitgespräch, das immer noch besser ist als Beschimpfungen oder die scheinheilige Toleranz, die sich darauf verständigt, dass man sich nicht versteht.

Ich habe dieses Buch geschrieben als jemand, der in mehreren, aber letztendlich nicht in vielen Ländern dieser Welt „verortet" ist, jedoch im Vergleich mit anderen, die sich an einem bestimmten Ort wirklich zu Hause fühlen, wahrscheinlich „ungebunden" wirkt. Ich bin davon ausgegangen, dass der Andere – sowohl der afrikanische Migrant als auch der alteingesessene Europäer – mein „Ich in anderen Lebensumständen" ist. Es ist mir darum gegangen, diese Lebensumstände besser zu verstehen und herauszufinden, wohin sie führen werden, wenn die „Migrationsbegegnung" zwischen Afrika und Europa in dem Ausmaß stattfindet, wie ich es mit einigen guten Gründen voraussage. Ich habe das in dem Bewusstsein getan, dass es weder leicht ist, in einem neuen Land anzukommen und sich dort einzuleben, noch andere bei sich aufzunehmen und zu Mitbürgern zu machen. Beides kann gut gehen oder schlecht laufen, und dieses Risiko werden sich Europa und Afrika in den kommenden zwei oder drei Generationen in einer Größenordnung teilen, die eine Herausforderung darstellt.

Was Deutschland betrifft, kommt da noch etwas Besonderes hinzu. Viele junge Deutsche hatten damals, als ich unter ihnen aufwuchs, wie ich selbst ein befremdliches Gefühl: Was sie sein wollten, wurde in dem Blick auf die Deutschen nach dem Dritten Reich verneint. Um das zu empfinden, brauchte man nicht in Amerika geboren zu sein – ich hatte es in dieser Hinsicht leichter. Aber wenn das „Deutsch-Sein", so wie es einem als Karikatur noch häufig zugeschrieben wird, ein Kreuz ist, das einem als Deutscher auferlegt sein mag, dann muss man darauf achten, dass die Flüchtlingskrise weder als „Heimsuchung" noch als „Erlösung" missverstanden wird – das gilt für die Krise von 2015 ebenso wie die kommende, afrikanische Migration. Ich bin stolz auf meine deutsche Kultur, jedenfalls auf das, was davon übriggeblieben ist und es mir erlaubt, dieses Vorwort zu schreiben. „Deutschtümelei" ist mir gründlich zuwider. Aber wenn ich in Jenny Erpenbecks einfühlsamem Roman *Gehen, Ging, Gegangen* lese: „Die Afrikaner wußten bestimmt überhaupt nicht, wer Hitler war, aber dennoch: Nur wenn sie Deutschland jetzt überlebten, hatte Deutschland den Krieg wirklich verloren", dann hoffe ich sehr, dass solcherart Vergangenheitsbewältigung keinen Zulauf findet. Deutschland hat nichts zu beweisen. Hitler hat den Krieg verloren, und Afrikaner – wie Deutsche – sind so, wie sie sind, und nicht so, wie wir sie sehen wollen, um uns besser oder schlechter zu fühlen.

August 2018

VON DEN HÖHEN DER ALTERSPYRAMIDEN

Die Geschichte geht voran, aber gemessenen Schrittes. Bei den Olympischen Spielen von 2012 in London war der älteste Teilnehmer ein Reiter aus Japan, Hiroshi Hoketsu. Er hatte sich mit 71 Jahren zum vierten Mal für Olympische Spiele qualifiziert. Die jüngste Teilnehmerin, Adzo Kpossi, trat beim 50-Meter-Freistil im Schwimmen an, war gerade 13 Jahre alt und kam aus Togo. Weder der eine noch die andere hat es zu einer Medaille gebracht, aber die beiden verkörpern die gegensätzlichen Pole der neuen „*Geographie humaine*", der „Humangeografie" der Welt. Der älteste Olympionike kam aus einer Gesellschaft, die seit Mitte der 1970er Jahre die älteste der Welt ist; die Jüngste kam aus einem Land südlich der Sahara, wo sich mittlerweile die Jugend der Welt konzentriert. Dass eine Togolesin und ein Japaner damit die Basis und die Spitze der Alterspyramide formen, war also nicht ganz zufällig. Genauso wenig ist es ein Zufall, dass kurze Zeit später London die erste europäische Hauptstadt werden sollte, in der ein muslimischer Bürgermeister mit einem Migrationshintergrund gewählt wurde. Die Wahl von Sadiq Khan, auf britischem Boden geboren, nachdem seine pakistanischen Eltern 1970 dorthin eingewandert waren, kam im Mai 2016 für die einen einer kosmopolitischen Weihe gleich und war für die anderen eine Bestätigung ihrer Angst, bei sich nicht mehr „zu Hause" zu sein. Es handelt sich dabei um zwei Interpretationen der Tatsache, dass London heute zwar ungefähr genauso viele Einwohner zählt wie in den 1950er Jahren, sich deren Zusammensetzung aber radikal verändert hat:[1] Vor drei Ge-

---

[1]   Collier (2015), S. 129; zitiert nach der amerikanischen Ausgabe mit dem Titel *Exodus: How Migration is Changing Our World;* (die britische Ausgabe trägt einen anderen Titel und macht so den unterschiedlichen Kontext deutlich: *Exodus: Immigration and Multiculturalism in the 21st Century*).

nerationen kam die übergroße Mehrheit der Londoner als Kind britischer Eltern und britischer Großeltern auf die Welt; mittlerweile sind mehr als die Hälfte von ihnen Einwanderer der ersten oder zweiten Generation.

Nicht selten gilt solche „Humangeografie" – und mit ihr die Demografie – als Einladung zur Langeweile. Jenseits von statistischen Denksportaufgaben und „Alterskohorten" ist das eine Frage des Maßstabs. Demografische Veränderungen verlaufen mit einem Tempo, das zu langsam ist, um sich auf unseren Alltag auszuwirken … bis zu dem Tag, an dem wir überrascht feststellen, dass es „wie so oft unmerklich passiert war, in vieler Hinsicht plötzlich, auf einmal". So beschreibt James Baldwin 1962 in einem Pamphlet gegen den Rassismus in den USA die eigene Verwunderung über ein plötzliches Erwachen.[2] Zwei Jahre später machte der Kandidat der Tories in Smethwick unweit von Birmingham, einer kleinen Stahl- und Kohle-Stadt in den englischen *Midlands*, Wahlkampf mit dem Slogan *If you want a nigger for a neighbour vote Liberal or Labour.* Anderswo im Vereinigten Königreich gewann die Arbeiterpartei nach dreizehn Jahren in der Opposition die Oberhand und erreichte eine bequeme Mehrheit; in Smethwick jedoch gewann Peter Griffith vor einem Labourführer mit Namen Patrick Gordon Walker, der neuer Außenminister werden sollte. Damals schien Smethwick ein lokaler Sonderfall zu sein, ein erratischer Ausbruch von Rassismus. Aber nach dem *knock out* bei der Abstimmung über den britischen Ausstieg aus der EU im Juni 2016 klang der Name Smethwick plötzlich wie eine überhörte Warnung vor dem Brexit. Eine beliebte Zielscheibe dieses Referendums waren „die Polen", von denen rund eine Million in den ersten fünf Jahren nach dem Beitritt ihres Landes in die EU 2004 nach Großbritannien gekommen waren, und daraus sollte man eine Lehre zu ziehen: Der Rassismus ist nur eine von vielen Formen, das „Andere" abzulehnen. 2016

2   Baldwin (1962)

stimmte Smethwick – wo heute die „weißen Briten" nur noch 38 Prozent der Bevölkerung repräsentieren[3] – mit Zweidrittelmehrheit geradezu plebiszitär für den Austritt aus der EU. Unter den Gründen, die seine Einwanderer der ersten oder zweiten Generation als Erklärung für ihr Stimmverhalten anführten, findet man, in dieser Reihenfolge: die Bevorzugung, die EU-Bürgern im Vergleich zu Bürgern des Commonwealth eingeräumt wird, wenn sie sich in Großbritannien niederlassen wollen; die Ablehnung der polnischen Konkurrenz durch die lokalen Händler und Handwerker; die Opposition gegen den Neoliberalismus „à la Thatcher" in der Europäischen Union.

Was ist in einem halben Jahrhundert, also mehr oder weniger in der Lebenszeit eines Erwachsenen, in Großbritannien passiert? Als Vidiadhar Surajprasad Naipaul, ein hinduistischer Brahmane aus Trinidad und Tobago, 1950 ankam, um hier sein Studium fortzusetzen, zählte die wichtigste Kolonialmetropole etwa 25.000 farbige Einwanderer.[4] V.S. Naipaul war damals 18 Jahre alt. Als er das Flugzeug in Port-d'Espagne bestieg, ließ er die Seinen hinter sich, ohne sich umzudrehen, die Augen fest auf seinen Schatten gerichtet, „ein tanzender Zwerg auf dem Asphalt". Als er ankam, schwor er sich: „Ich will diesen Leuten beweisen, dass ich sie in ihrer eigenen Sprache schlagen kann."[5] Das Ziel war 2001 erreicht, als dem Schriftsteller der Entwurzelung – die von ihm als Chance beschrieben wird, sich „neu zu erschaffen" – der Literatur-Nobelpreis verliehen wurde. Das Vereinigte Königreich zählte da 4,6 Millionen Einwanderer jeglicher Herkunft, das waren rund acht Prozent seiner Bevölke-

---

3   Vgl. *The Guardian* vom 15. Oktobre 2014 („Britain's most racist election: the story of Smethwick, 50 years on") und vom 18. März 2017 („On the brink of Brexit, voters reflect: ‚I feel more strongly now. Let's get out'"), auch *International Business Times* vom 20. Dezember 2013 („Smethwick: What happened to the English town that once tried to ban non-Whites from buying homes?")
4   French (2004), S. 66
5   Naipaul (1983), S. 46 und 77

rung (nach einer Schätzung des *Office for National Statistics* lag diese Zahl 2015 bei 13,6 Prozent). Ist das viel oder wenig, schon zu viel oder noch nicht genug? Das mag jeder selbst beurteilen. Aber es ist Sache der Briten, und nur ihre, darüber zu entscheiden. So wie es Sache der Japaner ist, darüber zu befinden, ob sie ein Land bleiben wollen, in dem nur 1,5 Prozent der Bewohner im Ausland geboren wurde; oder wie es allein an den Amerikanern liegt, ob sie weiterhin die „Heimatlosen, vom Sturme Getriebenen" der Erde aufnehmen wollen, die „Massen derer, die sich danach sehnen, frei zu atmen", aber auch den „elenden Unrat eurer gedrängten Küsten", wie es in dem Gedicht von Emma Lazarus heißt, das am Sockel der Freiheitsstatue eingraviert ist. Was mich betrifft, so gehe ich a priori mit keinem Ideal oder gar moralischen Imperativ an die Niederschrift dieses Buches – plädiere weder für „Homogenität" noch für „Vermischung". Ich werde nicht gegen die Japaner zu Felde ziehen wegen ihres offensichtlichen Bedürfnisses, „unter sich" zu bleiben, noch werde ich die Entscheidung der Amerikaner feiern, sich der Vielfalt zu verschreiben, wenn das denn noch der Fall ist. Ich werde auch nicht untersuchen, ob die afrikanischen Migranten, von denen ich spreche, vor der Gewalt und Willkür in ihren Länder fliehen, vor der Armut oder vor mangelnden Aussichten auf ein besseres Leben. Schließlich werde ich auch – über die simple Feststellung hinaus – weder unterscheiden zwischen legalen und illegalen Migranten noch zwischen Wirtschaftsmigranten und Asylsuchenden.[6] Nicht dass diese

---

6   Die Flüchtlingskonvention von 1951 zielte auf politische Dissidenten, die aus dem kommunistischen Block in Osteuropa flohen. Zunächst ein Instrument des Kalten Krieges wurde sie 1967 verändert, und die geografischen und zeitlichen Einschränkungen fielen weg. Seither wurde sie weitgehend ausgehöhlt, weil heute nur noch zwei Prozent der Flüchtlinge weltweit von einer der drei Maßnahmen profitieren, die darin zur Lösung ihres unsicheren Status vorgesehen sind: Rückkehr in ihr, mittlerweile als sicher eingestuftes Heimatland, Integration in das Fluchtland, oder Integration in einem anderen Aufnahmeland (Vgl. Betts / Collier, 2017) Darüber hinaus kann man die Frage stellen, ob die Unterscheidung zwischen Wirtschaftsflüchtlingen und Asylsuchenden ange-

Fragen oder Differenzierungen nicht wichtig wären, im Gegenteil, an ihnen entscheiden sich oft Schicksale, und sie bilden Dreh- und Angelpunkt einer Debatte, die ich für wesentlich halte. Mein Ziel ist es vielmehr, in dieser Debatte nicht von vornherein zu polarisieren, sondern zu informieren und ein Fundament von Fakten zu liefern, auf dem dann jeder seine politische Bühne errichten mag. Genauer gesagt werde ich versuchen, die Bedeutung des Migrationsreservoirs abzuschätzen, das Afrika darstellt und soweit das möglich ist, das Ausmaß und den Zeitraum des zu erwartenden Zustroms in Richtung Europa vorauszusagen. Das bringt mich zurück zu V. S. Naipaul, der im August 2018 verstorben ist. Er traf weder als „bedrohlicher Eindringling" noch als „unschuldiges Opfer" in London ein. Er kam als Baumeister der Zukunft, als Pionier, der gerüstet war mit seiner Charakterstärke und „vorankommen" wollte; er hat sein Heimatland verlassen, um sich in Großbritannien niederzulassen, einem Land, das bereits „fertig" war, das also im Verlauf einer langen Geschichte und eines ständigen Erneuerungsprozesses zu dem geworden war, was er bei seiner Einreise vorfand. Wie wir gesehen haben, mussten sich sowohl das Gastland als auch der Brahmanen-Zwerg verändern in einem Prozess, den man entweder als „postkoloniale Begegnung" im Schatten des britischen Imperialismus bezeichnen könnte oder als „Migrationsbegegnung" im Zuge einer sich immer schneller entwickelnden Globalisierung. Beide Sichtweisen ergänzen sich. Je nach Verlauf und Erfordernis der Analyse werde ich beide benutzen.

Die internationale Migration lässt sich auf drei Schlüsselszenen bringen: Die erste ist eine Szene des Abschieds, ein Bewohner lässt sein Land zurück, in einer Bewegung des Rette-

---

messen ist, wenn man sich die Ablehnungsquoten bei den Anträgen auf Schutz anschaut: Laut Eurostat lag diese Quote 2016 für die ganze EU bei etwas über 80 Prozent. Es ist also eine Sache festzustellen, dass Deutschland 2015 fast eine Million Asylsuchende aufgenommen hat; etwas anderes ist es festzustellen, dass 2016 91 Prozent von ihnen abgelehnt wurden.

sich-wer-kann oder weil er einem Plan folgt, bei dem sich Zwang und Opportunismus oft nur schwer auseinanderhalten lassen; die zweite Szene – die Prüfung – verwandelt den Flüchtling in einen Helden, tragisch oder siegreich, der die Hindernisse zu überwinden sucht, die ihm den Weg in ein auserwähltes Land versperren; die dritte Szene schließlich, die der Reintegration oder Wiedereingliederung, ist ein Wagnis für den Migranten und für seine künftigen Mitbürger, die ein gemeinsames Terrain finden müssen, das für alle „bewohnbar" ist. Der Akt der Migration wird nicht durch die Ankunft gekrönt. Sein Erfolg oder sein Scheitern lassen sich erst nach einer gewissen Zeit feststellen, bisweilen erst in der zweiten oder gar dritten Generation, denn er ist eine Herausforderung für die Einwanderer und seine Nachkommen ebenso wie für das Land, das, mal mehr, mal weniger, ihr Land ist oder sein wird.

Afrika, das Mexiko Europas

Dieses Buch widmet sich der „Humangeografie" Afrikas, insbesondere südlich der Sahara. Es beschreibt das *Tableau vivant* von Europas Nachbarkontinent und kommt zu einer Schlussfolgerung, die Kontroversen und auch leidenschaftliche Reaktionen auslösen dürfte: Das junge Afrika macht sich unerbittlich auf den Weg in den alten Kontinent, genauso unerbittlich, wie gegen Ende des 19. Jahrhunderts der „Wettlauf um Afrika" war. Nur dass dieses Mal die Initiative von unten ausgeht, vom *demos*, vom Volk, das sich in Massen aufmacht, um die Weltkarte neu zu zeichnen. Der europäische Imperialismus ging dagegen von einer kleinen, einflussreichen Minderheit aus – in Frankreich war es der *parti colonial*, eine Lobbybewegung von Geschäftsleuten, Politikern und Journalisten, die die Mittel und das politische Know-how hatten, um den Staat und seine Bürger dazu zu bringen mitzuziehen.

Ende des 19. Jahrhunderts flohen die Armen und Entrechteten des alten Kontinents in Scharen nach Amerika – nicht nach

Afrika. Unter demografischen Aspekten war der europäische Kolonialismus in Afrika tatsächlich ein Reinfall, selbst wenn man die Siedlungskolonien mit in Betracht zieht, von denen es nur wenige gab. Im Jahr 1930 lag die Zahl der Europäer aus Großbritannien, Frankreich, Portugal und Belgien, die in Afrika lebten, bei rund zwei Millionen; das waren etwa zwei Prozent der Bevölkerung dieser größten Kolonialmächte und weniger als ein Prozent der damaligen Bevölkerung Afrikas.[7] Diesmal wird, wie wir sehen werden, die „Wiederbevölkerung der Erde dank neuer Zyklen von Migrationskreisläufen", so der Politologe Achille Mbembé aus Kamerun, durch die große Nachfrage vorangetrieben.[8]

Hier also in Gründzügen meine These: Im Jahre 1885, als am Ende der Konferenz von Berlin die Regeln für die koloniale Aufteilung Afrikas besiegelt wurden, war Europa dank seiner wissenschaftlichen Stärke, seiner Industrialisierung und seiner modernen Armeen der am weitesten entwickelte Kontinent auf dem Globus. Europa hatte damals ohne Russland rund 275 Millionen Einwohner. Afrika, dessen Oberfläche sechseinhalb Mal so groß ist, zählte nur 100 Millionen Einwohner und war technologisch und materiell der ärmste Kontinent. Das Innere Afrikas war durch die Sahara (eine Landmasse so groß wie die USA auf ihrem Festland), die widrigen Passatwinde entlang der Westküste und die Plage der Malaria – die „beeindruckendste Hüterin der Geheimnisse Afrikas", so der arabische Entdecker Ibn Battuta – relativ isoliert; dieses Innere des Kontinents war kartografisch kaum erfasst. Zu einer Zeit, als „sich die Erde untertan machen" wörtlich verstanden wurde, als das Christentum und der Fortschrittskult der Aufklärung leidenschaftliche Missionare fanden, als andere Kontinente bereits erobert waren und vormals abgeschottete Länder wie etwa Japan zwangsweise für den „freien Handel" geöffnet

---

7   Ferenzci (1938), S. 230
8   Mbembé (2016), S. 8

worden waren, wäre es für Afrika einem kleineren Wunder gleichgekommen, der Beherrschung durch die Europäer zu entgehen.

Es wäre gleichermaßen wundersam, wenn die Europäer angesichts der nächsten Flutwelle der Süd-Nord-Migration, die nun von den weniger entwickelten Regionen ausgehend um den Globus schwappt, nicht betroffen wären. Zwischen 1960 und 2000 haben sich diese Süd-Nord-Ströme rasant beschleunigt, die Zahl der Migranten verdreifachte sich in dieser Zeit von 20 Millionen auf 60 Millionen Menschen.[9] Abgesehen vom Maghreb, dessen Einwohner fast ausschließlich Richtung Frankreich aufbrachen, spielte Afrika bei diesen Migrationswellen kaum eine Rolle. Sie kamen hauptsächlich aus Asien und Südamerika. Subsahara-Afrika war noch zu arm und zu marginalisiert. Und es ist immer noch verhältnismäßig arm: 1960 lebte etwas *mehr* als die Hälfte seiner Bevölkerung in absoluter Armut; heute ist es laut Weltbank etwas *weniger* als die Hälfte. Allerdings hat sich in der gleichen Zeit die Bevölkerung mehr als vervierfacht: Während sie 1960 noch bei rund 230 Millionen lag, übersprang sie 2015 die Milliardengrenze. Die Region ist auch mehr und mehr synchronisiert mit dem Rest der Welt, verbunden durch Satelliten-TV, Mobiltelefone und Breitbandtechnologien. Fast die Hälfte des Kontinents hat jetzt Zugang zum Internet dank 4G oder dank Tiefsee-Glasfaserkabeln, die Videostreaming und das Herunterladen großer Datenmengen möglich machen. Und schließlich ist aus diesem Meer von Armut eine Mittelschicht aufgestiegen. Rund 150 Millionen Konsumenten in Afrika haben inzwischen pro Tag zwischen fünf und 20 Dollar zur Verfügung, und nicht weit dahinter gibt es weitere 200 Millionen Menschen mit einem täglich verfügbaren Einkommen von zwei bis fünf Dollar. Kurz gesagt ist eine wachsende Zahl von Afrikanern mit dem

9 Collier (2015), S. 50. Die Zahl der Süd-Süd-Migranten stieg in dieser Zeit von 60 auf 80 Millionen.

Rest der Welt verbunden und kann die Ressourcen aufbringen, die es braucht, um anderswo sein Glück zu suchen.

Die Situation erinnert an Mexiko in den 1970er Jahren. Vor dieser Zeit war die übergroße Mehrzahl der Mexikaner zu arm um wegzugehen; alles in allem hatte bis zu diesem Zeitpunkt nur eine Million Mexikaner den Rio Grande überquert, um ein neues Leben in den USA zu beginnen. Aber seit das Land die erste Schwelle zu einem gewissen Wohlstand überschritten hat, entschieden sich immer mehr dazu auszuwandern. Zwischen 1975 und 2010 sind zehn Millionen Mexikaner in die USA emigriert, ob legal oder illegal. Mit ihren Kindern und Kindeskindern, die in den USA geboren wurden, sind sie heute rund 30 Millionen Menschen; das ist etwa ein Zehntel der US-Bevölkerung. Folgen Afrikaner diesem Beispiel in einem Zeitraum von jetzt bis 2050, dann würde das afro-optimistische Leitmotiv des „Africa rising"[10] buchstäblich Wirklichkeit. Dann würden zur europäischen Bevölkerung dank dieser anhaltenden Migrationswelle aus Afrika schließlich zwischen 150 und 200 Millionen Afro-Europäer gehören, wenn man die Migranten und ihre Kinder zählt – verglichen mit neun Millionen heute. In etwas mehr als 30 Jahren wäre dann ein Viertel bis ein Drittel der Bevölkerung in Europa afrikanischer Abstammung.[11]

Abstruse Phantasien? Sensationssüchtige Prognosen? Die Geschichte wird nie im Voraus geschrieben – vergangene Ereignisse können einen völlig in die Irre führen, oder sie werden womöglich falsch interpretiert, und diverse demografische Projektionen oder auch der Umfang und die Dauer künftiger Migrationsmuster mögen signifikant anders ausfallen. Darüber

---

10 Vgl. Vijay Mahajan (2008): *Africa Rising: How 900 Million African Consumers Think*, und Steve Radelet (2010): *Emerging Africa: How 17 countries Are Leading the Way.*
11 Vgl. Millman (2015) und Douthat (2015); nach einer Prognose der UN (*Population Division*, 2000, S. 90), würde die Aufnahme von 80 Million Migranten in den EU-Ländern im Laufe von 50 Jahren zu einem Anteil von Migranten der ersten oder zweiten Generation an der Gesamtbevölkerung von 26 Prozent führen.

hinaus ist vielleicht Europa nicht in gleichem Maße quasi ausschließlich *das* Migrationsziel für Afrikaner, wie es die USA für Mexikaner waren. Vergleiche mögen auch deshalb hinken, weil Afrika nicht ein Land in der Nachbarschaft Europas ist und das Mittelmeer ein weitaus gefährlicheres Gewässer, wenn man es überqueren muss, als der Rio Grande. Auf der anderen Seite hatten die USA 1975 dreieinhalb Mal so viele Einwohner wie die 60 Millionen Mexikos, während sie heute nur zweieinhalb Mal so viele haben, die Einwohnerzahl Mexikos sich aber verdoppelt hat. Auch wenn man *ganz* Lateinamerika mit seinen rund 600 Millionen Einwohnern berücksichtigt, ist der Migrationsdruck auf die USA sehr viel kleiner als der, mit dem Europa fertig werden muss. Heute hat die Europäische Union (Großbritannien eingerechnet) rund 510 Millionen Einwohner, während es im benachbarten Afrika 1,3 Milliarden sind. In 35 Jahren wird dieser Abstand noch viel größer geworden sein – dann wird es schätzungsweise 450 Millionen Europäer und rund 2,5 Milliarden Afrikaner geben. Und während die Bevölkerung Europas altert, geht der Trend in Afrika weiter in die andere Richtung. 2050 werden dort rund zwei Drittel jünger als dreißig Jahre sein. Mit anderen Worten: Es wird für jeden der Europäer, die mehrheitlich so um die fünfzig Jahre alt sein werden, drei Afrikaner geben, von denen zwei erst am Anfang ihres Lebens stehen.

Ein „Stresstest" für Generationen

Die „Jugendlichkeit" Afrikas – eine anhaltende Konsequenz aus dem beispiellosen demografischen Wachstum, das zwischen den beiden Weltkriegen begann, – ist ein zentrales Element dieses Buches. Gegenwärtig sind mehr als vier von zehn Menschen auf dem afrikanischen Kontinent jünger als 15 Jahre.[12] Das gehört

---

12 Es gibt aber deutliche regionale Unterschiede. Nordafrika (31 Prozent) hat seinen demografischen Wandel weitgehend abgeschlossen, während die Bevölkerungspyramide des südlichen Afrika (30 Prozent) stark von der Aids-Epidemie

zu den entscheidenden Fakten, deren vielfältige Implikationen nicht ganz leicht zu erfassen sind. Aus einer Alterspyramide, die zu 40 Prozent aus Kindern und jungen Heranwachsenden besteht, ergeben sich unzählige Konsequenzen, und sie sind genauso unvorstellbar, wie man sich ja auch kaum vorstellen kann, wie es ist, mit nur einem oder zwei Dollar am Tag zu leben. In Frankreich, und das ist ein Land mit einer im Vergleich zum Rest Europas relativ hohen Geburtenrate, liegt der Anteil der Bevölkerung, die jünger als 14 Jahre ist, bei weniger als 20 Prozent, also der Hälfte des entsprechenden Anteils in Afrika. In den afrikanischen Ländern südlich der Sahara waren vier von zehn Menschen noch nicht geboren, als das World Trade Center 2001 zerstört wurde; acht von zehn waren noch nicht geboren, als die Berliner Mauer 1989 fiel. Weil das Durchschnittsalter so niedrig ist, wird die kollektive Erinnerung des Kontinents durch die schiere Masse der demografischen Jugendblase geradezu komprimiert. Da man in 53 von 54 Ländern Afrikas erst im Alter von 18 Jahren oder mehr wählen darf, wird die Zukunft des Kontinents wohl kaum von der Mehrheit seiner Bürger entschieden werden, weil zu jedem Zeitpunkt die Hälfte der Bevölkerung zu jung ist, um zur Wahl gehen zu dürfen. Und wenn diese Hälfte das wahlfähige Alter erreicht haben wird, ist eine weitere Hälfte ohne das Recht zu wählen geboren worden. Im Ergebnis scheint Demokratie mehr ein Privileg zu sein, das durch das Alter bestimmt wird, als ein Recht der Mehrheit.

Dieser spezielle ständige Zyklus von Wiedergeburt in Afrika hat Folgen, die jeden Aspekt der Gesellschaft betreffen: Fragen von Krieg und Frieden, die Chancen einer Demokratisierung, Wirtschaft und Beschäftigung, Erziehung, kulturelle Fragen, selbst das öffentliche Gesundheitssystem. Wenn zum Beispiel zwei Drittel der HIV-seropositiven Menschen der Welt in Ländern südlich der Sahara leben, genauso wie zwei Drittel aller

betroffen ist. Zentralafrika (46 Prozent) und der Westen (43 Prozent) – also rund 40 Staaten – sind die jüngsten Regionen des Kontinents. Hier liegt der Schwerpunkt meiner Argumentation.

Kindersoldaten, dann nicht, weil Aids eine „afrikanische Krankheit" wäre oder wegen einer dort zu findenden besonderen Zuneigung zum Krieg. Die Erklärung ist vielmehr: Ein hoher Anteil an Jugendlichen bedeutet, mehr Menschen sind sexuell aktiv und weniger vorsichtig, vor allem wenn sie dem Tod bereits auf tausend andere Arten entkommen müssen. Und angesichts des Mangels anderer und friedlicherer Alternativen füllen einige von ihnen die Reihen der bewaffneten Bewegungen als Fußvolk. Sie kämpfen etwas, was man im Mittelalter in Europa *guerre guerroyante* nannte – Krieg um des Krieges willen, Krieg als eine Art zu leben.

Eine Alterspyramide mit einer breiten Basis – oft wird der Begriff „Jugendblase"[13] gebraucht – führt außerdem dazu, dass das Senioritätsprinzip erodiert und damit eine der gesellschaftlichen Grundfesten Afrikas südlich der Sahara. Seniorität meint Prestige, Privilegien und Autorität, die normalerweise *ipso facto* den Älteren – meist Männern – zugestanden werden, die lang genug gelebt haben, um es zu einer großen, weitläufigen Familie gebracht zu haben, in Machtpositionen aufgestiegen sind und in vielen Jahren jene Art von Kenntnissen angesammelt haben, die wir „Weisheit" nennen. „In Afrika, wenn ein alter Mensch stirbt", so sagte es Amadou Hampâté Bâ, „verbrennt eine Bibliothek." Aber die Älteren sind auch Gerontokraten, die Chancen auf Kosten jüngerer Frauen und Männer horten und nur unwillig ihren Platz für die jüngere Generation räumen. Daher rühren heute die akuten Spannungen in Afrika zwischen den „Alten" und den „Jungen": die Älteren als Statthalter einer angeblich stabilen Ordnung voller offenkundiger Ungerechtigkeiten gegen-

---

13 Marc Sommers zufolge (2010, S. 321), wurde der Begriff „Jugendblase" von dem Politologen Gary Fuller in einer Studie für die CIA geprägt. Andere Autoren sehen den Soziologen Gunnar Heinsohn von der Universität Bremen als Urheber (Mitte der 1990er Jahre). Technisch gesehen spricht man von einer „Jugendblase", wenn in einer Alterspyramide die Kohorte zwischen 15 und 29 Jahren 40 Prozent oder mehr der gesamten erwachsenen Bevölkerung ausmacht (gemeint sind damit hier alle Menschen zwischen 18 und 64 Jahren).

über den Jüngeren, die sich nach Gerechtigkeit sehnen, aber getrieben von ständiger Enttäuschung und wachsender Frustration den Kontinent mit Chaos bedrohen.

Für die beiden „Mehrheitsgruppen mit Minderheitenrechten" im Afrika südlich der Sahara – also die Jugendlichen und die Frauen – ist der Gesellschaftsvertrag mit Ungerechtigkeiten gespickt. Und sie warten nicht mehr geduldig darauf, dass sie auch einmal drankommen, wo es um Wohlstand und Macht geht. Mit Waffengewalt oder an den Wahlurnen, durch neue Formen digitalen Wissens oder neue Glaubensrichtungen, die von der Pfingstbewegung zum Islam, vom Millenarismus zum Islamismus reichen, kämpfen die „Junioren" um ihre Emanzipation. Wenn sie Erfolg haben, werden sie die Älteren verdrängen. Wenn sie scheitern, werden sie sich umschauen, wo sonst sie den Schritt hin zum Erwachsenen-Dasein tun können – und die Migration dürfte dabei die beste und nächstliegende Option sein. Wie immer es auch ausgeht, Afrikas „moralische Wiederherstellung" ist schon jetzt durch ein numerisches Missverhältnis in Frage gestellt. Selbst wenn man annehmen will, dass jeder über sechzig automatisch „weise" wird, machen diese Älteren nur fünf Prozent der Gesellschaft aus, und diese Zahl ist einfach nicht groß genug, damit ihre Werte und Normen auf eine irgendwie sinnvolle Weise heruntergereicht werden könnten an die jüngere Bevölkerung des Kontinents. In den Slums südlich der Sahara sind neun von zehn Bewohnern jünger als 30 Jahre; nur die Gleichaltrigen sind für sie Vorbilder in einem Leben, das kaum mehr Hoffnungen bietet als die, irgendwie „durchzukommen". Dank all der modernen Technologien, die den Älteren um sie herum relativ fremd sind, sind diese Jungen wie über ein Kapillarsystem der Globalisierung mit der Außenwelt verbunden. Ihr Handeln verschärft das, was Jean-François Bayart als historische „Extraversion"[14] ihres Kontinents bezeichnet hat. Sie sind ihrem eigenen Land, ganz buchstäblich, entfremdet.

14   Bayart (2010), S. 133

Beides zusammen, die umgekehrte Blickrichtung und das numerische Missverhältnis zwischen Jung und Alt in Subsahara-Afrika, fördert eine massive Entwurzelung. Die angestammte Kultur wird kaum noch gepflegt, außer vielleicht auf Festivals, gefördert von internationalen Geldgebern, die ansonsten alles in ihrer Macht Stehende tun, um das Traditionelle in Afrika im Universellen aufzulösen. „Globalisierte" Afrikaner fliehen mittels Satellitenschüssel oder Internet; ihr eigentliches Leben ist anderswo, und es beginnt schon lange, bevor sie sich tatsächlich aufmachen, ihren Traumort zu erreichen, ob der in der nächsten Stadt liegt, in der Hauptstadt des Landes oder in einem Nachbarland, das besser dasteht, oder schließlich in Europa, Amerika, China ... In Togo, wo fast acht Millionen Menschen leben, hat einer von drei Erwachsenen bei der Lotterie der US-Regierung für eine Aufenthaltsgenehmigung mitgemacht – auch wenn diese Lotterie nur 55.000 *green cards* für die gesamte Welt bereithielt und sogenannten „*Diversity*-Kandidaten" aus Ländern mit niedrigen Einwanderungsraten in die USA angeboten wurden.[15] 42 Prozent der Afrikaner im Alter zwischen fünfzehn und vierundzwanzig, quer durch den gesamten Kontinent, wollen einer Gallup-Umfrage von 2016 zufolge auswandern, bei denen mit Universitätsabschluss sind es 32 Prozent.[16] 1997 löste der Afrika-Korrespondent der *Washington Post* Keith Richburg einen großen Wirbel aus, als er in seinem Buch „*Out of America, A Black Man Confronts Africa*" schrieb, er schätze sich glücklich, dass seine afrikanischen Vorfahren in die Neue Welt deportiert worden seien, wo sie trotz Diskriminierung und aller Härten die Möglichkeit hatten, erfolgreich zu werden. Noch schärfer wurde die Kritik, als er offen fragte, wie schnell sich wohl heute ein

---

15 Diese Zahlen verdanke ich meinem Freund und Kollegen an der Duke University, dem Kulturanthropologen, Charles Piot; sein Buch über die ‚*diversity lottery*' – das auf seiner Feldforschung in Togo und in den USA basiert – erscheint in Kürze.

16 Zitiert von Pascal Airault in *L'Opinion* vom 15. Dezember 2016 *(Les migrations africaines vers l'Europe ont toutes les raisons de croître)*.

afrikanisches Sklavenschiff in einem Hafen in Westafrika mit Freiwilligen für die Reise nach Amerika füllen würde. Keine 20 Jahre später drängen Afrikaner in brüchige Kähne, um auf eigenes Risiko die Überfahrt über das Mittelmeer zu wagen.

Afrika ist noch nicht durchgestartet

Angestoßen durch die Kriege in Syrien, Irak und Afghanistan war 2015 für die Migration nach Europa ein Rekordjahr. Frontex, die Europäische Agentur für die Grenz- und Küstenwache, gab an, 1,8 Millionen Menschen seien in dem Jahr nach Europa immigriert und eine Million davon hätte den Kontinent über das Mittelmeer erreicht. Frontex zufolge kamen 200.000 aus Afrika; die Internationale Organisation für Migration (IOM) sagt, die Zahl sei doppelt so hoch.[17] Ausgenommen Somalier und Südsudanesen, die aus kollabierenden Staaten kommen, oder Eritreer, die vor einer brutalen Diktatur flüchten, ist das Leben dieser aufbrechenden Afrikaner kaum unmittelbar gefährdet, noch bedroht durch systematische Repression oder Hungersnot – die meisten von ihnen suchen schlicht nach einem besseren Leben für sich und ihre Kinder. Die Zahl afrikanischer Migranten ist vor und nach dieser jüngsten „Flüchtlingskrise" mehr oder weniger konstant geblieben. Während 2016 die Gesamtzahl der Flüchtlinge, die versuchten, über das Mittelmeer nach Europa zu gelangen, auf ein Drittel des Vorjahres zurückging – von einer Million auf rund 360.000 – wuchs die Zahl allein der Afrikaner, die über die Hauptseeroute meist von Libyen kamen, um 20 Prozent auf rund 180.000 Menschen.[18] Das entspricht dem Niveau der jährlich dokumentierten Ankunftszahlen auf allen Routen über die letzten zehn Jahre. Seit 2007 sind zwei Millionen Afri-

17   IOM (2008), S. 38 und 407
18   *Le Monde*, 16. Januar 2017 (*„Migrations africaines, le défi de demain"*)

kaner nach Europa gelangt, rund 200.000 pro Jahr. Dem IOM zufolge kamen diese zwei Millionen zu einem „Bestand" afrikanischer Migranten in Europa hinzu, der 2016 auf neun Millionen geschätzt wurde. Diese Zahl lag 1960, als viele afrikanische Länder unabhängig wurden, bei weniger als 900.000. Bis 1997 stieg sie auf gerade einmal drei Millionen, wobei zwei Drittel von ihnen aus Nordafrika kamen, aus Marokko, Algerien und Tunesien.

Seit den 1990er Jahren gab es drei größere Migrationstrends. Zunächst sank der Anteil der Migranten aus dem Maghreb in dem Maße, wie die Länder Nordafrikas den demografischen Übergang von großen Familien mit geringer Lebenserwartung zu kleineren Familien mit längerer Lebenserwartung abschlossen. Gleichzeitig stieg die Emigration aus Ländern südlich der Sahara proportional zum Wachstum der Bevölkerung dort: Jetzt leben eine Milliarde Menschen in Subsahara-Afrika im Vergleich zu 300 Millionen in Nordafrika. Zudem ist der Prozentsatz afrikanischer Migration innerhalb des Kontinents – in ein afrikanisches Land, das wohlhabender als das eigene ist – im Verhältnis zur Zahl derer, die den Kontinent verlassen haben, gesunken: Zwischen 1990 und 2013 stieg zwar die Zahl der Afrikaner, die innerhalb Afrikas das Land wechselten, um das Dreifache, die Zahl derer aber, die den Kontinent ganz verließen, schnellte hoch um den Faktor sechs.[19] Schließlich erfasste die Globalisierung die Muster afrikanischer Migration, die nun weit über die vier großen Kolonialmächte – Frankreich, Großbritannien, Portugal und Belgien – hinausführte und ganz Europa und darüber hinaus die USA, Kanada, sogar China und die Länder der arabischen Halbinsel umfasst.

Nach einer UN-Studie, die 2000 veröffentlicht wurde, müsste die Europäische Union bis 2050 fast 50 Millionen Immigranten aufnehmen, allein um ihre Bevölkerungszahl konstant zu

19 IMF (2016), S. 2

halten, also rund eine Million pro Jahr.[20] Die Studie geht davon aus, dass die Bevölkerung weiter altert und dass das Verhältnis von Erwachsenen im arbeitsfähigen Alter zu den von ihren Sozialbeiträgen Abhängigen – Rentnern und Minderjährigen – von 4,3 auf 2,2 sinkt. Gemessen am Ziel, die *arbeitende* Bevölkerung der EU – also Menschen im Alter zwischen 15 und 64 Jahren – konstant zu halten, wären bis 2050 rund 80 Millionen Migranten nötig, also etwa 1,6 Millionen pro Jahr. Allerdings ist Europa auch nach der Flutwelle von 2015 gar nicht auf Zahlen dieser Größenordnung vorbereitet. Immigration bleibt ein politisches Minenfeld, sowohl was die Einreisebedingungen und Grenzkontrollen als auch die verschiedenen Modelle sozialer Integration angeht. Für Polen, um das Beispiel eines Landes zu nehmen, dessen Regierung an „ethnischer Homogenität"[21] festhalten will, wurde die Toleranzschwelle schon längst überschritten, und eine „Festung-Europa-Mentalität" gilt hier als das *sine qua non* fürs Überleben. Für andere, insbesondere in Deutschland, scheint es zu einer Art kategorischem Imperativ geworden zu sein, als „Willkommensland" zu gelten und jede Anstrengung, die uneingeschränkte Aufnahme von Migranten zu regeln, wird als Fremdenfeindlichkeit gesehen. (Allerdings erlebte diese Position bei den Wahlen vom September 2017 einen deutlichen Rückschlag, als die CDU/CSU mit Bundeskanzlerin Merkel das schlechteste Wahlergebnis seit 1949 erreichte, und die Alternative für Deutschland (AfD) zum ersten Mal in den Bundestag einzog; tatsächlich hat Merkel seither die Position nicht mehr wiederholt, nach der es keine Obergrenze für Migranten geben sollte.) Anhänger einer nüchternen Debatte führen gerne aus, dass es angesichts einer alternden Bevölkerung für Europa nur einen Weg gebe, den heutigen Lebensstandard zu halten, nämlich die Büros und Fabriken mit Köpfen und Muskeln aus anderen Teilen der Welt auszustatten. Wenn

20 United Nations Population Division (2000)
21 *Le Monde,* September 8, 2017 (‚Migrants: l'échec moral de l'Union européenne')

diese Sichtweise vernünftiger erscheint, dann nur deshalb, weil sie einer manichäischen Sicht des Alles-oder-nichts – „unsere Grenzen sind entweder offen oder geschlossen" in die Parade fährt. Aber das bringt eine Reihe ganz eigener Probleme mit sich. Zunächst einmal muss man die Familienzusammenführung in Rechnung stellen. Angesichts der durchschnittlichen Größe afrikanischer Familien wird sich dadurch das Verhältnis von Erwachsenen im erwerbsfähigen Alter zu Angehörigen, die von ihren Sozialleistungen abhängig sind, wieder verschlechtern, weil eine ganze Anzahl kleinerer Kinder beaufsichtigt, ärztlich versorgt und unterrichtet werden muss; darauf komme ich gleich zurück. Zudem liegt darin eine Art bio-politischer Taylorismus, die Theorie eines wissenschaftlichen Managements, die Menschen in ihre Einzelteile zerlegt – entweder Muskeln für die Fabrik oder Hirn fürs Büro –, eine Theorie, die den Arbeitgebern zugute kommt, weil sie die eingewanderten Menschen außerhalb ihres Arbeitsplatzes nicht berücksichtigt. Aber wir sprechen hier von Männern und Frauen, die ihren Platz in ihrem Gastland und nicht nur in einem Unternehmen finden müssen. Wer bezahlt für all die zusätzlichen Kosten, die für Sprachkurse, für Mietbeihilfen etc. entstehen, wenn der Migrant all die Stadien von Ankunft und Aufnahme durchläuft? Paradoxerweise hat selbst die Linke kein Problem damit, diese „negativen Externalitäten" dem Steuerzahler anzulasten. Im Interesse einer größeren Steuergerechtigkeit bestünde eine weitaus kohärentere Strategie darin, den Arbeitgebern eine Pigou-Steuer aufzuerlegen, die ihren Namen dem britischen Ökonomen Arthur Cecil Pigou (1877 – 1957) verdankt, der als erster auf die Idee einer Lenkungssteuer kam, mit der die sozialen Kosten der Produktion gedeckt werden sollten.

„Die Migration wurde bereits politisiert, bevor sie analysiert wurde", vermerkt Paul Collier, Professor in Oxford und einer der Direktoren des *Center for the Study of African Economies* und Autor von *Exodus: How Migration is Changing Our World*. Er beklagt den Umstand, dass die Migrationsdebatte zu einer Entscheidung zwischen Skylla und Charybdis geworden sei –

dem mythologischen Zwillingspaar von Ungeheuern, die in diesem Fall die Alternativen einer Einwanderungspolitik der verschlossenen oder offenen Tür darstellen – statt einen gangbaren Zwischenweg einzuschlagen, der darin liegen würde, eine wirkliche Einwanderungs*politik* zu verfolgen. Wenn der Zufluss von Ausländern tatsächlich das Albtraum-Szenario ist, als das er geschildert wird, wie haben es dann Länder wie Australien oder Amerika geschafft, zu solch einem Wohlstand zu kommen? Und wenn auf der anderen Seite Zuwanderung der einzige Rettungsring für eine alternde Gesellschaft ist, wie überlebt dann Japan ohne Input von außen? Collier glaubt, dass die unbedingte Freiheit, sich niederzulassen, wo immer man will, „Stoff für Teenageträume" sei. Logisch weitergeführt würde das ja bedeuten, dass die ganze Welt in das Land mit den besten Bedingungen, dem größten Wohlstand, den besten Zukunftsaussichten umsiedelt. Collier zufolge liegt ein Schwachpunkt solcherart Utopie auch in der Möglichkeit, dass die Reichen gleichermaßen entscheiden könnten, sich in der Dritten Welt irgendwo „frei" niederzulassen. Und dann würde es natürlich heißen: „Der Kolonialismus ist zurück!" In sonnigen „Ferienkolonien" ist das bereits der Fall.

Das Königreich der Lüge

Bis zum Beginn des 21. Jahrhunderts hat Europa seinem demografischen Niedergang und den Herausforderungen, wie sie damit einhergehend eine alternde Gesellschaft bringt, so gut wie keine Aufmerksamkeit geschenkt, sondern bewusst ignoriert, was doch offensichtlich war. Die Umkehrung der Alterspyramide in Italien, Deutschland, Spanien und Griechenland – wo zum ersten Mal in der Geschichte die Zahl der Menschen über 60 diejenige der Menschen unter 20 Jahren überschritt – zog nur die Aufmerksamkeit einer Handvoll Demografen auf sich, die die Lage ohnehin schon beobachteten, allen voran Jean-Claude Chesnais, Jean-Claude Chasteland und Herwig

Birg. Als im März 2000 die Staats- und Regierungschefs der EU-Länder in Lissabon zusammenkamen, um ihre Strategie für das folgende Jahrzehnt festzulegen, hatten sie weder die sich verändernde demografische Lage auf der Tagesordnung noch die sich verschärfende Einwanderungskrise. Dass sie diese sich rasant entwickelnde Problematik übersahen, ist umso erstaunlicher, als die europäische Hauptstadt Brüssel doch einen höheren Anteil an Einwanderern hat als nahezu jede andere Stadt in Europa. Seit 2000 hat mehr als die Hälfte der Kinder, die in Brüssel geboren werden, Einwanderer als Eltern, und einer von vier Einwohnern unter 25 Jahren ist Muslim.[22] Die Politiker waren natürlich nicht die einzigen, die den Kopf in den Sand steckten. Die meisten Journalisten, Kommentatoren und Wissenschaftler, diejenigen also, die die öffentliche Debatte bestimmen, überließen die Diskussion der wachsenden sozialen Unzufriedenheit, die sich an der Frage der Einwanderung festmachte, der extremen Rechten und den entstehenden anderen populistischen Bewegungen. Ganz verfangen in ihren Blasen von Selbstbezogenheit schienen sie fröhlich zu übersehen, welcher Sturm in den sozialen Medien sich da vor ihrer Nase zusammenbraute. Tatsächlich kamen die ersten Alarmrufe von Amerikanern. Am 15. Juni 2005 verkündete Robert J. Samuelson in der *Washington Post* in seiner Kolumne das Ende Europas: *The End of Europe*. Dem Kontinent, so schrieb er, würden bald Kinder und Wirtschaftswachstum fehlen. Zwei Jahre danach erschien Walter Laqueurs Buch *The Last Days of Europe: Epitaph for an Old Continent*. Wie Bruce Brewer 2006 verknüpfte Laqueur ausdrücklich den demografischen Niedergang Europas mit der Herausforderung, die der islamistische Fundamentalismus für ein Europa darstellte, das sich seiner Auffassung nach der „Toleranz gegenüber der Intoleranz" schuldig machte.[23]

22 Laqueur (2007), S. 14–15
23 Bawer (2006): *While Europe Slept: How Radical Islam is Destroying the West from Within*

Die Demografie Afrikas bekam auch nicht die Aufmerksamkeit, die sie verdiente. Jenseits der schlichten Feststellung einer offensichtlichen Bevölkerungsexplosion auf Europas Nachbarkontinent begegnete man dem Thema kaum mit Neugier oder wissenschaftlichem Forschungseifer. Die Bibliografie für Doktoranden, die sich an der *School of Advanced International Studies (SAIS)* an der Johns Hopkins Universität auf Afrika spezialisieren, weist 212 Titel zur Wirtschaft Afrikas auf, 63 behandeln ethnische Fragen, 34 drehen sich um Religion in Afrika – aber nur zwei Titel um demografische Fragen.[24] Sicher, seit Anfang der 1990er Jahre ein ganzes Jahrzehnt durch zahlreiche Kriege mit einer hohen Zahl von Kindersoldaten geprägt war, fehlt das Thema „Jugend in Afrika" in kaum einer Arbeit über den Kontinent, die von den Vereinten Nationen, den größeren Stiftungen und zahllosen NGOs herausgegeben werden. Aber das geht oft in einem ganzen Bündel verwirrender und widersprüchlicher Intentionen unter: Wenn eine große Mehrheit in Subsahara-Afrika Teil der „Jugendblase" ist, welchen Sinn haben dann die vielen „auf die Jugend zielenden Projekte"? Zwei Drittel der 1,3 Milliarden Menschen in Afrika stellen kein identifizierbares „Ziel" dar – sie sind eher ein Fass ohne Boden.

In jüngster Zeit allerdings sind einige Bücher zum Thema erschienen. In Frankreich kam 2010 *Le Temps de l'Afrique* von Michel Severino und Olivier Ray heraus (auf Englisch dann 2011 mit dem Titel *Africa's Moment*). Ihr Ansatz ist weitgehend positiv und stützt sich auf die Hoffnung, dass Afrika letztlich von einer „Demografie-Dividende" profitieren kann, wenn nämlich seine reichlich vorhandene jugendliche Bevölkerung in die Arbeitswelt eintritt. Im Jahr 2015 schrieb der langjährige französische Afrika-Forscher Serge Michaïlof mit *Africanistan* ein Buch, das sich offen skeptisch gegenüber der Vorstellung

---

24 Ich beziehe mich auf SAIS – wo ich 2007 bis 2013 unterrichtet habe – als Beispiel, weil das Afrika-Programm hier sich stärker als in vielen anderen Instituten für *African studies* sehr entschieden den Realitäten des Kontinents zuwendet.

zeigt, eine große Zahl von afrikanischen Jugendlichen werde auf ihrem eigenen Kontinent eine bezahlte Beschäftigung finden. Er formuliert stattdessen die Befürchtung, vielmehr werde „Afrikas Krise vor unserer Haustür" landen – so in etwa der Untertitel des Buches. In den USA veröffentlichte Marc Sommers 2015 *The Outcast Majority: War, Development, and Youth in Africa,* ein Buch, das aus jahrzehntelanger Feldforschung zur Jugend Afrikas schöpft. Und schließlich rückte der frühere Ministerpräsident Malis, Moussa Mara, von 2014 bis 2015 im Amt und der jüngste Regierungschef in seinem Land, die demografische Herausforderung direkt ins Zentrum seines Buches von 2016: *Jeunesse africaine, le grand défi à relever.* Mara brachte ein Thema zur Sprache, das oft tabu ist und befürwortete eine Geburtenkontrolle – begründet mit dem Hinweis, dass bei einer Geburtenrate von drei Prozent die Wirtschaft Malis über die kommenden 18 Jahre jährlich um sieben Prozent zulegen müsste, um das Bruttoinlandsprodukt (BIP) pro Kropf zu verdoppeln. Und selbst wenn das gelänge, würde die Wirtschaft Malis, wo das Bruttoinlandsprodukt pro Kropf 2015 bei 675 Dollar lag, mehr als ein Jahrhundert brauchen, um auf das *derzeitige* Niveau Frankreichs zu kommen, das jetzt ein BIP pro Kropf von rund 44.000 Dollar aufweist.

Ich ziehe daraus den folgenden Schluss: Wenn der Ausdruck „afrikanische Jugend" mittlerweile zu so etwas wie einem Synonym für Subsahara-Afrika überhaupt geworden ist, dann ist die demografische Entwicklung des Kontinents von alles überragender Bedeutung, um Afrika in der Gegenwart zu verstehen. Es liegt auf der Hand, dass die Demografie nicht der Universalschlüssel ist, der jede Tür zu diesem komplexen und vielfältigen Kontinent öffnen wird. Aber die anhaltende Armut, die politischen und wirtschaftlichen Kämpfe, die bewaffneten Konflikte, das Erstarken eines religiösen Extremismus, Herausforderungen für Umwelt und Bildung, der „Stresstest" zwischen den Generationen, wie auch der Migrationsschub Richtung Europa (das Hauptthema dieses Buches) – all das sind Probleme, die untrennbar mit der Matrix der außergewöhnlich jungen

Bevölkerung Afrikas insbesondere südlich der Sahara verbunden sind; und das im Unterschied zu einer Welt, die alles in allem immer grauhaariger wird. Mit diesem Gedanken im Hintergrund lädt dieses Buch dazu ein, sich mit frischem Blick das erneut anzusehen, was man vielleicht „Peter Pans Insel-Kontinent" nennen könnte.

Bevor es auf diese Erkundungstour geht, sollte noch ein zentrales Problem erwähnt werden. Auf einem Kontinent, wo staatliche Standesämter in aller Regel nicht sehr genau arbeiten, wo es selbst in dem am besten funktionierenden Land – in Südafrika – lediglich gelingt, acht von zehn Geburten und Todesfällen zu registrieren[25] (einmal angenommen, auch nur diese Zahl sei richtig), wo die erste glaubwürdige Volkszählung auf die 1950er Jahre zurückgeht (in Tschad gab es die erste Zählung 1993), ist es ein törichtes Unterfangen, statistische Argumente für bare Münze zu nehmen. Dezimalstellen hinter dem Komma zu nennen, ist ein Beweis für die Naivität des Wissenschaftlers, wenn nicht gar für seine Inkompetenz. Um ein Beispiel zu nennen: Ghana hat sein Wirtschaftswachstum (BIP) 2010 um 63 Prozent nach oben korrigiert, Nigeria 2013 um 89 Prozent und Kenia 2014 um 25 Prozent, immerhin nur ein Viertel … Mit einem Tastendruck am Computer ging die gesamte Volkswirtschaft eines Landes hoch wie ein Jojo. Genauso wenig darf man nicht vergessen, wenn in den Medien Zahlen zu den Flüchtlingen in Afrika genannt werden, dass diese entwurzelten Menschen ja gar nicht gezählt worden waren, als sie noch in aller Ruhe in ihren Heimatländern lebten.[26] Und wie sieht es aus mit den Berichten über die Opferzahlen der Kriege in Afrika? Sind das nicht oft ebenfalls willkürliche, wenn nicht gar wilde Hochrechnungen? Der Chefvolkswirt der Weltbank, Shanta Devarajan, hat eine „Statistik-Tragödie" Afrikas beklagt. Und in der Tat hilft es, immer dann, wenn eine Statistik als „unwider-

25   Malan (2012), S. 128.
26   Simon Allison (2014)

legbarer Beweis" angeführt wird, an eine abgedroschene aber nützliche Redensweise zu erinnern: „Es gibt drei Arten von Lügen: Lügen, dreckige Lügen und Statistiken."

Unter Rückgriff auf viele Beispiele hat der Volkswirt Morten Jerven ein Buch mit dem Titel *Poor Numbers: How We Are Misled by African Development Statistics and What to Do About It* geschrieben, um die fragwürdigen Grundlagen zu beleuchten, auf denen die statistischen Modelle Afrikas aufbauen.[27] Jervens Argumentation ist überzeugend, und man kann dem wenig hinzufügen, abgesehen vielleicht davon, dass das Königreich der falschen Daten nur eine Provinz im Imperium des bösen Willens ist. Es ist schon eine kaum zu bewältigende Herausforderung herauszufinden, wie viele Menschen mit wie viel Geld am Tag in Afrika auskommen müssen. Die Afrikanische Entwicklungsbank hat, wie bereits erwähnt, 2011 die afrikanische Mittelschicht als die Gruppe derer definiert, zu der Menschen mit einem täglich zur Verfügung stehenden Einkommen von zwei bis 20 Dollar gehören – das umfasst rund 327 Millionen Afrikaner, also etwa ein Drittel der Einwohner zwischen Tanger und Kapstadt.[28] Wenn das mal keine gute Nachricht ist! Wenn man allerdings weiß, dass zwei Drittel dieser „Mittelschicht" zwischen zwei und fünf Dollar am Tag verdient und dass nirgendwo sonst auf der Welt eine derart geringe Kaufkraft als Eintrittskarte für eine Mittelschicht durchgehen würde, die den Namen verdienen würde, sieht man schnell ein, dass „Statistik" sich irgendwie auf „Politik" reimen mag.

Was soll man also tun? Das gesamte Zahlenmaterial in diesem Buch – und es gibt eine Menge davon – wurde mit größter

---

27 Jerven (2013). Morten Jervens Untersuchung – vor allem im englischsprachigen Afrika – beschränkt sich nicht darauf, „afrikanische Versäumnisse" zu beklagen. Sie zeigt, wie die von den Bretton-Woods-Institutionen verschriebenen Strukturanpassungsmaßnahmen in Verbindung mit internen Faktoren die Qualität der Statistiken seit den 90er Jahren verschlechtert haben.

28 Zur durchaus kontroversen Definition von „Mittelschicht" in Afrika vgl. Melber (2016) oder *Africa in Fact, Making up the Middle*, Nr. 28 vom November 2014.

Sorgfalt und Demut zusammengestellt. Es soll Vergleiche ermöglichen, Größenordnungen deutlich machen und Maßstäbe und Fakten für gewisse Rahmenbedingungen aufzeigen. Es zielt nicht darauf ab, mathematische Präzision oder gar eine Illusion von Genauigkeit vorzuspiegeln. Sie ist vorerst in Afrika für alle und jeden unerreichbar.

Für das Afrika südlich der Sahara ändern sich die demografischen Gegebenheiten zwischen den beiden Weltkriegen grundlegend. Zum einen hat der Kontinent seinen „mikrobiellen Schock", Begleitumstand seiner Kolonisation zum Ende des 19. Jahrhunderts, überwunden – mehr dazu gleich. Zum anderen dringen die wichtigsten Kolonialmächte – Frankreich und Großbritannien – darauf, ihre Überseebesitztümer mit einer Infrastruktur und Gesundheitsversorgung auszustatten, die sie vorher für überflüssig gehalten hatten. Die Briten verabschieden 1940 den *Colonial Development and Welfare Act,* die Franzosen schaffen sich erst 1946 entsprechende Instrumente mit der Gründung der *FIDES,* des *Fonds d'investissement pour le développement économique et social.* Der groß angelegte Entwurf für eine solche „Entwicklungspolitik" geht allerdings auf die 1930er Jahre zurück und ist ein Kind des Kolonialismus. Während des Kalten Krieges aber gewann er derart die Oberhand, dass es im Nachhinein so aussah, als handele es sich um ein Konzept aus jener Zeit. Der Historiker Frederick Cooper hat die Zwischenkriegszeit in Afrika als eine Zeit des Umbruchs bezeichnet und von „Entwicklungskolonialismus" (developmental colonialism) gesprochen. Er hat die Absicht der Kolonialmächte hervorgehoben, nicht nur die Ausbeutung ihrer Kolonien zu intensivieren, sondern auch ihre „zivilisatorische Mission"[29] neu zu definieren. Die Bevormundung der „andersartigen" Bevölkerung wurde fortan mit dem Ziel gerechtfertigt, man müsse sie aus der Unterentwicklung herausholen. Die Kolonialherren gerieten zunehmend in die Defensive. Indem sie die Weichen für eine materielle Besserstellung ihrer „Untertanen" stellten, versuchten sie,

---

29 Frederick Cooper (2002): *Africa since 1940: The Past of the Presence. New Approaches to African History*

ihre Präsenz in Übersee wieder zu legitimieren. Tatsächlich sollte der Aufbau einer grundlegenden Infrastruktur und vor allem das, was man heute eine umfassende Gesundheitspolitik nennen würde, zum stärksten demografischen Wachstum in der Geschichte der Menschheit führen.[30]

In den 1930er Jahren erlebt Afrikas Demografie eine Wende, die deutlich ein „Vorher" von einem „Nachher" trennt. Vorher (und das führt so weit, wie man in die Vergangenheit zurückgehen kann) wuchs die Bevölkerung Afrikas nur ganz langsam, wenn sie nicht, verursacht durch die beiden demografischen Katastrophen der Vergangenheit, also den Sklavenhandel und die epidemiologischen Folgen der Kolonisation, ganz stagnierte; nachher folgte das rasanteste Bevölkerungswachstum, das es je gab und das von 1930 bis 2050 zu einer Zunahme der Bevölkerung Afrikas um das Sechzehnfache führen wird. Nur einmal zum Vergleich: Die Bevölkerung Frankreichs – 41,5 Millionen im Jahr 1930 – wird voraussichtlich um den Faktor 1,7 wachsen, was zu 70 Millionen Franzosen und Französinnen im Jahr 2050 führen würde. Wenn die Bevölkerung Frankreichs der Subsahara–Kurve entsprechend wüchse, dann würden in knapp 30 Jahren in den Grenzen des Landes mehr als 650 Millionen Menschen leben, also halb so viele wie heute in China.

Vor der großen Wende der 1930er Jahre hat die Zahl der Menschen, die südlich der Sahara lebten, im Laufe der vier Jahrhunderte zwischen 1500 und 1900 um nicht mehr als 20 Prozent

30 Nach Rita Headrick (1994) war 1910 in allen Kolonien von Französisch-Äquatorial-Afrika eine Basis-Gesundheitsversorgung eingerichtet. Chasteland und Chesnais (2006) betonen die Synergien zwischen besserer öffentlicher Gesundheitsversorgung und Verbesserung in der Infrastruktur. „In den Zwischenkriegsjahren war eine weltweite sanitäre Revolution im Gange. Je später sie eintrat, desto gewichtiger war das demografische Wachstum, das sie auslöste: Die Vorteile medizinischer Entdeckungen und die sozio-ökonomischen Innovationen wirkten in Kombination. Von da an konnten Länder, deren Fruchtbarkeitsrate noch nicht gefallen war, ein jährliches demografisches Wachstum von 3 Prozent, sogar 4 Prozent erreichen."

zugenommen; sie stieg von rund 80 Millionen auf 95 Millionen. Im gleichen Zeitraum verfünffachte sich die Bevölkerungszahl Europas wie auch die Chinas. Woher kommt diese Verzögerung? Es gibt dafür eine Vielzahl von Gründen: die niedrige Bevölkerungsdichte südlich der Sahara, die rudimentären Techniken in der Landwirtschaft, tropische Krankheiten, das Hygieneniveau, die Mutter- und Kindersterblichkeit – aber nur durch einen einzigen Grund lässt sich die mehrere Jahrhunderte dauernde Stagnation in einem obendrein riesigen Gebiet mit unterschiedlichen Ökosystemen und politischer Organisation erklären: Sklavenhandel.

Die Deportation von ungefähr 28 Millionen Menschen, die im Laufe von mehr als einem Jahrtausend (*grosso modo* zwischen dem 7. und dem 19. Jahrhundert) als Sklaven verkauft wurden, stellt für die Teile des Kontinents südlich der Sahara ein demografisches Trauma dar. Männer und in geringerem Ausmaß Frauen und Kinder wurden aus ihrem Land und ihren Gemeinschaften gerissen und auf vier verschiedenen Routen Opfer des Menschenhandels: innerhalb Subsahara-Afrikas selbst und auf der Trans-Sahara-Route, deren Ziel die nordafrikanischen Länder waren; auf der sogenannten „arabischen" Route über den indischen Ozean; und schließlich auf der Transatlantik-Route, genannt auch „Dreiecksroute", weil die Sklavenschiffe zunächst aus Europa kamen, von dort begehrte Waren wie Stoffe, Eisen oder Perlen nach Afrika verschifften, wo sie Sklaven luden, die sie auf der sogenannten „Mittelpassage" nach Amerika brachten, um von dort beladen vor allem mit Zucker zum Alten Kontinent zurückzukehren. Auch wenn diese Route die kürzeste Zeit befahren wurde, etwa von 1500 bis 1850, so war sie doch die am intensivsten genutzte, vor allem zwischen 1650 und 1850; sie war auch die am besten organisierte und am besten dokumentierte Route. Man schätzt, dass ungefähr 12 Millionen Afrikaner in die Neue Welt deportiert wurden, vor allem auf die französischen und britischen Antillen (45 Prozent), nach Brasilien (31 Prozent) und in das „spanische" Amerika (10 Prozent). Das Territorium, das heute den USA entspricht, nahm weniger als fünf Prozent verkaufter Gefangener auf.[31] Die wichtigsten Sklavenhändlerländer waren Portugal und Großbritannien. Sie allein raubten Afrika ungefähr vier bzw. drei Millionen seiner Einwohner. Im Durchschnitt lag die Sterblichkeitsrate in dieser Zeit auf der „Mittelpassage" bei etwa zehn Prozent. Die Route durch die Sahara war am gefährlichsten: Sie kostete ein Fünftel der Gefangenen das Leben. Die Sterblichkeitsrate auf der Dreiecksroute wurde auf Basis der Ladelisten beim Einschiffen und Entladen bei rund 3.000 Transporten über den Atlantik berechnet. Mehr oder weniger komplette Listen sind von rund 25.000 weiteren Überfahrten erhalten, die wiederum Teil einer unbekannten Gesamtzahl sind. Für etwa 10.000 „Mittelpassagen" wurden die Listen mit den von Bord gehenden Gefangenen gefunden; für rund 8.000 andere die Listen nur derer, die an Bord gingen. Wenn man zudem bedenkt, dass die Schätzungen über die Bevölkerungszahlen südlich der Sahara im entsprechenden Zeitraum eigentlich in die Vergangenheit zurückgeführte Extrapolationen von Volkszählungen aus den 1950er Jahren sind (das waren die ersten, die einigermaßen verlässlich waren), also gewissermaßen „Retropolationen", dann bekommt man eine Vorstellung von der dünnen Basis der genannten Zahlen. Immerhin ist ihre Aussagekraft um einiges höher als alles, was man beim gegenwärtigen Stand unserer Kenntnisse über die Auswirkungen des „mikrobiellen Schocks" südlich der Sahara sagen kann.

Der „mikrobielle Schock" ist von Amerika bekannt: Nach 1492 führte der Export der in Europa gängigen Krankheitserreger in die davon unberührten Gebiete Amerikas zu einem „demografischen Kollaps" bei der indianischen Bevölkerung dort, von der neun Zehntel in einem Jahrhundert umkamen. Das ist einer der Ausgangspunkte für die „Transatlantikroute" des Sklavenhandels, denn vor allem die Portugiesen greifen stärker als andere Kolonialmächte auf die aus Afrika „importierten"

---

31 Knight (1996), S. 817

Leibeigenen zurück, um die Ausfälle bei den Indianern auszugleichen und ihre Plantagen, besonders den Zuckerrohranbau, rentabel zu halten. Die aus Afrika Deportierten galten als weniger anfällig für Pocken-, Grippe-, Masern- oder Typhusepidemien. Vielleicht war das die Folge einer beginnenden Immunisierung, die durch häufigere Kontakte mit Europäern an der Westküste ihres Kontinents zustanden gekommen war, nachdem diese es seit dem 15. Jahrhundert gelernt hatten, dank der Erfindung der Karavelle auch gegen die Passatwinde zu segeln.

Was die Afrikaner auf ihrem eigenen Kontinent betrifft, gibt es gute Gründe, daran zu zweifeln, dass die große Mehrheit von ihnen – vor allem weiter im Inneren des Landes – dem Mikroben- und Viren-Schock etwas entgegenzusetzen hatte, der mit der „kolonialen Begegnung" (in mehrfacher Hinsicht ein Euphemismus) gegen Ende des 19. Jahrhunderts einherging. Sylvie Brunel, Professorin an der Sorbonne in Paris, vertritt die Auffassung, dass der Kolonialismus „insbesondere dazu führte, dass im 19. Jahrhundert ein Viertel der Bevölkerung Zentralafrikas durch Krankheit und Massaker starb und Vertreibungen eine Art natürlicher Immunität gegen die Malaria zerstörte".[32] Die Historikerin und Spezialistin für die Region Catherine Coquery-Vidrovitch schätzt, dass 1921 Französisch-Äquatorialafrika (AEF) ein Drittel seiner Bevölkerung verloren hatte.[33] In seinem Bestseller *King Leopold's Ghosts* geht der amerikanische Journalist und Schriftsteller Adam Hochschild noch weiter und behauptet, die Hälfte der Bevölkerung nicht nur des belgischen Ex-Kongo, sondern darüber hinaus ganz Äquatorialafrika sei Opfer vernichtender Epidemien geworden.[34] Wie groß auch immer das Ausmaß war, und mangels verlässlicher und genauer Daten ist es unmöglich, das genau einzugrenzen: Das massive Sterben der Menschen in der Subsahara zwischen 1880 und 1930 ist eine demografische Katastrophe, die mit der Schwarzen

---

32 Brunel (2014) / 1236
33 Coquery-Vidrovitch (1985), S. 46–64
34 Hochschild (1998), S. 273 und 328 f

Pest auf dem Alten Kontinent des 14. Jahrhunderts vergleichbar ist; von einem Brutherd in Asien eingeführt, tötete sie damals zwischen 30 und 50 Prozent der europäischen Bevölkerung.

Afrika, die Jugend der Welt

Die demografische Vergangenheit südlich der Sahara lässt sich wie folgt zusammenfassen: Nach einer tausend Jahre währenden Stagnation auf einem sehr niedrigen Niveau und zwei Katastrophen – der Sklavenhandel und die Kolonisation – folgt in den 1930er Jahren eine demografische Wende und die Bevölkerungszahl kennt einen rasanten Aufschwung, der bis in die Gegenwart andauert. Im Jahr 1650, vor dem Höhepunkt von transatlantischem Sklavenhandel und „Mikrobenschock", lebte in Afrika mit seinen rund 100 Millionen Menschen rund ein Fünftel aller Erdenbewohner. Vor der Wende in den 1930er Jahren zählte der Kontinent rund 150 Millionen Menschen, nur acht Prozent der gesamten Weltbevölkerung. Inzwischen hat sich die Welt sehr viel schneller mit Menschen gefüllt, vor allem mit dem Beginn der ersten industriellen Revolution seit 1750 – bei der Europa um Längen vorn lag.[35] Das auffälligste Fazit dieser atemberaubenden Beschleunigung: 85 Prozent des demografischen Wachstums seit es Menschen gibt, fallen in die Zeit nach 1800 – das sind 0,02 Prozent der Menschheitsgeschichte. Und in der Tat dauerte es von Anbeginn bis 1800, dass die Menschheit die Milliardengrenze erstmals überschritt; dann brauchte es noch 130 Jahre, bis sie die zweite Milliarde erreichte, und schließlich nur noch drei weitere Jahrzehnte bis zur dritten Milliarde im Jahr

---

35 Chasteland und Chesnais (2006) beleuchten die Verbindung von industrieller Revolution, demografischem Wandel und Emigration in Großbritannien: „Zwischen 1750 und 1900 versechsfachte sich die Einwohnerzahl im Vereinigten Königreich, mit dem Resultat, dass die überschüssige Bevölkerung in die ganze Welt (mit Ausnahme Kontinentaleuropas) ausschwärmte. Im Besonderen hat diese Bewegung die USA hervorgebracht."

1960; seither hat die Weltbevölkerung drei weitere riesige Schritte getan, um sieben Milliarden zu erreichen, und zwischen 2011 und 2024 werden es acht Milliarden sein. Doch trotz dieser rasanten Progression hat der Rückgang der Weltbevölkerung bereits begonnen. Den Zenit ihrer Fruchtbarkeit haben die Menschen auf der Welt nämlich bereits gegen Ende der 1960er Jahre erreicht und aufgrund einer generationalen Phasenverschiebung ihr stärkstes Wachstum in absoluten Zahlen in den 1980er Jahren erlebt. Damals kamen Jahr für Jahr 85 Millionen Neugeborene dazu, und es dauerte nur zwölf Jahre, bis zu den Milliarden, die auf unserem Planeten lebten, eine weitere Milliarde hinzugezählt werden konnte. Seither altern nicht nur die am weitesten entwickelten Länder – mit Japan an der Spitze – sehr schnell, auch Lateinamerika und große Teile Asiens werden nun reihum „grauhaarig". Die Pille und andere moderne Mittel zur Empfängnisverhütung haben diesen Trend beschleunigt, in manchen Fällen zusammen mit anderen Faktoren so stark, dass die Geburtenrate unter die Erhaltungsquote von statistisch 2,1 Kindern pro Frau in gebärfähigem Alter gerutscht ist. Einige entwickelte Länder – nicht nur Japan, sondern auch Deutschland, Griechenland, Italien und Spanien – haben bereits historisches Neuland betreten: negatives Bevölkerungswachstum ganz ohne Naturkatastrophen oder Pandemien. Die Staaten erleben ein „Paradox des Wohlstands": Inmitten des Überflusses wollen ihre Einwohner immer weniger Kinder in die Welt setzen.

Erstaunlich wenig findet man in der mediengetriebenen Debatte zu dem seit Anfang des 20. Jahrhunderts anhaltenden Zugewinn an Lebensalter, obwohl das Phänomen vielleicht noch wichtiger als die „Reproduktionsrevolution" ist. 1900 lag die Lebenserwartung von Neugeborenen in Europa und Nordamerika bei 47 Jahren; ein halbes Jahrhundert später war sie dort auf 70 Jahre gestiegen – heute ist das der weltweite Durchschnitt. Da ältere Menschen inzwischen aktiver sind und mehr Möglichkeiten haben als früher, sich kreativ zu entfalten, hat dieses verlängerte Leben und mit ihm das Bild von Alter und Rentnerdasein seine Schattenseiten verloren.

Afrika stellt heute auf der Welt eine demografische Ausnahme dar. Im Gebiet südlich der Sahara wird die Bevölkerung von jetzt bis 2050 auch weiterhin um 2,5 bis 3 Prozent jährlich wachsen und damit schneller als die Weltbevölkerung insgesamt zu Zeiten ihrer größten Expansion. Dabei war die Zahl der Afrikaner von 150 Millionen im Jahr 1930 bereits auf 300 Millionen im Jahr 1960 gestiegen, dem „Jahr Afrikas", als 17 Länder die Unabhängigkeit erlangten; die Bevölkerungszahl verdoppelte sich noch einmal bis 1989 und erreichte 600 Millionen zum Ende des Kalten Krieges; im Jahr 2010 nahm sie die Milliardengrenze und wird sich bis 2050 noch einmal verdoppeln, sodass dann von rund 10 Milliarden Menschen auf der Erde 20 Prozent Afrikaner sein werden. Dann wird der Kontinent wieder den Anteil aus der Zeit um 1650 erreicht haben. Schließlich aber wird sich dieser Anteil bis 2100 noch einmal verdoppeln und von einer Gesamtbevölkerung auf der Welt von rund elf Milliarden wären dann 40 Prozent Afrikaner. Noch wichtiger: Rund 60 Prozent aller Menschen unter 15 werden südlich der Sahara leben – eine solide Mehrheit der Jugend der Welt.

Überfluss senkt den Wert, Knappheit macht kostbar. Das gilt heute für die Jungen in einer Welt der Alten – so wie es in der Vergangenheit für Afrika gegolten hat, diesem riesigen Kontinent von 30 Millionen Quadratkilometern, mehr als drei Mal so groß wie ganz Europa von Wladiwostok bis Gibraltar und historisch unterbevölkert. 1650, als auf einem Quadratkilometer in Afrika im Durchschnitt gerade einmal 3,3 Menschen lebten – im Vergleich zu 45 heute und dem Doppelten davon im Jahr 2050 – war seine Bevölkerung das wertvollste kollektive Gut, wohingegen Land so reichlich vorhanden war, dass es kaum als Produktionsfaktor ins Gewicht fiel. Folglich war das Humankapital der Stammesgesellschaften lange Zeit die treibende Kraft in der afrikanischen Geschichte, und das gilt auch in seiner Negation, der Sklaverei und dem Menschenhandel, während Land und Landbesitz im Fokus der Geschichte Europas standen. Aber diese langanhaltende Epoche ist vorbei. Zynisch zusammengefasst: Ungeachtet der immer noch geringen Bevölkerungsdichte Afrikas im Vergleich zu anderen Weltregionen[36] nimmt der Wert des menschlichen Lebens dort im umgekehrten Verhältnis zur Bevölkerungsexplosion auf dem Kontinent ab; gleichzeitig ist Land immer gefragter.

Im Rückblick haben diese Überlegungen nichts Originelles. Aber es brauchte einige Einsicht und noch mehr Zynismus, die verhängnisvolle Wucht des anlaufenden demografischen Schubs und seine Konsequenzen *vorauszusehen* und politische Empfehlungen daraus abzuleiten. Der britische Gouverneur in Nigeria bewies 1955, dass er über beides verfügte, als er zum Thema Grundschulbildung, einem Leuchtturmprogramm, das die Londoner Zentrale gerade ins Leben rufen wollte, um den Unabhängigkeitskämpfern das Wasser abzugraben, einen Brief nach London schickte. Im Wissen, dass die demografische Entwicklung, die mit der Macht einer Dampfwalze vonstatten ging, es nicht erlauben würde, Schulbildung für alle zu finanzieren, empfahl der Kolonialbeamte gegen jeden Zeitgeist, den Prozess hin zur Unabhängigkeit zu beschleunigen. „Die Menschen werden unvermeidlich enttäuscht werden", gab er zu bedenken, „und dann ist es doch besser, sie werden durch das Scheitern ihrer eigenen Führer enttäuscht als durch unser Handeln."[37]

Gut ein halbes Jahrhundert später ist die Realpolitik, die dieser Bemerkung zugrunde liegt, immer noch nicht ganz durchgedrungen. Wir werkeln immer wieder aufs Neue an der Bilanz der afrikanischen Unabhängigkeit und verweisen unermüdlich auf „Korruption" und „Misswirtschaft" vieler Regierungen, ohne hinzuzufügen, dass der Versuch, das Bedürfnis einer exponentiell wachsenden Bevölkerung nach öffentlichen

---

36 Die Bevölkerungsdichte in Europa (ohne Russland) liegt grob gerechnet bei 100 Einwohnern pro Quadratkilometer, ein Durchschnittswert, der wie auch in Afrika große Unterschiede aufweist. Sie reichen von Spanien (86) bis zu Großbritannien (247), Frankreich (112) und Deutschland (231). Die durchschnittliche Bevölkerungsdichte in Asien beträgt 87 Einwohner pro Quadratkilometer, in China (150) und in Indien (390).

37 Zitat aus Cooper (2002), S. 76

Einrichtungen und funktionierender Infrastruktur zu befriedigen, von vornherein zum Scheitern verurteilt war. Anders als der britische Gouverneur ziehen wir eine moralische Lektion wirklichen Einsichten vor. In einer Gesellschaft, in der Generationen von immer mehr Menschen aufeinander folgen, müssen alle Anstrengungen, ausreichend Wohnhäuser, Straßen, Schulen und Krankenhäuser zu bauen, scheitern; die „demografischen Investitionen" (Alfred Sauvy) können nicht in ausreichendem Umfang getätigt werden. Wie auch immer man es anfängt, es wird nie genug für alle dabei herauskommen. In diesem Zusammenhang mag es einer rationalen Kalkulation gleichkommen, wenn man für sich selbst, die Familie oder die ethnische Gruppe abgreift, was abzugreifen ist, sei das als Minister das Schmiergeld von einem ausländischen Investor oder als Polizist das Bakschisch an einer Straßensperre. Das erklärt auch die stille Akzeptanz solcherart informeller Steuer durch eine Bevölkerung, die darin den Preis sieht, den man zahlen muss, wenn es im allgemeinen Mangel einmal eine Ausnahme geben soll. Sicher, das ist kein Verhalten, das moralisch betrachtet als Vorbild herhalten könnte, genauso wenig wie die Analyse des britischen Gouverneurs seinerzeit der Zukunft Afrikas Vorrang vor den Interessen Ihrer Majestät einräumte. Aber die Korruption ist das Zahlungsmittel – in gängiger Währung – auf einem Markt, auf dem Angebot und Nachfrage bei weitem zu unausgewogen sind und auf dem es keine wirklich regelnde Autorität gibt. Das nicht anzuerkennen, sagt weniger über die „Amoralität" der Korrupten und der Korrumpierten aus als über unsere Ignoranz oder Scheinheiligkeit. Denn wer anderen Tugendhaftigkeit unter Lebensumständen predigt, von denen er keine Ahnung hat, läuft Gefahr, wie eine Figur von Dickens dazustehen, der pharisäerhafte Seth Pecksniff, der beschrieben wird „als Wegweiser, der die Richtung zu einem Ort weist, wo er selbst nie hingeht".

Mitte der 1980er Jahre hatte ich das Glück, einen Nebenjob in Lagos zu finden, das damals noch die Bundeshauptstadt von Nigeria war. Ich fuhr anfangs regelmäßig von Benin dorthin, wo ich wohnte, ohne es mir aber leisten zu können, länger in Lagos zu bleiben. Der Tagessatz von *Radio France International* RFI, für das ich als freier Journalist in Westafrika arbeitete, reichte gerade einmal für die Reisekosten und die Unterkunft in einem „Gästezimmer" mit vier rauen Betonwänden auf dem Gelände einer französischen Baufirma. Damals wurde weißes Industrie-Toastbrot – so eine Art Kautschukmasse, gezuckert, in kleine Blöcke geschnitten, dann unter Plastik verkauft und permanent feucht vom Kondenswasser – zur Dauerdiät meines Journalistendaseins. Ich hätte mich gern fest in Lagos niedergelassen, aber solche Träume lagen für mich nicht in finanzieller Reichweite. Die Kosten einer bewachten Unterkunft mit Büro, eines Stromgenerators und einer internationalen Telefonverbindung, die vor Unterbrechungen und Lösegeldforderungen sicher war, überstiegen bei weitem den Wert meiner journalistischen Arbeit. Verständlich also, dass ich begeistert war, als die Nachrichtenagentur Reuters anfragte, ob ich ihnen nicht zur Hand gehen könne.

Lagos zählte damals rund fünf Millionen Einwohner. Ich habe diese Lagunenstadt geliebt, die ihre Füße hier und da ins Wasser steckt, vor allem in den Slums unter den Hochstraßen, mit denen ihre Inseln und Halbinseln und das Festland verbunden sind; und die ihren Kopf gleichzeitig in den Wolken hat, vor allem dort, wo entlang der Marina die Straßen aussehen wie Gebirgszüge aus Wolkenkratzern (damals südlich der Sahara noch sehr selten). Ich habe die Nächte geliebt, die hier so plötzlich kommen wie der Samtvorhang in einem alten Theater fällt, mit den Lichtern der Stadt, die dann auf dem Wasser tanzen. Das war für die Mädchen der Moment, die Stöckelschuhe aus den Plastiktüten zu holen, sie in einem Balanceakt anzuziehen, laut lachend und voller Tanzbegeisterung. Ich habe den Afro-

Beat von Fela Anikulapo Kuti in seinem „Schrein" geliebt, dem Heiligtum des Widerstands gegen die damals sich ablösenden Militärdiktaturen, darunter auch die von General Buhari, der 2015 in einem Anfall von kollektiver Amnesie als „Konvertit zur Demokratie" zum Präsidenten gewählt wurde. Im Rückblick scheint mir, habe ich Lagos auch und vielleicht vor allem geliebt, weil so viele andere europäische *expatriates* die Stadt verabscheuten, als ein „Pandämonium, eine Brutstätte von Gewalt und Korruption". Ich fand mich außergewöhnlich, weil ich mich in diesem Afrika außergewöhnlich wohl fühlte, wo ich meine Tage im „slow go"-Modus auf dem Rücksitz irgendeines maroden Taxis bei höllischer Hitze in einem gigantischen Stau verplemperte, ohne meine gute Laune zu verlieren. Ich war stolz, wenn mich nachts Taschenlampen an den Straßensperren blendeten, begleitet von missmutigem Murren und bisweilen vagen Beleidigungen und ich die Nerven behielt, ohne etwas zu geben ... Der Geruch von fermentiertem Palmwein, dem notorischen Parfum der Polizisten und der Soldaten mit Sturmgewehr, verflog schnell im Durchzug halb geöffneter Fenster. Bis zur nächsten Straßensperre, die nie weit war ... So war das Spiel, eine Art Initiationsritus: Spießrutenlauf, ohne Prügel zu beziehen.

Reuters stellte mich ein, um bei der Abfassung des Jahresberichts über Nigeria zu helfen, ein dickes Konvolut von Statistiken, eingeleitet durch einen Überblick über die „großen Entwicklungslinien" der Nationalökonomie. Der Büroleiter Nick Kotch kümmerte sich um diesen Teil selbst und tat das mit Stil; ich fand einen Platz in einer Ecke des Büros und war Handlanger für Daten, die schwer zu finden und noch schwerer zu überprüfen waren. Angefangen bei der Mutter aller Zahlen, also der Zahl der Einwohner in dem „am stärksten bevölkerten Land südlich der Sahara". Wie viele Nigerianer gab es also genau? Man hätte das leicht in Erfahrung bringen können, hätten die Militärregierungen die Daten der Volkszählungen, die zur steten Quelle der Zwietracht wurden, nicht zensiert. Die letzte Volkszählung ging auf das Jahr 1973 zurück und war nicht anerkannt worden. Abwechselnd verwarfen der Süden und der Norden des Landes in ihrer andauernden Rivalität um die Zentralmacht die Ergebnisse der Volkszählungen, das galt für die von 1973 wie für die von 1962 und davor schon die von 1956, der letzten, die noch unter dem Kolonialregime durchgeführt worden war. Großbritannien hatte 1866 den ersten Versuch gemacht, seine Untertanen in Nigeria zu zählen, ursprünglich nur die seiner „Kolonie Lagos" und dann, nach der „Verschmelzung" des Nordens und des Südens 1914 im ganzen Land in den Grenzen von heute. Aber bisweilen machten eine Heuschreckenplage oder ein Aufstand gegen die Kopfsteuer die Zählung unmöglich, denn die Nigerianer bekämpften die Steuer mit der gleichen Leidenschaft wie die Grashüpfer. Aus Erfahrung klug versuchten die Kolonialuntertanen, sich der Zählung von 1956 zu entziehen, um ihre Besteuerung zu minimieren, legten aber eine glatt gegenteilige Strategie bei der Volkszählung von 1962 an den Tag, um das Gewicht ihrer jeweiligen Region im Rahmen des Bundesstaates zu vergrößern: In den neuen Institutionen und Führungsgremien wurden die Sitze anteilig nach Bevölkerungszahl vergeben, nicht anders war es bei Investitionen und Subventionen. Gerüchte vermeldeten denn auch, im Norden seien selbst die Schafe und Ziegen gezählt worden ... Schließlich „regulierten" die Behörden im Jahr 1976 mit einem Federstrich die demografische Zuwachsrate, die dabei von 2,5 Prozent auf 3,2 Prozent stieg.

Die Berechnungen mussten jedenfalls ständig neu angestellt werden, auf jeweils neuer, willkürlicher Grundlage, die zu den ursprünglichen Fehlern noch irgendwelche politischen Manöver hinzufügte. Trotz aller unserer Bemühungen gab unser Report zwangsläufig nur den Hauch eines Schattens von der Wirklichkeit im Land wieder. Das Einkommen pro Kopf, die Armutsrate, der Anteil an Selbstversorgern in der Landwirtschaft, alles musste man mit Vorbehalt betrachten. In dieser Hinsicht hat sich seither nicht viel geändert. Mit dem Schwung nach der Rückkehr zur Demokratie wurde 1991 eine Volkszählung „mit aller Transparenz" organisiert, die mit ihrem Ergebnis von

88 Millionen Einwohnern nun von der Weltbank angefochten wurde; die Weltbank hatte die Bevölkerung auf 99,9 Millionen geschätzt – mit einer Genauigkeit, die für mich an Absurdität grenzt. Und schließlich, nach der letzten Zählung von 2006, hat erneut ein ehemaliger Putschistengeneral, der dank einer Wahl an die Macht gekommen war, Präsident Obasanjo, die zahlreichen Kritiker der Volksbefragung als „Wirrköpfe" abgetan und ihnen den Rat gegeben: *„If you like, use am [them], if you no like, leave am [them]."*

Wenn das Spiel heißt: „Nimm es an oder lass es sein!", was ist dann eine ausreichend zuverlässige Angabe, um in all die Statistiken aufgenommen zu werden und neuerdings in die Datenbanken zu Nigeria, diesem demografischen Labor in Subsahara-Afrika? Die Bevölkerung Nigerias, das 1960 rund 40 Millionen Einwohner zählte, hat sich bis um das Jahr 2000 herum in etwa verdreifacht. Mit 150 Millionen Einwohnern entsprach das der Gesamtbevölkerung südlich der Sahara in den 1930er Jahren. Heute zählt Nigeria nach Angaben des *World Factbook* der CIA in etwa 190 Millionen Einwohner. Was die Bevölkerungszahl von 2050 anbelangt, schwanken die Schätzungen erheblich, waren aber im vergangenen Jahrzehnt auf jeden Fall zu niedrig angesetzt. Das wird etwa an den Zahlen deutlich, die das amerikanische *Population Reference Bureau* im Laufe der Zeit präsentiert hat: 282 Millionen im Jahr 2008, 326 Millionen in 2010, 397 Millionen im Jahr 2015 ... In Ermangelung von Orientierungspunkten verlieren selbst die Glanzstücke aus zahlreichen Untersuchungen ihren Wert. Denen zufolge, wenn also kein Irrtum vorliegt, ist die Fruchtbarkeit von Frauen im gebärfähigen Alter in Nigeria von 6,8 Kindern pro Frau im Jahr 1975 auf 5,5 gesunken. Aber hinter diesem langsamen Rückgang verbergen sich große regionale Unterschiede: Der Rückgang war im Süden des Landes viel stärker als im muslimischen Norden, wo die Geburtenrate tatsächlich stieg und bei nun 7,3 Kindern pro Frau liegt. Noch immer beschränkt sich der Gebrauch von modernen Verhütungsmitteln dort eher auf fünf Prozent als auf zehn Prozent der Frauen, und eine Frau kann sich nicht ohne die Begleitung eines Mannes über Fragen der Familienplanung informieren. 2012 lag im ganzen Land die Lebenserwartung bei 52 Jahren – also bei zwei Dritteln der durchschnittlichen Lebensdauer im gleichen Jahr in Frankreich, die 82 Jahre betrug. Die Sterblichkeitsrate bei Frauen im Kindbett ist seit 1972 praktisch nicht zurückgegangen. Auf der anderen Seite ist die Kindersterblichkeit deutlich gesunken, allerdings liegt sie mit 78 Todesfällen auf 1.000 Geburten auf dem Niveau der industrialisierten Länder vor hundert Jahren.

In Afrika südlich der Sahara – mit der Ausnahme Südafrikas – sieht es alles in allem überall ganz ähnlich aus wie in Nigeria. Trotz einiger Abweichungen und Schwankungen ist in diesem Teil der Welt die Bevölkerungsexplosion weitergegangen, die in der ersten Hälfte des 20. Jahrhunderts begann. Die Kindersterblichkeit ist in der Tat stark zurückgegangen. Aber in absoluten Zahlen ist heute eins von zwei Kindern, die im Alter bis zu einem Jahr sterben, ein Kind aus Subsahara-Afrika; 1990 war es eins von drei Kindern. Der Rückgang der Kindersterblichkeit geht noch nicht einher mit einem Rückgang der Geburtenrate in ähnlichem Ausmaß. Gleichzeitig bleibt die Müttersterblichkeit sehr hoch: 545 Todesfälle auf 100.000 Lebendgeburten nach den Zahlen von Unicef; in Frankreich liegt das Verhältnis bei vier zu 100.000, bei 16 in den USA. Ungeachtet dessen wird die Bevölkerung sich in 28 Ländern der Region bis 2050 verdoppeln, und in neun weiteren wird sie sich verfünffachen – in Angola, Burundi, Malawi, Mali, Niger, Somalia, Uganda, Tansania und Sambia. Man kann es auch so zusammenzufassen: Drei von vier Menschen, die von jetzt bis 2100 auf die Welt kommen, werden südlich der Sahara geboren werden.[38]

38 Null (2011) baut seine Studie auf dem Median-Szenario der UN-Projektionen für das Ende des Jahrhunderts auf; d.h. 3,36 Milliarden Menschen in Subsahara-Afrika 2100: https://www.newsecuritybeat.org/2011/06/one-in-three-people-will-live-in-sub-saharan-africa-in-2100-says-un/

Zurück nach Lagos. Der nigerianische Schriftsteller Chris Abani erzählt in seinem 2004 erschienenen Roman *Graceland* vom Leben eines jungen Mannes namens Elvis Oke in einem Slum der Metropole. Sein Held ist, wie Lagos selbst, weitgehend globalisiert, aber gleichzeitig weit davon entfernt, entwurzelt zu sein. Nichts an ihm (und an Lagos) ist allein heimischen Ursprungs, nichts aber auch ganz ausländisch und importiert, nichts ist pur zu haben. Alles ist „entfernt global".[39] Der Titel des Romans und der Vorname seines Helden verweisen auf Elvis Presley und sein Haus in Memphis, Tennesee, das nach 1982 zu einem Mausoleum für die amerikanische Idolfigur des Rock'n'roll wurde. Der nigerianische Elvis versucht, sich als Double seines berühmten *alter ego* durchzuschlagen, das er auf einer Postkarte entdeckt hatte. Er hat Rainer Maria Rilke gelesen, die *Briefe an einen jungen Dichter*, auch wenn man nicht genau erfährt, wo, und er glaubt, dass Charles Dickens mit seinem *A Tale of Two Cities* „eine perfekte Beschreibung des Lebens in Lagos" geliefert hat.

Elvis Oke kommt aus einem Dorf im Südwesten Nigerias, aus dem Gebiet der Igbo. Aufgezogen hat ihn seine Großmutter, nachdem die Mutter an Krebs gestorben war, als er acht war. Allein seine Großmutter glaubt, „dass Kinder nie zu klein sind, um die Wahrheit zu verstehen". Für alle anderen „Großen", ganz dem Senioritätsprinzip verpflichtet, ist Elvis ein „Kleiner", der den Mund zu halten hat. Bis zum Tag seiner Initiation, wenn man ihm einen Kreis aus Kaolin um den Hals zieht, als Zeichen des künftigen Familienoberhaupts und als Aufforderung, „dem Tod ins Gesicht zu blicken". Den Mädchen wird der Kreis um den Ellbogen gezogen, als Zeichen, dass sie den geschmeidig biegen müssen, während sie gehorsam schwer zu schuften haben.

39 Charles Piot (1999): *Remotely Global. Village Modernity in West Africa*

Elvis ist gerade zehn Jahre alt, als er die Schule verlässt und zu seinem Vater Sunday nach Lagos zieht. Flieht er vor dem Land oder zieht ihn die Stadt an? Diese Frage spielt keine Rolle, als er sich in den „Strudel des städtischen Lebens" stürzt. Das Dorf bleibt zwar stets sein Bezugspunkt, aber doch eher als schwindende Erinnerung; Elvis lebt in Lagos, ohne dort zu Hause zu sein, in diesem ganz und gar lebendigen Monstrum und Zwitter, „halb Slum, halb Paradies, hässlich und gewalttätig, aber gleichzeitig wunderschön". Sein Vater, Säufer, wieder verheiratet und mit drei weiteren Kindern am Hals, ist nur eine schwache Stütze. Er hatte selbst auf die Modernität gesetzt und dabei seine Existenz ruiniert. Er war für die Ausbildung seines jüngeren Bruders aufgekommen, der aber hatte nichts zurückgezahlt und so gegen gleich zwei grundlegende gesellschaftliche Regeln verstoßen: Hilfe auf Gegenseitigkeit und das Vorrecht des Älteren.

Das Leben in einem Slum von Lagos ist im Vergleich zum „*Krieg der Knöpfe*" von Louis Pergaud, ungefähr das, was ein heimtückischer Mord im Vergleich zu einer zünftigen Schlägerei ist. „Okay, Alter, wenn ich das gewusst hätte, wäre ich nicht gekommen" reichte als Ansage des kleinen Gibus im Film, um aus dem Spiel auszusteigen. Elvis dagegen stürzt sich in eine Sackgasse: Seine Imitationen des fernen Idols bringen nicht genug, um zu überleben, und er eifert nun seinem Kumpel nach, Spitzname „Erlösung". Dem folgt er in einen kriminellen Wettstreit „Doppelt oder Nichts", vom einfachen Diebstahl zum Menschenhandel, von der Kinderprostitution über Folter bis zum Mord. Diese wenig sentimentale Erziehung eines nigerianischen *Emile*, Jean-Jaques Rousseaus Traktat zur Natur des Menschen von 1762, darf als repräsentativ für die seiner Altersgenossen gelten. Die elterliche Autorität, oder weiter gefasst, die Fuchtel der Alten – wie man im Dorf gesagt hätte – existiert in ihrem Leben voller Unsicherheit nicht mehr, außer in der gespenstigen Form des selbsternannten „Königs der Bettler". Aber selbst dieser ist ein sterbender Stern in der Galaxie dieser Jugend.

Lagos ist der „Big Bang" der afrikanischen Jugend, ihr offizieller Geburtsort. Tatsächlich haben die britischen Behörden hier im Jahr 1943 eine neue Altersschicht definiert – Jugendliche zwischen 14 und 18 Jahren –, während es zuvor südlich der Sahara nur die „Kleinen", also vor ihrer Initiation, und die „Großen" gab, mithin also nur Kinder und Erwachsene. Im Europa der industriellen Revolution mit ihrer komplexen Arbeitsteilung wurden die Jugend „geboren" als Parenthese, die nun offen war für eine weiterreichende Erziehung, eine Ausbildung also, die sich nicht auf die Nachahmung der Eltern beschränkte, während man sie auf dem Feld oder in der Werkstatt begleitete. In Lagos entstand die Jugend als eine Kategorie, die es streng zu kontrollieren galt, eine Ansammlung von Faulenzern, die in kleinen Gruppen in ihren „Basen" in der Stadt zusammenkamen und dort die Zeit totschlugen, oder sich etwas diskreter in „Knotenpunkten" trafen, um dort Pläne auszuhecken, um dort schnelles Geld mit irgendwelchen illegalen Aktivitäten[40] zu verdienen. Politische Gewalt, die von der herrschenden Schicht an diese urbane Jugend „ausgesourct" wurde, gehörte schon immer zu dieser Art von Broterwerb hinzu.

Lagos ist eine junge Stadt, und sie wird immer jünger. 1921 lag der Anteil ihrer Bewohner, die jünger als 30 Jahre waren, schon bei 62 Prozent, 1972 waren es bereits 78 Prozent, und heute liegt er bei 95 Prozent in den Slums, in denen die Dorfjugend ankommt, die die Feldarbeit massenweise hinter sich lassen will – pro Jahr sind es rund 600.000 Jugendliche. Mit zunehmendem Alter schaffen sie es entweder aus dem Slum raus, oder sie sterben dort, oder sind gezwungen, in ihr Dorf zurückzukehren, besiegt und beschämt. In der Konsequenz fehlt der Alterspyramide in den Slums von Lagos, wo zwei Drittel der Bevölkerung lebt, der Kopf. Die Jungen sind dort unter sich. Sie erfinden neue Werte und Normen für sich, die zu ihrer Lage passen, einen neuen Verhaltenskodex, den zu karikieren völlig falsch wäre. Es ist nicht unbedingt das „Gesetz des Dschungels", aber sicherlich auch kein

40   Ismail (2009)

Leitfaden des Bürgersinns. In diesen Elendsquartieren gelangt eine Art von Gerissenheit zu voller Blüte, die sich über die ganze Welt ausbreiten kann, wie etwa mit dem berüchtigten „419er Betrug" – so benannt nach dem entsprechenden Paragrafen des nigerianischen Strafgesetzbuchs zum E-Mail-Betrug. Aber dieser Schwindel wäre nicht möglich ohne die Gier ausländischer Kontoinhaber, die bereit sind, hohe Summen in der Hoffnung auf unglaubliche „Prämien" einzusetzen.

Wegen der Landflucht, die man auch genauso gut als „urbane Anziehungskraft" bezeichnen könnte, wachsen die Städte südlich der Sahara noch schneller als die Bevölkerung insgesamt. In Lagos lebten ungefähr 350.000 Menschen, als Nigeria 1960 die Unabhängigkeit erreichte. Als ich mich in den 1980ern erstmals durch das Dickicht afrikanischer Statistiken schlug, zählte die Stadt etwa fünf Millionen Einwohner. 2012 hat Lagos mit damals 21 Millionen Einwohnern Kairo als größte Stadt Afrikas überholt und wird seine Bevölkerungszahl bis 2050 wohl noch einmal verdoppeln. In all dieser Zeit hat diese mittlere Großstadt, die sich zur „Mega-City" aufblähte, nie aufgehört, sich zu verjüngen. Der Anteil der unter 15-Jährigen ist von 25 Prozent im Jahr 1930 auf 40 Prozent im Jahr der Unabhängigkeit gestiegen und liegt jetzt bei rund 60 Prozent – und das ist es, was Lagos heute zweifellos als weltweite Hochburg der Jugend dastehen lässt. Um diese Jugendlichkeit oder umgekehrt die „Mumifizierung" von Paris deutlicher zu machen: In der französischen Hauptstadt liegt der Anteil der Jugendlichen unter 15 Jahren bei 14 Prozent.

Nicht allein der Altersunterschied seiner Einwohner vergrößert die Kluft zwischen Paris und Lagos. Wenn man die Pariser Infrastruktur als Maßstab anlegt, dann dürfte Lagos nur als Geisterstadt mit einem Bruchteil seiner Einwohner existieren. Um nur ein Beispiel zu nennen: Als Lagos 2006 rund 15 Millionen Einwohner hatte, war nur 0,4 Prozent der Toiletten an die Kanalisation angeschlossen.[41] Und trotz gewisser Fortschritte

41   Packer (2006)

bleibt die Lagune von Lagos eine Kloake, in der sich die Mehrzahl der Bewohner wäscht und sich das Wasser zum Kochen und Trinken besorgt, mit den Gezeiten und dem Regen als natürlicher Spülung. Kein Wunder also, dass sich die lokale Begrüßung wie eine Warnung anhört: *This is Lagos!* oder ausdrücklicher auf Yoruba – *Èkó ò ní bàjé*: „Hoffen wir, dass die Stadt nicht vermodert." Kein Wunder auch, dass die Reichen versuchen, im futuristischen Offshore-Quartier *Eko Atlantic* das Weite zu suchen, diesem lokalen Manhattan, das seit 2012 dank Millionen Kubikmetern Geröll auf zehn Quadratkilometern aus dem Ozean wächst. An die 250.000 Menschen können hier irgendwann leben, dauerhaft ausgestattet mit WLAN, dauerhaft verbunden mit dem Internet via transatlantischem Glasfaserkabel und angebunden an den internationalen Flughafen Murtala-Muhammed via Helikopter, wenn ihnen der Sinn denn einmal nach der Außenwelt steht.[42]

Seit der Unabhängigkeit im Jahr 1960 ist die Bevölkerung Nigerias um das Viereinhalbfache gewachsen und die von Lagos gleichzeitig – um das sechzigfache!

---

42 Projekte wie Eko Afrika existieren überall auf dem Kontinent, von New Cairo in Ägypten über Waterfall City zwischen Johannesburg und Pretoria in Südafrika, Hope City, ein Milliarden-Dollar-Projekt in Ghana, Kakungulu Satellite City in den Außenbezirken von Kampala in Uganda, Malili Ranch bei Nairobi, beworben als Kenias Silicon Valley und schließlich Kilamba City bei Luanda, gebaut von chinesischen Unternehmen in Angola – die teuerste Stadt der Welt. Die räumliche Abschottung, diese Segregation, erinnert an die „Kolonialstadt", wie sie Frantz Fanon in *The Wretched of the Earth* (2004) beschreibt. Man könnte in der folgenden Passage „Reiche" und „Arme" austauschen mit „Siedler" und „Kolonialisierte": „Der Bereich, in dem die Armen leben, ist nicht der Bereich, in dem die Reichen leben, sie sind nicht einfach komplementär. Beide sind miteinander konfrontiert, aber nicht im Interesse einer höheren Einheit. Sie gehorchen einer rein Aristotelischen Logik und damit dem Diktat der gegenseitigen Exklusion: Eine Verständigung ist nicht möglich; einer von beiden ist überflüssig. (…) Der Blick, den der Arme auf den Teil der Stadt wirft, wo die Reichen leben, ist ein Blick voller Lust, ein neidischer Blick. Träume von Besitz. Jede Art von Besitz: am Tisch des Reichen Mannes tafeln, in seinem Bett schlafen, am besten mit seiner Frau." (eigene Übersetzung)

Die Wachstumsrate des bevölkerungsreichsten Landes Afrikas entspricht mehr oder weniger dem Durchschnitt aller Staaten südlich der Sahara. Die Expansion von Lagos aber, zu der auch die starke Zuwanderung aus Nachbarländern beiträgt, ist außergewöhnlich, nämlich zwei- bis viermal so hoch wie das Wachstum anderer, „normaler" Städte südlich der Sahara. Immerhin, die andere west-afrikanische Stadt mit großer Anziehungskraft für regionale Migranten, Abidjan, hat inzwischen auch 40 mal mehr Einwohner als 1960. N'Djamena hatte damals nur 23.000 Einwohner, mit 1,3 Millionen heute liegt es mit seinem Wachstumsfaktor von 55 nur knapp hinter Lagos und das ausschließlich wegen der massiven Landflucht. Im gleichen Zeitraum stieg die Einwohnerzahl von Dakar, Freetown, Nairobi und Harare um das Zehn- bis Fünfzehnfache. Bamako, Khartum und Mogadischu sind jeweils rund zwanzigmal so groß wie 1960, Conakry, Kampala, Kinshasa und Ouagadougou dreißigmal.

Die Urbanisierung südlich der Sahara ist zum Teil deshalb so außergewöhnlich – historisch einmalig sowohl im Ausmaß als auch im Tempo –, weil sie von einem so niedrigen Niveau aus startete. Selbstverständlich gab es schon immer Städte in Subsahara-Afrika. 1920 aber lag der Urbanisierungsgrad gerade mal bei 2,5 Prozent, und 40 Prozent aller Stadtbewohner des Kontinents lebten in der Youruba-Region im Südwesten Nigerias. 1960 existierten südlich der Sahara nur sechs Städte mit mehr als 100.000 Einwohnern: Ibadan, Johannesburg, Addis-Abeba, Kano, Lagos, Accra und Dakar – zusammengenommen rund eine Million Menschen. Mindestens so viele leben heute in jeder der vierzig Millionenstädte, die es in der Subsahara gibt. 2008 überstieg die Zahl der Stadtbewohner weltweit erstmals die der Menschen auf dem Land; in Afrika lebten da nach Angaben der Afrikanischen Entwicklungsbank 35 Prozent der Menschen in Städten. 2030 wird auch hier die Mehrheit in Städten wohnen. 2050 werden 60 Prozent der afrikanischen Bevölkerung, also etwa 1,25 Milliarden Menschen, in Städten wie Lagos leben. Anders gesagt: Zwischen 1960 und 2000 stieg die Zahl der Stadtbewohner in Afrika um das 8,7fache an; 2050 wird sie sich noch einmal vervierfacht haben.

Galoppierendes Bevölkerungswachstum, wachsende Verjüngung der Gesellschaft und erdrutschartige Urbanisierung – und alles in historisch unbekannten Dimensionen – kennzeichnen die Demografie Afrikas seit fast einem Jahrhundert. Angesichts dieser Realitäten und ihren Herausforderungen haben sich drei Grundhaltungen herauskristallisiert: mangelnde Aufmerksamkeit, blanke Verleugnung oder unbeholfener Aktionismus. Die fehlende Aufmerksamkeit hat jede Neugierde erstickt und zu Ignoranz geführt. Zwischen 1970 und 2000 wurden von 39 großen Studien weltweit, die die Verbindung von Demografie und Armut untersuchten, nur sechs in Ländern südlich der Sahara durchgeführt.[43] Verleugnung drückt sich aus in Bemerkungen wie jenen des schwedischen Professors Hans Rosling, dem vielleicht renommiertesten Statistiker der Welt, in einem BBC-Interview von 2015: „Wenn man Regionen extremer Armut hat, wo auf eine Frau sechs Kinder kommen und sich die Bevölkerung innerhalb einer Generation verdoppelt, dann hat man ein Problem. Aber nicht das Bevölkerungswachstum ist das Problem – es ist die extreme Armut, die dem Problem zugrunde liegt."[44] Einer der unbeholfenen Ansätze schließlich besteht darin, das abzutun, was historisch mehr als anderswo die wertvollste Ressource Afrikas darstellte: der Reichtum an Menschen, „wealth in people", ein Terminus der von Anthropologen geprägt wurde, um die Bedeutung verwandtschaftlicher und sozialer Beziehungen bei der Erlangung von Status, Macht und Einfluss zu betonen. Auf diese Art neomalthusianische Ängste anzufachen, von der Detonation einer „demografischen Bombe" auf ihrem Kontinent zu sprechen oder gegen die „Flut" junger Menschen aus Subsahara-Afrika zu wettern, die wahrscheinlich in Europa „einfallen" werden, kann kaum auf positive Resonanz

43 Tabutin (2007), S. 261
44 BBC, 11. September 2015: https://www.bbc.com/news/world-africa-34188248

Thomas R. Malthus 1798 Theorie
des exponentiellen Bev. wachstums

bei Afrikanern treffen. Darüber hinaus stellt es die demografische Herausforderung falsch dar: Die Bevölkerungszahl und die Altersstruktur Afrikas sind nicht *per se* problematisch. Sie werden erst dann zum Problem, wenn die soziale Organisation der Gesellschaften südlich der Sahara und in der Folge die Produktivität im weitesten Sinne nicht ausreichen, damit die Menschen dort anständig leben und wohnen können und ausgebildet werden oder Unterstützung finden, wenn sie bedürftig sind; wenn also die schiere Menge der Menschen das Wohlergehen des Einzelnen verhindert, weil die erwirtschafteten Ressourcen nicht ausreichen. Man könnte es angelehnt an die Worte der amerikanischen Verfassung so sagen: Die meisten afrikanischen Staaten sind unter den gegebenen Bedingungen beim Thema „Streben nach Glück" auf Scheitern programmiert.

1958 formulierten ein Demograf namens Ansley Coale und ein Volkswirt namens Edgar Hoover eine Hypothese zur Verbindung von Bevölkerungszahl und Wohlstand. Anders als praktisch alles, was vorher und seitdem geschrieben wurde, stellten sie weder die Bevölkerungszahl noch ihre Wachstumsrate in den Mittelpunkt. Sie interessierten sich weder für Höhe noch Breite der Alterspyramide, sondern für ihre Proportion. In ihren Augen war die Proportion „gut", im Sinne einer optimalen Menge an zu verteilendem Wohlstand, wenn das Verhältnis zwischen Erwachsenen in erwerbsfähigem Alter und Abhängigen – Rentnern und Minderjährigen – zugunsten der Arbeitskräfte ausfiel. Aus dieser Perspektive würde eine sinkende Fruchtbarkeitsrate in Afrika die Situation in vierfacher Hinsicht verbessern: Erstens würde der Wohlstand für alle in der Gesellschaft wachsen, wenn die Menschen im erwerbstätigen Alter nicht länger zusätzlich zu älteren Familienmitgliedern (und sich selbst) auch noch eine große Kinderschar versorgen müssten. Zweitens ginge die Sparquote hoch, weil die Pro-Kopf-Ausgaben sowohl im privaten als auch im öffentlichen Sektor sinken würden. Das würde es, drittens, erlauben, mehr in das „Humankapital" zu investieren, auch wieder sowohl zu Hause als auch in den öffentlichen Schulen, weil schlicht mehr Geld für Bildung zur Verfügung stünde. Und schließlich würden Löhne und Einkommen steigen, weil immer weniger junge Menschen auf den Arbeitsmarkt drängten.

Es ist interessant, dass der „Demografiebonus" oder die „Demografiedividende" durch die Zunahme der Bevölkerung im erwerbsfähigen Alter von Coale und Hoover nicht zu den besonderen Vorteilen gezählt wird. Tatsächlich ist die Integration einer großen Anzahl junger Menschen in den Arbeitsmarkt kein Selbstläufer, weil die Schaffung von Arbeitsplätzen nicht einfach eine Frage des Willens ist, weder bei Arbeitgebern noch bei Regierungen. Selbst im Falle der Vollbeschäftigung ist der wachsende Wohlstand nur vorübergehend, da sich auch diese größere Beschäftigten-Kohorte irgendwann in den Ruhestand verabschiedet. Da eine gleiche Anzahl an Nachwuchs fehlt, entsteht eine negative Ratio zwischen Erwerbstätigen und Abhängigen – ein „Demografiemalus", der den kurzfristigen Bonus wieder ausgleicht.

Das ist einer der – wenn auch selten erwähnten – Gründe, warum Chinas Ein-Kind-Politik kein Modell für Afrika ist. China selbst hat diese Politik am 1. Januar 2016 außer Kraft gesetzt. Sie war zunächst erfolgreich: Zwischen 1965 und 2015 sank das Verhältnis zwischen Abhängigen – Menschen unter 15 und über 65 – und Arbeitsfähigen von 81 Prozent auf 37 Prozent. Anders ausgedrückt: 2015 kamen hundert Erwerbstätige für nur 37 Kinder und Rentner auf. Zusammen mit vielen anderen, vor allem politischen Faktoren gelang es dadurch hunderten von Millionen Chinesen, der „Falle" von Einkommensschwäche bei gleichzeitig hoher Fruchtbarkeit zu entkommen. Doch trotz aller begrüßenswerten Vorteile für mehrere Generationen – am Ende ist die Ein-Kind-Politik ein Nullsummenspiel. Der „Demografiebonus", der sich eingestellt hatte, seit sie 1979 durchgesetzt wurde, beginnt sich zu rächen. Seit 2014 verfällt die Ratio zwischen Erwerbstätigen und Abhängigen wieder, weil es nicht mehr genug junge Menschen gibt, die die Massen an Arbeitskräften, die inzwischen in Rente gegangen sind, ersetzen könnten. 2060 wird das Verhältnis genauso schlecht sein wie 1965: Auf hundert Erwerbstätige kommen 81 Abhängige. Der Altersmedian steigt wie in Deutschland, Spanien und Japan auf fünfzig Jahre. Und anders als die „alten" Industrienationen hatte China nie die Zeit, ein kollektives Rentensystem aufzubauen. Gleichzeitig befindet sich das traditionelle soziale Netzwerk, *guanxi*, das auf Solidarität der Großfamilie beruht, seit vierzig Jahren in Auflösung. Dieser demografischen Falle zu entkommen, erscheint so noch komplexer. Obwohl es keine staatliche Begrenzung der Kinderzahl mehr gibt, tendieren Chinas Einzelkinder – „kleine Kaiser" oder, wenn sie als junge Erwachsene wieder zurückkehren ins Elternhaus, „Boomerangkinder" getauft – dazu, selbst nur ein Kind zu bekommen.[45] Das verstärkt die Last des „4-2-1-Syndroms", dass ein einziges Kind zuständig dafür ist, zwei Elternteile und vier Großeltern zu unterstützen.

Lässt man die Langzeitfolgen außer Acht, so disqualifiziert sich das chinesische Modell ohnehin durch seinen Zwangscharakter. Peking schrieb chinesischen Eltern vor, was überall sonst eine sehr persönliche Entscheidung ist, und beendete damit 336 Millionen Schwangerschaften – das entspricht grob gerechnet der derzeitigen Einwohnerzahl der USA. Diese Politik hat anhaltende Folgen, was das Gleichgewicht zwischen den Geschlechtern angeht. Obwohl die Regierung 1994 die Geschlechtsbestimmung über Ultraschall verbot, um die Abtreibung weiblicher Föten zu verhindern, gibt es heute unter den unter Zwanzigjährigen 35 Millionen mehr Jungen als Mädchen.

Demografische Steuerung

Kenia und Ghana haben als erste Länder der Subsahara Programme zur Familienplanung verabschiedet – Kenia 1967, Ghana drei Jahre später. Allerdings waren die Maßnahmen viel

45 Sheng Yun, *Little Emperors*, in: The London Review of Books (19. Mai 2016); Simon Leplâtre (‚En Chine, pas de réveil démographque'), *Le Monde* (4. Januar 2017); Isabelle Attané (‚En Chine, l'enfant unique … le restera'), *Le Monde* (26. November 2013)

zu zaghaft: Verglichen mit damals ist die Bevölkerung Ghanas heute 3,5 Mal so groß, die Bevölkerung Kenias hat sich vervierfacht. Außerdem blieben die beiden Länder für zwanzig Jahre einsame Avantgarde. Erst 1988 folgten Nigeria, Senegal und Liberia; in den zehn Jahren danach kamen dreißig weitere Länder dazu, nicht immer aus innerer Überzeugung, sondern weil sie die Geber von Entwicklungshilfe zufriedenstellen wollten oder mussten.[46] Europa, der Kontinent der ehemaligen Kolonialherren und Hauptlieferant von Hilfsgeldern, hält sich überwiegend zurück beim Thema Geburtenkontrolle. Tatsächlich ist es immer noch schwierig, überhaupt offen darüber zu sprechen. Auf der Abschlusspressekonferenz des G-20-Gipfels 2017 in Hamburg formulierte der französische Präsident, Emmanuel Macron, das Offensichtliche: „So lange Frauen in manchen Ländern sieben oder acht Kinder gebären, kann man sich zwar entscheiden, dort Milliarden von Euros auszugeben – stabilisieren aber wird man damit nichts." Sein Statement entfesselte einen Shitstorm in den sozialen Medien und entfachte eine Debatte – nicht über den Zusammenhang von Armut und Demografie, sondern über Macrons „Rassismus". Seine Direktheit war ausgesprochen unüblich. Typisch sind eher Kommentare wie der von Serge Michaïlof, Forscher beim IRIS, dem führenden französischen Thinktank für Außenpolitik und früherem Direktor der Französischen Entwicklungsagentur (AFD). Er wirft den afrikanischen Regierungen zwar vor, keinen Plan zu haben, um Maßnahmen zu entwickeln, mit der sie Bevölkerungswachstum in den Griff bekommen könnten. Im selben Atemzug fordert er, dass „die gesamte Sprache, die Art der Botschaft, die Projekte

---

46 Rachel Sullivan schreibt in ihrer Dissertation 2013 *The Global, the Local, And Population Policy in Sub-Saharan Africa*: ‚Unlike the standard diffusion story, in which the most modern actors play the role of innovators, I find that the first countries to adopt policies actually had lower levels of governmental capacity and were more traditional than those who adopted policies later or that did not adopt policies at all. I explain this paradox based on these countries' greater desire to signal their modernity to outsiders, and their relatively weak position vis-à-vis powerful external organizations like the World Bank.'

selbst überarbeitet werden müssten, selbstverständlich mit großer Sorgfalt und Respekt für das kulturelle Erbe jedes Landes, ohne frontale Konfrontation, aber entschieden".[47] Wie aber soll man einen kompletten Neustart der Familienplanung in Afrika bei gleichzeitiger Wahrung des Respekts vor der lokalen Kultur hinbekommen? Das ist nicht „selbstverständlich".

„Über lange Zeit hat Subsahara-Afrika eine Laissez-faire-Haltung an den Tag gelegt und Desinteresse gegenüber Fragen der Demografie gezeigt", beobachtete John May 2007, als er bei der Weltbank als Demograf für Afrika zuständig war.[48] In den 1950er und 1960er Jahren, in denen Afrika diese Herausforderung entschieden hätte angehen müssen, war der tunesische Präsident Habib Bourguiba der einzige, der sich gegen den damaligen Zeitgeist für den Übergang zu einem anderen Familienmodell einsetzte. Sein Familienrecht ersetzte das Verstoßen durch Scheidung, verbot Polygamie, verlangte das Einverständnis der Braut, hob die väterliche Zustimmung auf und führte die offizielle Gleichstellung nicht nur von Vätern und Müttern, sondern auch von Töchtern und Söhnen ein. Doch das blieb eine Ausnahmeerscheinung. Tansanias Präsident, Julius Nyerere, sprach für die meisten seiner Amtskollegen, „Väter der Unabhängigkeit" wie er: Hätte er nicht sein Volk dahin geführt, wo es hinwollte, wäre sein Kopf gerollt – „so gewiss wie der Madenhacker dem Nashorn folgt".[49] In der allgemeinen Euphorie während Afrikas Weg in die Unabhängigkeit fanden es die neuen Führer politisch schwierig, wenn nicht selbstmörderisch, so Fundamentales wie Reproduktionsgewohnheiten in Frage zu stellen. In einem Augenblick, in dem alles möglich schien, wäre das Ziel, Nachwuchs zu verhindern, als der Versuch wahrgenommen worden, Sand in das Getriebe der Geschichte zu streuen. Abgesehen davon hätten diese jungen afrikanischen

47 Michaïlof (2015), S. 57
48 Interview in *Le Monde*, 15. Dezember 2007 (‚Afrique, le grand rattrapage démographique')
49 Zitat aus *Time* Magazine, 13. März 1964

Staaten, jünger als selbst ihre Bürger, gar nicht über die institutionellen Mittel verfügt, eine solche „Biopolitik" umzusetzen, um Michel Foucaults Begriff zu benutzen. Bis heute ist Familienplanung südlich der Sahara von einer Art Ad-hoc-Qualität; nur etwas weniger als 15 Prozent der Frauen im gebärfähigen Alter nutzen moderne Verhütungsmethoden, und dieser Anteil wächst nur sehr langsam – im Unterschied zu Asien, wo die Nutzung rasant und auf 60 Prozent gestiegen ist.

Bekäme der anfangs erwähnte britische Gouverneur von Nigeria ein zweites Leben geschenkt, irgendwo in Afrika zwischen dem Wendekreis des Krebses und dem Wendekreis des Steinbocks, würde er aller Wahrscheinlichkeit nach vor der nächsten tektonischen Verschiebung in der menschlichen Geografie der Region warnen: einem Überschuss von Älteren ohne Rente und einer sozialen Absicherung, ohne Rückgriff auf die „afrikanische Solidarität", mit der es dann lange vorbei sein wird. Aber wen kümmern kommende Dürren mitten im Dauerregen? Heute scheint Alter in Afrika kein Grund zur Sorge zu sein, auch nicht morgen, nicht einmal übermorgen. Seit fast einem Jahrhundert herrscht die gleiche Einstellung vor: Weder die Kolonialbehörden noch die unabhängigen afrikanischen Regierungen selbst haben irgendeine demografischen Steuerung betrieben, zumindest keine mit Weitblick. Die Bevölkerung Afrikas ist in einem Maße gewachsen, wie es das noch nie in der Menschheitsgeschichte gab, und das ohne eine parallele „Grüne Revolution", die für Nahrungssicherheit hätte sorgen können. Hunderte Millionen Menschen haben ihre Dörfer verlassen und sind in die Städte gezogen, wo es für sie trotz aller Anstrengung keine Arbeit gibt und wo sie von Tag zu Tag irgendwie mit ihrem Leben klarkommen müssen.

Im heutigen Afrika, besonders südlich der Sahara, sind in Sachen Jugend eine Menge Weltrekorde gebrochen worden. Im nächsten Kapitel werden wir diese Peter-Pan-Insel näher erkunden. Eine solch enorme Zahl an jungen Leuten könnte eigentlich die Hoffnung für eine strahlende Zukunft sein – vorausgesetzt, dass ein großer Prozentsatz von ihnen nicht bereits im Kindesalter stirbt, an irgendwelchen eigentlich leicht zu heilenden Krankheiten, bei Massakern oder in Kriegen; vorausgesetzt außerdem, dass nicht Massen von ihnen arbeitslos sind, ohne Chance zu reifen und das eigene Potential auszuschöpfen. Afrika hat in den vergangenen hundert Jahren ohne Zweifel riesige Fortschritte gemacht, auch das werden wir genauer betrachten. Aber der Fortschritt ist erdrückt worden vom schieren Gewicht seiner Bevölkerung. Das ist das Gesetz der großen Zahlen.

1994 erschien in der amerikanischen Monatsschrift *The Atlantic* ein alarmierender Artikel, der vieles in gefährlicher Weise zusammenrührte, aber einen prophetischen Titel hatte: *The Coming Anarchy: How scarcity, crime, overpopulation, tribalism, and disease are rapidly destroying the social fabric of our planet.* Der Text von Robert D. Kaplan hatte einen so gewaltigen Nachhall, dass das US-Außenministerium eine Kopie an jede seiner Botschaften in Subsahara-Afrika faxte[50]. Sein Autor sagte eine „totale Krise" in der Region vorher, einen Zusammenbruch, herbeigeführt durch Gewaltverbrechen, unkontrollierbare Epidemien und ökologische Katastrophen, die mit dem malthusischen Bevölkerungswachstum einhergingen. Die Folgen würden mehr oder weniger das Ende der Welt bedeuten. Die Wirkung von Kaplans extrem kontrovers diskutierter Reportage ist nicht zu trennen vom Kontext, in dem sie veröffentlicht wurde. Die Hoffnungen, die nach dem Ende des Kalten Krieges so hochfliegend waren, hatten eine harte Landung erlebt. Nach dem Fall der Berliner Mauer 1989 hatte Francis Fukuyama „das Ende der Geschichte", wie wir sie kennen, verkündet – nicht länger die Abfolge von Konflikten, sondern das Aufkommen des „letzten Menschen", des prototypischen Demokraten, der sich in einer liberalen Marktwirtschaft entfalten kann. In diesem optimistischen Szenario ist Afrika nicht mehr automatisch das geopolitische Schachbrett, die weit entfernte Ecke im Hinterhof der Supermächte, wo ein Dritter Weltkrieg zwar vermieden worden war, aber auf Kosten einer Reihe von Kriegen in der Dritten Welt. Sogar in Subsahara-Afrika sollte das Leben nicht mehr à la Hobbes „einsam, arm, ekelhaft, brutal und kurz"

---

50 In *Lettre international,* 1996 auf Deutsch erschienen, heißt der Titel nur noch: „Die kommende Anarchie: Ökonomie, Religion, Gesellschaft – Weltordnungen im Zerfall".

sein – nur dass dann sehr schnell von Liberia über Sierra Leone und Somalia bis zum Balkan eine Menge neuer Konflikte ausbrachen. Geführt wurden sie gegen das „Anderssein", *warlords* traten im Kampf um Beute gegeneinander an, und Bürgerkrieg wurde neu definiert als Massaker an Mitbürgern. So höhlte die harte Realität die Hoffnungen auf immerwährenden Frieden und universellen Wohlstand komplett aus. 1993 erklärte Samuel Huntington diese Krisen anhand seiner Theorie eines „Kampfs der Kulturen": Kulturelle und religiöse Identität und ihre Unterschiede sind für ihn die Hauptursache für Konfrontationen nach dem Kalten Krieg. Im April 1994, nur zwei Monat nachdem der Artikel *The Coming Anarchy* erschienen war, begannen die hundert Tage des Völkermords in Ruanda. Seine verheerende Gewalt übertraf sogar Kaplans fürchterliche Vorhersagen. Die „Zeit der Macheten"[51] im Land der Hutu und Tutsi schien ihm Recht zu geben.

Ein Viertel Jahrhundert später findet die drohende Apokalypse, die Kaplan beschreibt, kaum noch Widerhall in unseren Köpfen. Wir wissen inzwischen, dass Kaplans „Angst vor der Dunkelheit" ihn daran hinderte zu erkennen, wie das Bevölkerungswachstum in Afrika – die schieren Zahlen, die massive Landflucht, die superschnelle Urbanisierung und die beschleunigte Eingliederung Afrikas in die Weltwirtschaft – nicht nur ernsthafte Risiken nach sich zieht, sondern auch ungeahnte Möglichkeiten. Im Rückblick ist die pauschale Verachtung nur zu offensichtlich, mit der Kaplan „den Islam und das Christentum, beide zu oberflächlich und untergraben durch animistische Überzeugungen" abtut als „unpassend für eine moralische Gesellschaft, weil sie auf irrationaler Geisterkraft beruhen", während er gleichzeitig den Islam in Nordafrika und auf dem Balkan als „zivilisatorisches Gerüst" feierte. Obwohl man fairerweise zugestehen muss, dass der akademische Diskurs, der den

---

51   Jean Hatzfeld, Zeit der Macheten. Gespräche mit den Tätern des Völkermordes in Ruanda (Französisch 2003, Deutsch 2004)

„Schwarzen Islam" für toleranter hielt als die explosivere und oft politisch manipulierte Variante der „Arabischen Straße", der Realität auch nicht standgehalten hat. In der gesamten Sahel-Zone, von Mali über Somalia bis Nigeria, sind hausgemachte islamistische Terrorbewegungen aufgetaucht. Und trotz seiner groben Verallgemeinerungen muss man Kaplan zugute halten, dass er als einer der ersten auf die Bedeutung der „Alltagskriminalität" in Afrika aufmerksam gemacht hat, auf die epidemiologische und ökologische Verletzlichkeit des Kontinents ebenso wie auf die „aufkeimende Metropole", die „entlang des gesamten Küstenstreifens von Abidjan nach Osten bis Lagos" zusammenwachsen würde.

Kaplan war entsetzt über den wachsenden demografischen Druck auf den ärmsten Kontinent. Geradezu hypnotisiert von all den möglichen Bedrohungen *„out of Africa"*, schenkte er der Kluft zwischen den Generationen auf dem Kontinent und dem Kampf um die Förderung von Frauen keine Aufmerksamkeit. Er ignorierte eine ganze Hälfte Afrikas, hunderte Millionen von Frauen und Mädchen. Er sah nur die „Horden" junger Männer, die er beschrieb als „ungebundene Moleküle in einem gänzlich instabilen sozialen Fluidum, eindeutig kurz davor, sich zu entzünden". Seine voreilige Schlussfolgerung: Die Jungen würden die alten Vaterfiguren wegdrücken. Dabei wäre ihr Sieg damals kaum wahrscheinlich gewesen und ist es immer noch. Nur einige wenige dieser jungen Männer, von den Frauen ganz zu schweigen, werden sich über eine Platz an der Sonne freuen können, mit Macht, Privilegien und materiellem Gewinn. Die anderen, die große Masse all der jungen Männer und Frauen, können ausschließlich auf ihre zahlenmäßige Stärke setzen. Als verfügbare und verschleißbare Fußtruppe werden sie hinter den Rebellen- und Oppositionsführern her marschieren, oder, wovon sie meist mehr Vorteile haben, hinter denen im alten Establishment, die am meisten bieten.

Im laufenden Jahrzehnt werden rund 200 Millionen Menschen zur Bevölkerung südlich der Sahara dazukommen. Das wären eigentlich gute Nachrichten für einen Kontinent, dessen Bodenqualität etwa der Indiens entspricht – Indien ist seit der Grünen Revolution in den 1970er Jahren Selbstversorger bei Nahrungsmitteln. Afrika besitzt auch rund 60 Prozent der noch nicht bewirtschafteten landwirtschaftlichen Nutzflächen weltweit. Aber in der derzeitigen Lage der Subsahara stellen 200 Millionen zusätzliche Bewohner ein Problem dar. Abgesehen von den Folgen der globalen Erwärmung, die die gesamte Sahelzone weiter destabilisiert, leiden bereits jetzt rund 400 Millionen Menschen an Mangelernährung, und fast 100 Millionen Schulkinder sind anämisch.[52] Das Wachstum bei 60 Prozent aller Kinder ist aufgrund falscher Ernährung gestört, mit mehr oder weniger ernsthaften Folgen für ihre physische oder intellektuelle Entwicklung. Subsahara-Afrika braucht dringend eine Grüne Revolution, aber die ist nicht in Sicht. 96 Prozent der Bauern bewirtschaften Parzellen von weniger als fünf Hektar, viele investieren weder in Dünger noch in andere landwirtschaftliche Hilfsmittel, weil ihr Eigentum am Land häufig umstritten ist.[53] Laut Weltbank betrug 2016 der Getreideertrag pro Hektar südlich der Sahara 1,4 Tonnen. In Frankreich waren es 5,7 Tonnen, in Großbritannien sieben Tonnen und in den USA 8,1 Tonnen. Aus einer Kuh holten die Bauern weniger als einen halben Liter Milch pro Tag – der Durchschnitt in Frankreich, Großbritannien und USA liegt bei 25 Litern. In diesen Ländern benutzen 90 Prozent der Landwirte Traktoren – südlich der Sahara sind es zwei Prozent. Im tropischen Afrika werden nur fünf Prozent des Ackerlandes bewässert, in Indien sind es 58 Prozent.

52 Sommers (2015), Position 1018–1023
53 Brunel (2014), S. 192

„Beschleunigte Urbanisierung ist eher ein Symptom für Schwierigkeiten in der Landwirtschaft als eine Konsequenz der Agrarmodernisierung", schreibt Sylvie Brunel.[54] Sie fügt hinzu, dass bis 2030 eine weitere halbe Milliarde Afrikaner die ländlichen Gebiete verlassen wird, „um in Städten, besser gesagt in Slums zu leben". Wer wird sie ernähren? Sich auf internationale Hilfsorganisationen zu verlassen, käme einer potentiell tödlichen Entscheidung gleich in einer Welt, in der der Nahrungsbedarf bis 2050 um 70 Prozent wachsen wird. Es wird erwartet, dass die Weltbevölkerung dann die neun Milliarden erreicht hat. Afrika muss bis dahin seine landwirtschaftliche Produktion verfünffacht haben, um Nahrungsmittelsicherheit garantieren zu können. Anderenfalls muss es große Mengen an Lebensmitteln importieren, und das zu sehr hohen Preisen. Bereits jetzt gibt ein Land wie Nigeria rund 10 Milliarden US-Dollar im Jahr für Nahrungsimporte aus. Die Summe entsprach 2016 fast 40 Prozent der Öl-Einnahmen, es wären 15 Prozent, wenn der Preis für Rohöl wieder auf die Rekordhöhe vergangener Zeiten stiege. Für den Import von Maschinen, die bei der Industrialisierung und der Schaffung von anständig bezahlten Arbeitsplätzen im Land helfen könnten, fehlt derweil das Geld. „Soil not oil"[55], Land statt Öl, hätte das Mantra heißen sollen – nicht nur für Nigeria, sondern für alle ölproduzierenden Länder südlich der Sahara, und zwar sofort, mit dem ersten Tag der Unabhängigkeit.

Der demografische Druck auf natürliche Ressourcen wie Ackerland und Wasser erhöht das Risiko von Konflikten. In der Region Darfur im Westen Sudans wuchs die Bevölkerung seit der Unabhängigkeit 1956 beinahe um das Siebenfache – von 1,3 Millionen auf mehr als neun Millionen 2017. Das belastet eine Umwelt, die bereits durch Wüstenbildung stark getroffen ist. Außerdem trägt Darfur die Bürde eines schwierigen histo-

54   Ebd., S. 169
55   Olopade (2014), S. 167

rischen Erbes: Während des Mahdi-Aufstands zum Ende des 19. Jahrhunderts wurden die lokalen Besitztitel an Land – *hakura* – vernichtet, später erhöhte die unter britischer Kolonialherrschaft eingesetzte „einheimische Verwaltung" die Spannungen zwischen sesshaften Bauern und Vieh- oder Kamelhirten. Und dann kamen seit 2003 die Exzesse der Stammesmilizen dazu, bewaffnet vom sudanesischen Präsidenten Omar al-Bashir wurden sie bekannt als *janjawid* – „die Reiter des Bösen". Der Boden im Westen Sudans war also bereitet für einen mörderischen Konflikt. Das ist sicher nicht überall in der Sahelzone so. Aber überall in der Region gehören demografischer Stress, und, ihm eng auf den Fersen, Umweltzerstörung und soziales und wirtschaftliches Elend zur jeweiligen Mischung dazu, die die Konflikte auch in Mali, Burkina Faso, Niger und Tschad befeuert.

Thomas Robert Malthus (1766 – 1834) verfasste eines der einflussreichsten Bücher zur Demografie, *An Essay on the Principle of Population*, das fünfmal zu seinen Lebzeiten neu herausgegeben wurde. Sein Ruf aber ist schlecht; einer seiner Biografen bezeichnete ihn Ende des 19. Jahrhunderts sogar als „den am meisten gehassten Mann seiner Zeit".[56] Zweifellos hat Malthus' Unbeliebtheit etwas mit zwei seiner verbissen und unnachgiebig vorgebrachten Annahmen zu tun: Mutter Erde hat nur begrenzte Ressourcen und kann deswegen nur eine bestimmte Menge Menschen ernähren; und die menschliche Natur ist im Wesentlichen eine egoistische, getrieben von Eigeninteresse. Aber sein schlechter Ruf bezieht sich vor allem auf ein paar Zeilen, die er 1803 in der zweiten Ausgabe seines Buchs hinzugefügt hatte, um sie nach einem Sturm der Entrüstung aus den folgenden Ausgaben wieder zu tilgen. Diese Passage, der Nachwelt bekannt als „Fest der Natur", besitzt eine gewisse düstere Aktualität, die es wert erscheinen lässt, sie vollständig zu zitieren: „Ein Mensch, der in einer bereits in Besitz genommenen Welt geboren wird und keinen Unterhalt erhält von seinen

---

56 Bonar (1885), S. 2

Eltern, an die er berechtigte Forderungen hat, und dessen Arbeit die Gesellschaft nicht will, hat kein Recht, die kleinste Menge Nahrung zu beanspruchen und in der Tat keine Veranlassung, da zu sein, wo er ist. An der ungeheuren Festtafel der Natur ist für ihn nicht gedeckt. Sie sagt ihm, er möge sich packen, und wird schnell ihren Befehl verwirklichen, falls er nicht das Mitgefühl einiger ihrer Gäste erwecken kann. Wenn diese Gäste aufstehen und ihm Platz machen, werden sofort andere Eindringlinge erscheinen und denselben Gefallen fordern. Die Kunde einer Versorgung für alle wird schnell die Runde machen und die Halle mit zahllosen Anspruchstellern füllen. Die Ordnung und Harmonie der Festtafel sind gestört, der Überfluss, der herrschte, verwandelt sich in Mangel; und das Glück der Gäste ist durch das Schauspiel des Elends und der Abhängigkeit und durch die lärmende Aufdringlichkeit derer, die nicht die Versorgung vorfinden, die zu erwarten ihnen beigebracht worden war, zerstört." Wäre die Welt tatsächlich so, wie Malthus sie sah – ein beschränktes und unmoralisches Universum –, dann wäre ein solches Schicksal den kommenden zwei, drei Generationen von Afrikanern sicher.

Sogar in der Welt, wie sie tatsächlich ist – hart, aber abgemildert durch Mitgefühl und gewisse universelle Rechte – wirkt ein Prinzip, das man „demografische Konditionalität" nennen könnte. Der Streit um Land in Simbabwe zeigt das Konflikthafte an ihr. Seitdem Simbabwe 1980 unabhängig wurde, litt das Land unter krassen Missverhältnissen beim Grundbesitz, ein Erbe der rhodesischen Vergangenheit bis zurück zum Landraub am Ende des 19. Jahrhunderts. Trotz eines Programms für eine Landreform „Freiwilliger Käufer – freiwilliger Verkäufer" besaßen zu Beginn des 21. Jahrhunderts weiße Landwirte – 0,6 Prozent der Bevölkerung – weiterhin zwei Drittel des fruchtbarsten Ackerlandes.[57] Präsident Robert Mugabe, zunächst verehrt als Befreier von der weißen Vorherrschaft, bevor die lange Zeit an der Macht

[handschriftliche Notiz:] Simbawe = Südrhodesien

[handschriftliche Notiz:] Cecil Rhodes ab 1893

57 Godwin (2006), S. 58

[handschriftliche Notiz:] Nordrhodesionen = Sambia

aus ihm eine Karikatur des tyrannischen „Gerontokraten"
machte, hatte sich bis in die 1990er Jahre keinen Deut um eine
Agrarreform gekümmert. Seine Regierung stellte dafür gerade
einmal 0,16 Prozent des Haushalts bereit. Erst als er auf eine
echte Opposition stieß, die Bewegung für Demokratischen
Wandel (MDC), und 2000 dann auch noch unerwartet ein Ver-
fassungsreferendum verlor, das seine eigene Macht absichern
sollte, ging Mugabe die Landfrage ernsthaft an. Seine „beschleunigte Landreform" mündete in die Besetzung und Übernahme
der meisten Farmen im Besitz von Weißen durch seine Unterstützer. Nicht nur viele Simbabwer sahen ihn dabei irgendwie
im Recht. Im Ausland machte ein Gefühl postkolonialer Schuld
den Weg frei für das einstige Idol, sich in einen Diktator zu ver-
wandeln. Ausbeutung schlicht und einfach auf Schwarz und
Weiß zu reduzieren, schafft ein gutes Gewissen, das sich durch
Fakten nicht stören lässt: 78 Prozent der Farmen im Besitz von
Weißen wurden erst nach der Unabhängigkeit erworben, nach
strengen Regeln, die unter anderem vorsahen, dass der Staat
jeweils vorab auf sein Vorkaufsrecht verzichtete.[58] Einer dieser
neuen Besitzer war David Stevens. Er hatte 1986 das damalige
Apartheid-Südafrika verlassen, um mit seiner schwedischen
Frau, Maria, und ihren vier Kindern in einem Land frei von
Rassentrennung zu leben. Stevens wurde das erste Todesopfer
der von Mugabe genehmigten „Wiederinbesitznahme" von
Land in weißer Hand. Am 1. April 2000 drangen Besetzer in

---

58 Ebd. Obwohl es große Unterschiede zwischen Simbabwe und Südafrika gibt,
    droht die „Landfrage" auch im ehemaligen Apartheid-Staat wichtiger zu wer-
    den. Ein Vierteljahrhundert nach dem Ende der Rassendiskriminierung gehören
    87 Prozent des südafrikanischen Landes in Privatbesitz Weißen, die ungefähr
    10 Prozent der Bevölkerung ausmachen; zwischen 50.000 und 60.000 moderne,
    von Weißen gemanagte Farmen pflügen 72 Prozent des verfügbaren Ackerlan-
    des; das Ziel der Regierung, 30 Prozent dieses Bodens bis 2015 zu kaufen und
    Schwarzen zu übereignen, wurde weit verfehlt: Nur 3 Prozent sind in andere
    Hände übergegangen. Bei dieser Geschwindigkeit würde es ein ganzes Jahr-
    hundert dauern, das Ziel zu erreichen, und auch nur dann, wenn die Regierung
    Südafrikas mehr als die 0,4 Prozent ihres Budgets, die sie seit Ende der Apart-
    heid für eine Landreform reserviert hat, bereitstellt.

seine Farm ein, zwangen ihn, Diesel zu trinken und schossen ihm nach Stunden der Agonie in den Kopf.

Aus historischer Perspektive betrachtet, hat die Beschlagnahmung gewerblicher Farmen im Besitz von Weißen und die Übertragung dieses Besitzes dazu geführt, dass rund 60.000 schwarze Bauern mit ihren Familien auf Grund und Boden leben, der vorher weniger als 2.000 weißen Farmern gehörte.[59] Der neue Präsident, Emmerson Mnangagwa, der im November 2017 mit Unterstützung der Armee den 93-jährigen Mugabe in den Ruhestand zwang, gibt gemischte Signale ab in der Frage, ob er die Farmbesetzungen von vor zwanzig Jahren wieder rückgängig machen will. Aber die „beschleunigte Landreform" wäre damals nicht so populär gewesen, hätte über den anti-weißen Groll hinaus nicht auch der demografische Druck auf Land der Überlebensstrategie des Präsidenten in die Hände gespielt. Zwar ist Simbabwe mit 42 Einwohnern pro Quadratkilometer keineswegs überbevölkert. Aber seit Cecil Rhodes und seine mit einem Mandat der britischen Regierung ausgestattete British South Africa Company sich das beste Land nördlich des Limpopo aneigneten, ist die Zahl der Einwohner Simbabwes zwischen 1900 und 2017 von 700.000 auf 16 Millionen hochgeschossen. Wäre die Bevölkerung in Großbritannien im selben Tempo gewachsen, gäbe es dort inzwischen statt der derzeit 66 Millionen mehr als 900 Millionen Einwohner – die zweifelsohne genauso um jeden Quadratmeter Land kämpfen würden.

Man muss hier keine offenen Türen einrennen. Es ist offensichtlich, dass Gesundheitsversorgung, Bildung, Beschäftigung und Wohnen, dass die Infrastruktur und öffentlichen Dienste der Bevölkerungszahl nicht gewachsen sein können in einer Gesellschaft, die gerade erst anfängt, die Leistungsfähigkeit ihrer

59 Lydia Polgreen, „*In Zimbabwe Land Takeover, a Golden Lining*", The New York Times, 20. Juli 2012; Tony Hawkins, „*Counting the Cost of Zimbabwean Land Reform*", politicsweb, 1. November 2012: http://www.politicsweb.co.za/news-and-analysis/counting-the-cost-of-zimbabwean-land-reform

Mitglieder zu entfalten. Weit weniger offensichtlich allerdings sind andere soziale und politische Veränderungen, die untrennbar mit der Altersstruktur eines Landes, mit dem Gleichgewicht oder Ungleichgewicht zwischen den verschiedenen Alterskohorten verknüpft sind. In Afrika, vor allem südlich der Sahara, ist die entscheidende Frage, welche Auswirkungen das Übergewicht an jungen Menschen für den Kern von Gesellschaften haben wird, die immer dem Alter einen besonderen Wert zugeschrieben haben. Oder anders betrachtet, was die Alten, vom Leben geprüft, mitnehmen werden, wenn sie von einer Überzahl junger Menschen voller Lebensfreude, aber ohne Erfahrung verdrängt werden.

Die „Geburt" der Jugend

Die wichtigsten Lebensabschnitte – Säuglingszeit, Kindheit, Erwachsensein und Alter – wirken wie natürliche biologische Einheiten. Aber dahinter steckt nichts anderes als Gewohnheit. Auch wenn diese Alterskategorien weniger künstlich aussehen mögen als Marketing-Erfindungen wie „Teenager" oder „Prä-Adoleszente", sind sie trotzdem Konstrukte, die in bestimmten Momenten in der Geschichte unter spezifischen Bedingungen entstanden sind. Der Historiker Philippe Ariès hat nachgewiesen, dass das Konzept „Kindheit" in Frankreich im 17. Jahrhundert „geboren" wurde, zu einer Zeit, als die Fruchtbarkeitsrate zum ersten Mal sank und eine rudimentäre Geburtenkontrolle aufkam.[60] Beides half, die emotionale Bindung zwischen Eltern und Kindern zu vertiefen. Das Konzept „Jugend" wurde während der industriellen Revolution „geboren", als die Arbeitsteiligkeit immer stärkere Spezialisierung verlangte. Die traditionelle „mimetische Erziehung", bei der die jungen Menschen vor allem durch Nachahmung dessen lernten, was die älteren machten,

60   Philippe Ariès (1960)

reichte nicht mehr aus. Eine neue Lebensphase füllte die Lücke zwischen Kindheit und Erwachsensein. Jugendliche wurden „abgestellt", um sich vorzubereiten auf ein Berufsleben in einer Arbeitswelt, die sich immer schneller auf immer stärker fragmentierte Anforderungen und Fähigkeiten einstellen musste. Eltern fingen an, ihre Kinder in die verschiedensten Einrichtungen zu schicken – in Schulen, in die Lehre, auf Universitäten –, wo sie ihre „Lehrjahre" unter Aufsicht professioneller Ausbilder durchlebten. Da der Bildungsgrad ein bestimmender Faktor für Macht und Wohlstand nicht nur auf individueller, sondern auch auf staatlicher Ebene wurde, gaben Eltern, wenn nicht dem Gesetz, so doch dem sozialen Druck nach und verschafften ihren Kindern die bestmögliche Ausbildung. In manchen Ländern wird die Zeit, in der die nächste Generation „im Zustand des Werdens eher denn des Seins" ist, öffentlich finanziert, während in anderen zumindest für eine höhere Bildung die Familie aufkommen muss.

In Afrika existierte vor der Kolonialzeit keine „Jugend" im heutigen Sinne. Natürlich gab es wie immer und überall junge Menschen – jung entsprechend der jeweiligen Zeitmessung an Jahren oder an Erntezyklen. Viele präkoloniale Gesellschaften in Subsahara-Afrika besaßen hochkomplexe Organisationsstrukturen, die auf dem Alter basierten. Trotzdem existierte keine kategorische Abgrenzung, wie sie das Konzept „Jugend" vorsieht, genauso wenig wie eine aufwändige Arbeitsteilung, die in Europa zum Aufstieg einer Altersgruppe in der Schwebe – nicht mehr Kind, noch nicht erwachsen, körperlich voll entwickelt, doch sozial noch unreif – geführt hatte.

Initiationsriten und -rituale waren lange Zeit bestimmend für die soziale Stellung. Das gilt auch heute noch und nicht nur in Afrika. Eine unverheiratete sechzehnjährige Mutter, die sich um ihr Kind kümmert, wird in der Regel als „erwachsener" eingestuft als andere Mädchen ihres Alters oder der Vater im selben Alter, der vor seiner Verantwortung wegläuft. Das trifft ebenso auf den ewigen Studenten zu, der vom Geld seiner Eltern lebt und manchmal sogar noch unter ihrem Dach wohnt: er gilt als

„jünger" als ein gleichaltriger Arbeiter, der seinen Unterhalt selbst bestreitet. Jugend ist ebenso wie jede andere Alterskategorie niemals nur biologisch definiert, sondern in hohem Maße ein sozialer Indikator – in Afrika wie überall, in der Vergangenheit wie der Gegenwart.

Zwei Beispiele, zwei afrikanische Staatsoberhäupter, an denen sich zeigt, wie sehr sich die Bedeutung von „Jungsein" südlich der Sahara seit dem Ende des 19. Jahrhunderts verändert hat: Jomo Kenyatta, der Vater der Unabhängigkeit Kenias, und Yoweri Museveni, seit 1986 Präsident von Uganda. Beide haben über das Thema geschrieben, Kenyatta in seinem Buch *Facing Mount Kenya*, veröffentlicht 1938 als eine erweiterte Fassung seiner Doktorarbeit an der London School of Economics, Museveni in seiner Autobiografie von 1997, *Sowing the Mustard Seed: The Struggle for Freedom and Democracy in Uganda*.

Kenyatta vermittelt in seinem Text ein Bild von sich als einem in der Wolle gefärbten Kikuyu, Kenias größter ethnischer Gruppe, mit einem starken Zugehörigkeitsgefühl. Geboren wurde er „so um 1890", zu einer Zeit, als sich noch niemand in Subsahara-Afrika wirklich für präzise Geburtsdaten interessierte. Seine Eltern waren sesshafte Bauern, mit so vielen Schafen und Ziegen, dass sein Vater mehrere Ehefrauen versorgen konnte, jede standesgemäß in ihrer Hütte oder *nyomba*. „Das Zuhause ist die Schule", schreibt Kenyatta, der Schmelztiegel, in dem die jüngere Generation die Werte der Gemeinschaft aufnimmt. „Kinder machen fast alles, was sie tun, den Älteren nach", eine Idee, die über die individuelle Elternschaft hinausreicht und jeden Erwachsenen zu einem Erzieher und potentiellen Mentor macht. Mehr noch, „Familie besteht aus allen ihren Mitgliedern, den lebenden wie den toten." Die Erziehung legt mehr Wert auf „persönliche Beziehungen" und auf richtiges Benehmen als auf das Verständnis von „natürlichen Phänomenen". Es handelt sich „um eine Probe vor der tatsächlichen Aufführung, all der Aktivitäten, die für die Mitglieder des Stamms ernsthaftes Geschäft darstellen." Das Hauptziel ist „die

Charakterbildung und nicht der schlichte Wissenserwerb (...).
Charakter formt sich vor allem in der Beziehung zu anderen
Menschen. Es gibt keine andere Möglichkeit, ihn wachsen zu
lassen. Europäer glauben, mit dem richtigen Wissen und entsprechenden Ideen kann man persönliche Beziehungen weitgehend sich selbst überlassen. Das ist vielleicht der fundamen-
talste Unterschied in der Einstellung von Afrikanern und
Europäern." Die individuelle Identität rangiert hinter der
kollektiven, daraus folgt, dass die Forderungen der Gruppe Vorrang haben vor allem anderen. Nachahmung unter den jungen
Menschen wird ermutigt, aber nur so lange dadurch das Potential der Gemeinschaft vergrößert wird. Um beispielsweise die
Erinnerungsleistung von künftigen Hirten zu testen, werden
Viehherden aus verschiedenen Höfen gemischt; wer es schafft,
das eigene Vieh Tier für Tier herauszufinden, zeichnet sich aus;
Scheitern dagegen bringt öffentliche Schmach.

Bei den Kikuyu hat sich die übliche Ausbildung permanent
weiterentwickelt und angepasst, es jedoch, zumindest von
außen betrachtet, nie geschafft, widersprüchliche Impulse und
Spannungen zu überwinden. Beispielsweise genießen junge
Mädchen ein hohes Maß an sexueller Freiheit, und werden
geradezu ermutigt, ihr als Zeitvertreib nachzugehen, gleichzeitig gelten Genitalverstümmelung und später die absolute
Unterwerfung unter den Willen des Ehemanns weiterhin als
eiserne Regeln. Um den Übergang vom jungen Mann zum
„Krieger" zu markieren, werden die Ohrläppchen durch-
stochen. Zu Kolonialzeiten geschah das zwischen achtzehn
und zwanzig. 1964, als Kenyatta Präsident wurde, war die
Spanne herabgerutscht auf das Alter zwischen zwölf und sechzehn Jahren. Was sich allerdings nicht geändert hatte: Erziehung und Ausbildung gehen jeden etwas an, das ganze Dorf
und darüber hinaus die gesamte ethnische Gruppe. „Im Leben
eines Europäers ist die Schule normalerweise der erste große
Einfluss, der das Kind seinen Eltern wegnimmt und es als
Individuum in ein separates Verhältnis zum Staat setzt.
Kikuyu-Jungen und -Mädchen müssen diesen Bruch nicht

vollziehen." Das bedeutet nicht, dass sie gefangen bleiben in ihrer Kultur, und unfähig wären, sich dem kulturell Andersartigen, auch einem radikal Anderen, zu öffnen. Mit knapp zwanzig Jahren verließ Kenyatta sein Heimatdorf, um an eine christliche Missionsschule zu gehen. Dort wurde er auf den Namen Johnstone Kamau getauft. In der Folge lebte er in London und für kurze Zeit auch in Moskau. In der britischen Hauptstadt schrieb Kenyatta seine Dissertation bei Bronislaw Malinowski, einem der bedeutendsten Anthropologen des 20. Jahrhunderts. Erst fünfzehn Jahre später, kurz nach dem Ende des Zweiten Weltkriegs, ging Kenyatta zurück nach Kenia, um dort am aufkeimenden Kampf gegen den Kolonialismus teilzunehmen. Angeklagt – möglicherweise zu Unrecht –, ein Anführer des Mau-Mau-Aufstands zu sein, verbrachte er acht Jahre bis 1961 im Gefängnis. Zwei Jahre nach seiner Freilassung führte er sein Land in die Unabhängigkeit.

Yoweri Kaguta Museveni wurde „so um 1944", ein halbes Jahrhundert nach Kenyatta im Südwesten Ugandas geboren. Auf den ersten Blick wirkt seine Kindheit genauso traditionell wie die des Kenianers. Nach Bahima-Brauch verlangten seine Eltern, die Viehhirten waren, von ihm, dem jüngsten Kind, die Erfüllung bestimmter, durchaus anstrengender Pflichten. Dazu gehörte zum Beispiel das Ausmisten des *kraal*, des Viehstalls, mit bloßen Händen, als er vier Jahre alt war. Nicht viel älter ist Museveni, als er auf den Rücken einer Kuh gehievt wird, einen leichten Speer, *assgai,* in der Hand. „Das ist deine Kuh, beschütze sie!" Sein Mut soll getestet werden, als Kern seiner Initiation. Bis dahin kennt er nur seine Stammessprache – Runyankole – und seine frühe Erziehung verläuft „informell" und konzentriert sich praktisch ausschließlich auf „Charakterbildung".

Bei genauem Hinsehen ist die Unschärfe in Musevenis Geburtsdatum sehr wahrscheinlich ein Täuschungsversuch: Mittlerweile Präsident geworden, versuchte Museveni, die verfassungsmäßige Altersgrenze zu unterschreiten, um erneut kandidieren zu können. Vielleicht aber wichtiger ist, und er beschreibt es in dem Buch, dass in seiner Kindheit „das Clan-System im Großen und Ganzen zusammengebrochen war". Kinder fingen an, öffentliche Schulen zu besuchen, in denen auf Englisch unterrichtet wurde. Ihre Unterweisung übertraf das, was sie zu Hause lernten, bei Weitem. Mindestens genauso folgenreich war der Übertritt der Familie Museveni zum Christentum. Zwar blieb der Vater polygam, aber sonst beeinflusste der neue Glauben das gesamte Alltagsleben einschließlich der Essgewohnheiten. Vorher hatten sie keinerlei Nahrung zu sich genommen, die nicht direkt vom Vieh stammte, jetzt aber unternahmen sie „den revolutionären Schritt, Sachen zu essen, die nichts mit Milch zu tun hatten: zum ersten Mal gab es Bohnen, Süßkartoffeln und Erdnüsse. (…) ‚Christianisierung' enthielt ein Element der Modernisierung." Mit siebzehn wurde Museveni zum Evangelikalen. Am Glauben der Wiedergeborenen Christen zog ihn vor allem an, dass er die „Selbstdisziplin" und die ganzheitliche Erneuerung in den Mittelpunkt stellt. „Es war die Morallehre, die mich anzog – die Idee, dass du dein Leben nicht vergeuden sollst."

Ein arabisches Sprichwort sagt: „Wir sind eher Kinder unserer Zeiten als unserer Väter." Von Kenyatta bis Museveni hat sich „jung sein" in Afrika verändert, so wie Afrika selbst sich erheblich verändert hat. Mitte der 1960er, in der Hochzeit der Unabhängigkeit, „konnte man seine Ersparnisse zum Postschalter in Uganda bringen und das Geld in Daressalam abheben", erinnert sich Museveni. Er schickte sein Geld voraus, als er sich an der progressivsten Universität Ostafrikas, der *University of Dar es Salaam* einschrieb. Dort lehrte als einer der radikalen Wegbereiter Walter Rodney, der wenige Jahre später das Buch *How Europe Underdeveloped Africa* verfasste. Museveni studierte Seite an Seite mit John Garang, dem angehenden Anführer der Rebellion im Südsudan, und mit Stokely Carmichael, dem US-amerikanischen Bürgerrechtler, der sich mit den anderen *Black Panthers* überworfen hatte und zu Mutter Afrika „zurückgekehrt" war. Als Tansanias Präsident Julius Nyerere auf dem Campus eine Rede vor den Studenten hielt, den Dialog mit ihnen aber verweigerte, warf Museveni dem Vater des Afrikanischen Sozialismus – *ujamaa* oder „Großamilien" in Swahili – vor, er zeichne „ein falsches Bild einer idealen afrikanischen Gesellschaft, die von den Europäern verpfuscht worden sei". Zum letzteren Thema stand seine Meinung bereits fest. „Weiße sind nicht aufrichtig", glaubte er.

Wir würden uns derselben Pauschalisierung schuldig machen, wenn wir uns einbildeten, dass die Erzählungen von zwei jungen Ostafrikanern uns erlauben würden zu verstehen, was „Jungsein" südlich der Sahara zwischen dem Ende des 19. und der Mitte des 20. Jahrhunderts wirklich bedeutete. Trotzdem, so lückenhaft dieses Erzählungen auch sind, aus ihren Lebensgeschichten heraus versteht man unmittelbar und über jeden Zweifel erhaben, dass Kenyatta niemals die Sätze geschrieben hätte, die in Musevenis Autobiografie stehen. Kenyatta verfasste eine gründliche, aber einfühlsame anthropologische Studie über seine eigene ethnische Gruppe (samt einem Vorwort seines polnisch-britischen Mentors Malinowski). Museveni dagegen sieht aus der Distanz auf seine Landsleute und diagnostiziert deren „unvollständige soziale Metamorphose". „Ich erkannte, dass mein Volk schlecht dran war, und ich beschloss, sie zu erziehen", sagt er abschließend. Während ich diese Zeilen schreibe, läuft Musevenis Mission seit mehr als dreißig Jahren. Und was als Erziehung begann, endet als Autokratie.[61]

Selbstmorde in blauem Frack

Michel Foucault, ein Archäologe des Wissens, spricht von der „Euro-Konstruktion von Jugend". Aber obwohl diese Lebensphase auf dem alten Kontinent „geboren" wurde, ist sie inzwi-

---

61 Für eine aktuelle kritische Bewertung von Musevenis Regime unter besonderer Berücksichtigung des US-amerikanischen Engagements siehe: Helen Epstein, *Another Mess. America, Uganda and the War on Terror*, 2017

schen globalisiert und umfasst die unterschiedlichsten Konzepte, darunter auch das einzigartig übermäßig beschützende Verhalten von Eltern der amerikanischen Mittelklasse (einmal angenommen, dass diese riesige sozio-ökonomische Kategorie immer noch eine bestimmte Sache bezeichnet). Die Idee der „Jugend" kreist um den Globus und ist selbst da, wo ihre Entstehungsbedingungen nicht vorhanden waren, übernommen worden. Dass es ein Gewinn für die Gesellschaft ist, die soziale Verantwortung einer heranwachsenden Generation aufzuschieben, damit diese mehr lernen kann und auf lange Sicht produktiver ist, gilt heute weltweit als Credo. Umso mehr, als die Erste Welt diesen Glauben mit öffentlichen und privaten Geldern für „Jugendprojekte" in einem Umfang fördert, der weit über das hinausgeht, was die öffentlichen Haushalte der Dritten Welt jemals für ihre Jugendkohorten aufbringen könnten. Nirgendwo trifft das mehr zu als südlich der Sahara. In der Folge ist das Konzept Jugend in Subsahara-Afrika genauso wirksam wie, sagen wir mal, in den USA. Allerdings ist ähnlich wie der Begriff amerikanische Mittelklasse die Kategorie Jugend mittlerweile viel zu weitgefasst, um noch irgendetwas Spezielles zu bedeuten: Wenn rund 80 Prozent der Bevölkerung jünger sind als dreißig, ist „Jugend" genauso schwammig und unscharf wie „die Mittelklasse" in den USA.

Beide Gruppen verdienen eine kurze parallele Betrachtung. Die amerikanische Mittelklasse ist zahlenmäßig übermächtig, aber das liegt ausschließlich an ihrer – schlechten – Definition: Zur Mittelklasse gehört, wer ein Jahreseinkommen irgendwo zwischen 30.000 und 350.000 Dollar hat – eine Marge, die nur die obersten zwei Prozent und die untersten zehn Prozent, also die Ultra-Reichen und die Bitterarmen nicht einschließt. Diese riesige Einkommensklammer zu benutzen, die 88 Prozent der Bevölkerung erfasst, verschleiert den Blick auf die wachsende Ungleichheit innerhalb dieser riesigen Mehrheit der US-Amerikaner. Ebenso danebengehen muss der Versuch, die afrikanische Jugend mit einer Altersklammer zu „definieren", die 80 Prozent der Bevölkerung und einen noch höheren Prozentsatz unter den Stadtbewohnern umfasst. Auch wenn Jugend mit einem biologischen Alter verknüpft ist, ist sie im Kern eine soziale Charakterisierung und hängt als solche vom Kontext ab, der durch Zeit und Raum erheblich variieren kann. Eine Altersklammer reicht niemals aus, um zu verstehen, was Jugend zu einem bestimmten historischen Zeitpunkt oder an irgendeinem Ort wirklich *bedeutet*. Nur weil ein US-Amerikaner, ein Japaner und ein Nigerianer jeweils zwanzig Jahre alt sind, heißt das noch lange nicht, dass „zwanzig sein" in New York, Tokio und Lagos das Gleiche wäre. Aus demselben Grund hat jung sein im Deutschland Angela Merkels wenig gemein mit jung sein in der deutschen *Kulturnation* zum Ende des 18. Jahrhunderts, als ein frühreifes Genie, Johann Wolfgang von Goethe, zum *Sturm und Drang* stieß. Mit vierundzwanzig veröffentlichte er das entfernt autobiografische Werk *Die Leiden des jungen Werther*, die Geschichte einer tragischen, unerwiderten Liebe. Sie machte ihn über Nacht zur Berühmtheit, und durch ganz Europa zog sich das „Werther-Fieber. Junge enttäuschte Liebhaber warfen sich wie Werther in blauen Frack und gelbe Weste und machten, mit einem Exemplar des Bestsellers in der Tasche, ihrem Leben ein Ende – das erste Beispiel der Moderne für Nachahmer-Suizide.

In seiner Studie „*L'Union des jeunes de Thiès*" über die Jugendlichen in einer senegalesischen Stadt rund siebzig Kilometer östlich von Dakar schrieb der verstorbene französische Historiker Jean Suret-Canale 1992, dass der Begriff „Jugendorganisation" für europäische Leser irreführend sein könnte. Sie bezögen den Begriff „jung" in der Regel auf Menschen unter fünfundzwanzig (grob zwischen achtzehn und fünfundzwanzig), notfalls maximal unter dreißig. In Afrika und so ziemlich allen Gesellschaften, die über Altersgruppen organisiert sind, wird hingegen der Terminus „Jugend" üblicherweise in Abgrenzung zu den „Älteren" genutzt, die aufgrund ihres Alters Autorität besitzen. „Jugend" bezieht sich auf Männer in der Blüte ihres Lebens (und diejenigen, die früher in den Krieg zogen); so verstanden reicht die Kategorie bis zum Alter von vierzig, wenn nicht darüber hinaus.[62] Anders ausgedrückt markiert „Jugend" eher einen sozialen Status als ein biologisches Alter. Um dieser traditionellen Wahrnehmung Rechnung zu tragen, aber auch, um mit den gegenwärtigen Herausforderungen für junge Afrikaner, das Erwachsensein zu „erlangen", umzugehen, hat die Afrikanische Union (AU), als panafrikanische politische Organisation, die Obergrenze für die Definition von Jugend auf fünfunddreißig Jahre festgesetzt – für Nichtkenner des Kontinents ausgesprochen merkwürdig.

Dieses Vexierbild lässt sich nicht auflösen. Die Bedeutung des Begriffs „Jugend" verändert sich im Laufe von Zeit und Raum, damit ist ein gemeinsamer Nenner zur Identifikation junger Menschen aus verschiedenen Zeiten oder Ländern, eine feste Altersgrenze als Konvention nicht nur beliebig, sondern jeder sozialen Bedeutung entleert. Die Antwort auf die Frage: „Was bedeutet es, jung zu sein?", die da heißt: „Es bedeutet, zwischen achtzehn und fünfundzwanzig Jahre alt zu sein", greift immer zu kurz. Doch für großangelegte vergleichende Studien bleibt es die einzig verfügbare Antwort.

Brüder und Schwestern im Glauben

Neben der Revolution im Alltag durch das Aufkommen des Mobilfunks ist die tiefgreifendste Änderung in Afrika heute die religiöse Erneuerung bei Christen wie Muslimen. Das spielt für den Rest der Welt eine gewichtige Rolle, da Subsahara-Afrika als spirituelles Saatbeet mit Rekordwachstumsraten die Zukunft dieser beiden großen monotheistischen Religionen bestimmen wird. 2015 lebten 16 Prozent der Muslime und 26 Prozent der Christen weltweit südlich der Sahara. Bis 2060 wird die Zahl auf 27 Prozent aller Muslime und 42 Prozent aller Christen gestiegen sein.

---

62   D'Almeida-Topor u. a. (1992), S. 46

Wenn die Antwort ein neuer Glaube ist – was war dann die Frage?[63] Auf Seite der Christen ist die spirituelle Erneuerung überwiegend evangelikal, von selbsternannten Propheten in den Slums bis zu weltweiten Vereinigungen wie den Wiedergeborenen. Diese protestantischen Sekten, deren Siegeszug vor vierzig Jahren begann, versprechen „Heilung", wenn nicht sogar „Wunder", aber sie leisten auch Hilfe an Stelle des scheiternden Staates – medizinische Versorgung, Bildung und soziale Sicherheit werden großgeschrieben. Ihre partizipativen Gottesdienste liefern Momente der Transzendenz, häufig zusammengefasst unter dem Begriff „charismatische Revolution". Auf individueller und Erfahrungsebene bildet *„rupture by rapture"* (sinngemäß etwa: Bruch mit dem Bisherigen durch Verzückung, Anm. d. Ü.) die Synergie ab, die diese Sekten durch ihre Kombination einer alternativen Spiritualität mit spektakulären, oft ekstatischen Aufführungen schaffen. Auf Seite der Muslime fehlt eine allgemeine Bezeichnung für diese neu zugeschnittenen Formen des Glaubens, die das tägliche Leben Afrikas immer stärker prägen. Sie sind häufig salafistisch, die Richtung des sunnitischen Islam, die sich auf „Tradition" – *sunni* – und die Präzedenzfälle frommer Vorfahren – *salaf* – beruft, jede theologische Innovation verdammt und für die wortwörtliche Befolgung des islamischen Rechts eintritt. Die Medien lassen praktisch keine Gelegenheit aus, den „Salafismus" in seiner Gegnerschaft zur „Rationalität des Westens" als radikal zu bezeichnen. Das zeigt die Neigung, die Tatsache zu verschleiern, dass die Pfingstbewegung und andere evangelische Konfessionen kaum weniger irrational und ansteckend sind. Zugegeben, heilige Kriege für das vorhergesagte Tausendjährige Reich Gottes auf Erden nach der Wiederkunft Christi sind heute kein Thema mehr, christliche Ratten-

---

63 Das Leitmotiv der Wiedergeborenen „Jesus ist die Antwort" persiflierend fragte Ruth Marshall (2009): „Aber wenn Jesus die Antwort ist – was ist die Frage?"; für meine Anmerkungen zu den charismatischen Kirchen in Afrika stütze ich mich auf ihr Buch, vor allem auf das 2. Kapitel *„Rupture, Redemption and the History oft the Present"* und das 5. Kapitel *„Born-Again Ethics and the Spirits of the Political Economy"*.

fänger, die eine Herde junger Menschen in ihre Tempel locken wollen, aber sehr wohl. Paul Gifford geht genau auf diesen Punkt ein, wenn er diese neuen evangelikalen Tempel als „Jugendkirchen" bezeichnet.[64] Unter ihrem Einfluss checken die beiden machtlosen Mehrheiten südlich der Sahara – Frauen und junge Menschen – im übertragenen und womöglich wörtlichen Sinne aus dem Gemeinwesen aus, um sich selbst neu zu erfinden, im Privaten oder in der Diaspora, im „Aus-Land".

Seit den späten 1970ern haben die evangelikalen Glaubensrichtungen den gesellschaftlichen Wandel konsequenter vorangetrieben, als es mit der Eroberung der Macht und der Herrschaft über den Staatsapparat jemals hätte gelingen können. Das „wiedergeborene" Afrika ist die völlige Negation des traditionellen Afrika. Das „Evangelium des Wohlstands" – die Verehrung des materiellen Wohlstands und speziell des Geldes als gemünztem Glück – hebt die Regeln von Gegenseitigkeit auf und ersetzt ausgefranste Verwandtschaftsbeziehungen mit der neu gefundenen, starken Solidarität unter den „Brüdern und Schwestern im Glauben". Mit deren Hilfe und Gott dem Allmächtigen als Verbündetem zeigen sich „wiedergeborene" Afrikaner – individualistischer als ihre Eltern, aber weniger isoliert als ihre Altersgenossen im Westen – resistent gegen den Druck und die Forderungen der Großfamilie, und das ausgerechnet in dem Moment, in dem die schiere Masse armer, junger Menschen traditionelle Verpflichtungen zu teilen, das sogenannte „Rendezvous von Geben und Nehmen", aushöhlt. Ein Beispiel aus dem Alltagsleben, das eine der elementarsten Regeln traditioneller Umgangsformen betrifft: Wenn ein Verwandter zu Besuch kommt, wird ihm automatisch ein Platz am Abendbrottisch angeboten. Diese Regel zu beherzigen, wird allerdings viel schwieriger, wenn ein ganzer Schwarm von „Cousins" das Esszimmer in einen Speisesaal verwandelt und keiner von ihnen in der Lage ist, den Gefallen je angemessen erwidern zu können.

64 Gifford (1998), S. 88f; siehe ebenfalls Spinks (2002), S. 195

Respekt für die Etikette führte zum finanziellen Ruin bei denen, die gerade so über die Runden kommen. Das evangelikale Zuhause, das heutzutage häufiger allein aus der Kernfamilie besteht, wird sich weigern und gegebenenfalls nicht zögern, den „Cousins" die Tür zu weisen und sie vielleicht auch noch zu belehren, dass sie, anstatt zu „schnorren", „Erfolg im Leben" haben müssten, um Gott zu gefallen.

Nicolas Argenti beleuchtet die „Ablehnung der Pfingstler von allem, wofür die Ältesten standen" und fügt hinzu, das Pfingstlertum „ist fokussiert darauf, mittels andauernder persönlicher Erneuerung auf Dauer mit der Vergangenheit zu brechen, um auf diese Weise ein Leben frei von der Versklavung durch den Teufel zu erreichen – wobei der Teufel als Verkörperung der gerontokratischen Strukturen, die die jungen Menschen verprellen, gesehen wird".[65] Die charismatische Revolution hat also dazu geführt, Alter und männliches Geschlecht als *die* Kriterien für die gesellschaftlich begehrtesten Positionen zu eliminieren. Weisheit, als Ernteertrag der Lebenserfahrung, wird nicht mehr sonderlich gepriesen, sondern ist inzwischen auf die hinteren Plätze verwiesen worden vom mehr utilitaristischen Wissen der jungen *Digital Natives* und ihrer Expertise bei Computern, dem Internet und Mobiltelefonen. Speziell Rolle und Status der jungen Frauen haben sich radikal geändert; aber sie sind nicht allein bei ihrem emanzipatorischen Aufstieg, der seinen Preis hat. Alle subalternen Gruppen sind befreit, gleichzeitig aber neuen Restriktionen unterworfen worden. Denn die Existenz der Wiedergeborenen fußt auf persönlicher Verantwortung und einem Regime einschneidender Regeln, die keine Ausnahmen oder Entschuldigungen mehr zulassen – keine „afrikanische Zeit" mehr, keine Schimpfwörter oder schlüpfrigen Bemerkungen, kurzum keine Ausschweifung mehr; stattdessen regiert der Wecker oder sogar die Apple Watch, Disziplin und Anstand unter allen Umständen, eine neue protestantische

65 Argenti (2002), S. 141

Ethik und der Geist des Kapitalismus. Sicher, Tanzen liegt auch den wiedergeborenen Afrikanern immer noch am Herzen, aber das reformierte Subjekt nimmt nicht mehr an endlosen Festessen, Tieropfern, Fetischkulten und Besuchen des heiligen Hains teil. Mit ihrem neuen Lebensstil stellen die Evangelikalen die sogenannten „afrikanischen" Traditionen infrage. Dabei machen sie weder vor den üblichen Schuldzuweisungen an die früheren Kolonialherren noch vor anderen Hindernissen auf dem Weg des Fortschritts halt. Das macht die charismatische Revolution zu einer Art zivilisatorischer Mission mit göttlicher Inspiration, angeführt von den Jungen.

Selbstverständlich ist eine religiös motivierte Jugendrevolte kein neues Phänomen. Auf der muslimischen Seite hat Murray Last den Generationenkonflikt in Nordnigeria seit dem späten 18. Jahrhundert beleuchtet.[66] Er weist darauf hin, dass in diesem Zeitraum die durch ihren Glauben inspirierte Jugend – *yara* – die etablierte Ordnung der Ältesten – *dattijai* – vier Mal über den Haufen geworfen hat. Zum ersten Mal als sie im Dschihad zwischen 1804 und 1808 zu Schwertern des Koran wurden, dieser Dschihad etablierte das Kalifat von Sokoto; das nächste Mal zwischen 1900 und 1910, damals gegen die britische Kolonialherrschaft und den „Ausverkauf" durch ihre Ältesten; dann wieder beim Kampf für die Unabhängigkeit in den 1950ern, der da im Fokus jeder politischen Partei stand; und schließlich seit der zweiten Hälfte der 1990er mit ihrem Einsatz für die *sharia*, wörtlich „der richtige Weg, der zum Wasserloch in der Wüste führt". Für viele junge Muslime in Nigeria ist das Gesetz des Koran das letzte Bollwerk gegen die Korruption des Westens.

Seit dem Jahr 2000 wenden die zwölf nördlichen Bundesstaaten Nigerias die Scharia an, entweder anstatt des *Common Law*, das das Land von den britischen Kolonialherren geerbt hat, oder zusätzlich dazu. Ohne ihren lokalen Kontext sind die

66   Murray (2005)

Popularität des Koranrechts und der Feinde des Westens – gestern Osama bin Laden, heute der sogenannte Islamische Staat (ISIS) sowie Boko Haram, was aus Hausa übersetzt „Westliche Erziehung ist verboten" heißt – schwer nachzuvollziehen.

Genauso schwer aber ist es von außen zu verstehen, wie ein Alltagsleben aussieht, in dem alles käuflich ist, von der Baugenehmigung über einen Schulabschluss, die Redlichkeit eines Beamten genauso wie die Tugend einer jungen Frau. Oder wo sich gewählte lokale Amtsträger nur einmal im Jahr treffen, an dem Tag nämlich, an dem die Zuweisung des Bundes kommt, die für ein Jahr öffentliche Aktivitäten finanzieren soll, aber auf Nimmerwiedersehen in den Taschen der Amtsträger verschwindet. Oder wenn auf die Anforderung eines *„big man"* hin Sicherheitskräfte in ein Viertel marschieren und blindlings um sich schießen und morden, um diejenigen zu bestrafen, die als „mitschuldig" am Sieg eines politischen Rivalen eingestuft werden, weil sie ihn gewählt haben könnten. Oder wenn der Westen auf dem Rest herumzutrampeln scheint. Unter solchen Umständen, wenn den Schwächsten jede persönliche Integrität verweigert wird, dann wünscht man sich nichts mehr – ganz wie die in der Schweiz geborene Schriftstellerin und Abenteurerin Isabelle Eberhardt alias Si Mahmoud Saadi –, als Zuflucht zu finden *In the Warm Shadow of Islam.*[67]

Die Welt der Erwachsenen erscheint jungen Menschen oft als besonders kritikwürdig. Murray Last betont jedoch, dass die viermalige „Machtumkehrung" im Norden Nigerias die vermeintlich klare Abgrenzung zwischen Jung und Alt paradoxerweise durchlässiger gemacht hat, und zwar in einem Maße, dass

---

[67] Die neueste englische Ausgabe des Buchs von Isabelle Eberhardt in der Übersetzung von Sharon Banger, herausgegeben von Peter Owen Publishers, lässt im Titel – *In the Shadow of Islam* – merkwürdigerweise die Hommage der Autorin für ihren angenommenen Glauben weg. Das französische Original *Dans l'ombre chaude de l'Islam* wurde 1906 erstmals veröffentlicht, zwei Jahre, nachdem Eberhardt im Alter von siebenundzwanzig bei einer plötzlichen Überschwemmung in der algerischen Wüste ums Leben gekommen war.

er sich fragt, ob die Jungen die Ältesten tatsächlich verdrängen oder sie einfach nur daran hindern wollten, mit ihrer üblichen Politik immer so weiterzumachen – um am Ende das Land auf neue Weise gemeinsam zu gestalten. Das war schließlich die ursprüngliche Intention der *al-Shabaab* (arabisch für „Jugend"), des Jugendarms der Islamic Court Union (ICU). Sie kam 2006 in Somalia an die Macht, als Äthiopien mit der Zustimmung, wenn nicht sogar auf Anstiftung der USA in ihr Land einmarschierte. Al-Shabaab übernahm die Führung im nationalen Widerstand gegen die Einmischung von außen und trat damit das Erbe der Somalischen Jugendliga an. Gegründet 1948, war sie die erste politische Partei des Landes gewesen. 1960 hatte sie ihr Ziel erreicht: ein vereinigtes und unabhängiges Somalia. Lässt man den religiösen Kontext beiseite, erinnert das auch an den Fehdehandschuh, den Nelson Mandela, damals Anführer der Jugendliga des African National Congress (ANC), hinwarf, um den Kampf gegen die Rassendiskriminierung in Südafrika zu radikalisieren. Am 16. Dezember 1961, genau einen Tag, nachdem ANC-Präsident Albert Luthuli den Friedensnobelpreis in Empfang genommen hatte, eröffnete Mandela den bewaffneten Kampf, um ihn den alternden Führungskadern der Anti-Apartheidbewegung aufzuzwingen. Ihm war die ANC-Spitze für seinen Geschmack „zu Ghandi-mäßig".[68]

Demokratie, ein barmekidisches Festmahl

2003 leisteten drei Forscher einen zukunftsträchtigen Beitrag zur Neubegründung der Demografie: Richard Cincotta, Bevölkerungswissenschaftler, Robert Engelman, ehemaliger Journa-

---

[68] Der Stichtag für den Auftakt der Angriffe des bewaffneten Arms des ANC, *Umkhonto we Sizwe*, „The Spear oft the Nation", wurde hauptsächlich durch das Gedenken an die Schlacht am Blood River motiviert. Am 16. Dezember 1838 besiegten – laut Afrikaaner-Mythologie – 470 ihrer *Voortrekkers*, „Pioniere", mehr als 10.000 Zulu-Krieger an den Ufern des Ncome.

list, der eine Forschungsgruppe zu Bevölkerung und Umwelt gegründet hatte, und Daniele Anastasion, Dokumentarfilmerin mit Interesse an Afrika. Ihre Studie *The Security Demographic: Population and Civil Conflict After the Cold War* war eher kurz, rund hundert Seiten mit vielen Grafiken und Statistiken. Sie betrachtete den Zeitraum der 1990er Jahre, das erste Jahrzehnt nach dem Ende des Kalten Krieges, und arbeitete mit einer großen Stichprobe von Ländern nicht nur aus Afrika. Die Autoren bewerteten vier Variablen und deren Korrelation mit Ausbrüchen kollektiver Gewalt, meistens Bürgerkriegen: eine Bevölkerung mit einer „Jugendblase", technisch gesehen eine Gesellschaft, in der 40 Prozent der Bevölkerung zwischen fünf-zehn und vierundsechzig jünger sind als 30 Jahre; eine Wachs-tumsrate der Städte über drei Prozent pro Jahr; hohes Vorkom-men von HIV/Aids und schließlich Knappheit von Ackerland und Wasser. Unter diesen Faktoren erwies sich die Präsenz einer großen Anzahl von jungen Menschen als der bei weitem wich-tigste für die im Titel angesprochene „Sicherheitsdemografie". In den 1990er Jahren vergrößerte das Vorhandensein einer „Jugendblase" die Wahrscheinlichkeit, dass das Land in einen Bürgerkrieg geriet, um das Doppelte. Die Korrelation mit einer Knappheit von Ackerland und Wasser war weniger signifikant, könnte aber, wie wir am Beispiel Simbabwes gesehen haben, wegen des wachsenden demografischen Drucks auf die natür-lichen Ressourcen inzwischen an Bedeutung gewonnen haben. Die beiden verbleibenden Variablen, die rapide Urbanisierung und das Vorkommen von HIV/Aids messen tatsächlich indirekt die jugendliche Altersstruktur einer Population – es sind über-wiegend junge Leute, die ihre Dörfer verlassen, um in die Stadt zu ziehen, und, da sexuell aktiver als andere Altersgruppen, auch eher von HIV/Aids betroffen sind.

Heißt das, eine große Jugendkohorte ist verantwortlich für den Ausbruch kollektiver Gewalt? Ja und nein. Ja, weil die Studie die Idee stützt, dass bei sonst gleichen Faktoren mit einer sehr großen Zahl junger Menschen und speziell junger Männer das Risiko interner Auseinandersetzungen steigt. Nein, weil diese jungen Menschen nicht von Natur aus kriegerisch sind, sondern auf ihre Lebensbedingungen reagieren: Zugang zu Bildung, Beschäftigung, Gesundheit, ihr Status in der gesellschaftlichen Hierarchie – alles das ist außerhalb ihrer Kontrolle, was sie noch mehr in Rage bringt; die Lebensbedingungen hängen ab von der Qualität der Regierungsführung in ihrem Land. So oder so entdecken wir dabei wieder, was uns jeder Versicherungsmakler aus Erfahrung hätte sagen können: Die weit überwiegende Zahl der Verkehrsunfälle wird nicht von älteren Frauen, sondern von jungen Männern verursacht, wobei nicht alle jungen Männer sich am Steuer austoben und dann einen Unfall bauen.

The Security Demograhic war die erste von drei Publikationen in einem Zeitraum von zehn Jahren, die der Demografie wieder einen zentralen Platz unter den Sozialwissenschaften verschafften. 2007 erschien *The Shape of Things to Come: Why Age Structure Matters to a Safer, More Equitable World*, gefolgt 2011 von *Political Demography: How Population Changes Are Reshaping International Security and National Politics.*[69] Alle drei befreiten die Debatte von der hypnotischen Besessenheit von einer „Bevölkerungsexplosion" und dem Problem, wie eine „überbevölkerte" Welt mit Nahrung versorgt werden kann. Es war an der Zeit weiterzukommen. Seit Paul Ehrlichs Bestseller von 1968, *The Population Bomb*, wurde Demografie darauf reduziert, den in Panik geratenen Hüter der Ressourcen dieses Planeten zu spielen. 1980 legte die Nord-Süd-Kommission unter ihrem Vorsitzenden Willy Brandt ihren ersten Bericht vor, der den Titel trug *Das Überleben sichern*. Er wiederholte die bekannten Wendungen, nur diesmal in den seinerzeit angesagten Farben der Dritten Welt. Seitdem ist die Botschaft angesichts der wachsenden Erkenntnis, welche Gefahren der Klimawandel

69 Elisabeth Leahy mit Robert Engelman, Carolyn Gibb Vogel, Sarah Haddock, Tony Preston (2007), *The Shape of Things to Come: Why Age Structure Matters to a Safer, More Equitable World:* http://www.populationaction.org; Jack Goldstone, Eric Kaufmann, Monica Duffy Toft (2011), *Political Demography: How Population Changes Are Reshaping International Security and National Politics*

mit sich bringt, die gleiche geblieben, wenn auch von der aktuellen politischen Ökologie neu formuliert.

Das „demografische Profil", die Altersstruktur einer Bevölkerung, umfasst mehr als die rein zahlenmäßige Bedeutung und die Wachstumsrate, dazu gehören auch das relative Gewicht ihrer verschiedenen Alterskohorten und die Dynamik zwischen ihnen; dieses Profil liefert Daten und Erkenntnisse, die für eine Gesellschaft genauso fundamental sind wie ihre sozio-ökonomischen Parameter. Doch die Vorstellung, wirtschaftliche Rahmenbedingungen seien bestimmend für unser kollektives Schicksal, wird deutlich bereitwilliger akzeptiert als die Demografie. Fälschlicherweise, meine ich, immerhin hängt die Materialproduktion einer Gemeinschaft von ihrer biologischen Reproduktion ab. Es ist nicht sehr sinnvoll, einerseits zu glauben, dass die Wirtschaftslage den Rahmen definiert, in dem sich Politik bewegen kann, und sich andererseits über den beherrschenden Einfluss der demografischen Entwicklung für die Zukunft eines Landes zu ärgern. Weder das eine noch das andere regelt gesellschaftliche Angelegenheiten auf deterministische Art und Weise. Auguste Comte, einer der Väter der modernen Soziologie, soll gesagt haben: „Demografie ist Schicksal." Aber das menschliche Schicksal ist nicht Kausalität, ist nicht universelle Abfolge von Ursache und Wirkung. Es ist eher der Eventualfall, entstehend aus immer neuen Entscheidungen. Unter bestimmten demografischen Bedingungen sind bestimmte Ergebnisse *wahrscheinlicher* als andere – allerdings können wir den Ausschlag geben.

Vor diesem Hintergrund verringert Afrikas außergewöhnlich junges demografisches Profil die Chancen für eine nachhaltige Demokratie, ganz besonders südlich der Sahara. Alle Studien bestätigen diese negative Korrelation. Es gibt allerdings auch Studien, die politische Instabilität in bergigen mit der Lage in flachen Ländern vergleichen und unwegsamem Terrain einen stärker „rebellischen" Charakter zuschreiben … Korrelation allein ist kein Argument, auch wenn in unserem Fall Politikwissenschaftler die demokratische Fragilität der Länder mit einer

„Jugendblase" bestätigen. Paul Collier fasst ihre Forschungsergebnisse so zusammen: „In Gesellschaften mit niedrigen
Einkommen ist Demokratie gefährlich, in Gesellschaften mit
hohen Einkommen ist es Diktatur."[70] In beiden Fällen bedroht
Instabilität das System, wenn auch aus entgegengesetzten
Gründen. In einkommensschwachen Ländern kann die Möglichkeit, lautstark mehr zu verlangen, zur Explosion führen, weil
die Ressourcen zur Befriedigung der Forderungen fehlen. In
Ländern mit hohen Einkommen und autokratischer Regierung
droht bei Unterdrückung der Redefreiheit die Implosion.

Wie lässt sich Afrikas „demokratisches Handicap" vor allem
südlich der Sahara erklären? Zunächst muss klargestellt werden,
dass es nicht um das *Aufkommen* von Demokratie geht, sondern
um ihre *Nachhaltigkeit*. Denn es gibt „da draußen" bereits
Demokratie, für jede Bevölkerung zu haben, die gern die Herrschaft des Volkes haben möchte, im Prinzip genauso globalisiert
und weltweit erhältlich wie das Konzept „Jugend"; das gilt auch
für Subsahara-Afrika, ohne dass die historischen Entstehungsbedingungen dafür gegeben wären. Demokratie nur zu begehren,
schafft aber noch nicht die notwendigen Bedingungen dafür,
dass sie Wurzeln schlägt und wachsen und gedeihen kann. Nach
dem Zusammenbruch des Ostblocks wurden die afrikanischen
Satrapen des Kalten Krieges vom „Wind aus dem Osten" weg-
gefegt – ein Verweis auf den pro-demokratischen Schub in Subsahara-Afrika, angelehnt an die berühmte Wind-of-Change-
Rede Harold Macmillans, die der damalige britische Premierminister 1960 während der Morgendämmerung der afrikanischen Unabhängigkeit hielt. Doch vierzig Jahre später und trotz
der Chance auf eine Wiederbelebung durch den Arabischen
Frühling 2011 ist der Zustand der Demokratie in Afrika dürftig.
Nördlich und südlich der Sahara ähnelt die Souveränität des
Volkes einem barmekidischen Festmahl aus *1001 Nacht*: Nur die
Imagination von Überfluss und sonst gar nichts. In Wirklich-

70   Collier (2009), S. 132

keit bleiben Teller und Becher leer, und der Barmekiden-Prinz amüsiert sich auf Kosten seines armen Gasts. Völlig verängstigt spielt der Bettler mit, bis er dazu gezwungen wird, den „exzellenten" – ebenfalls nicht vorhandenen – Wein seines Gastgebers zu trinken. An diesem Punkt bricht er ab und verprügelt seinen Gastgeber mit der Ausrede, betrunken zu sein …

Eine Erklärung für die Fragilität der afrikanischen Demokratien ist die inhärente Instabilität ihrer jeweiligen Gesellschaft, die es nicht schafft, die Grundbedürfnisse ihrer Bevölkerung zu befriedigen – hier ihrer überwiegend jungen Bevölkerung –, die versucht, sich ein Leben aufzubauen. Thomas Hobbes schrieb im *Leviathan*, der Zweck eines Staates sei, das Volk aus dem Naturzustand zu befreien, der da heißt „Krieg aller gegen alle". Dann wäre es im Eigeninteresse der „Besitzenden", mit allen ihnen zur Verfügung stehenden Mitteln ein autoritäres Regime zu unterstützen, um die verzweifelten Massen in Schach zu halten, selbst wenn sie dafür ihre eigene Freiheit einschränken müssten. Eine zweite Erklärung für die Brüchigkeit der Demokratie in Afrika kann man in Charles Tillys Überlegungen zur Demokratie nachlesen.[71] Der amerikanische Sozialwissenschaftler merkt an, dass Demokratie dort Wurzeln schlägt, „wo die politischen Beziehungen zwischen Staat und Bürgern umfassende, gleichberechtigte, geschützte und für beide Seiten verbindliche Absprachen aufweisen". Doch die „kategorische Ungleichheit", die das Alter in Afrika immer noch darstellt, steht einem gleichberechtigten und ungehinderten Zugang zum Staat im Wege: Das Primat der Ältesten reduziert die Jungen und besonders die jungen Frauen auf Bürgerinnen und Bürger zweiter Klasse. Das „Prinzip der Seniorität" ist ein bedeutendes Hindernis für die Demokratie, ähnlich wie die Entmündigung von Frauen einst die westlichen Länder schwächte. Um dieses Handicap zu überwinden, müssen Afrikas Bürger zweiter Klasse umfassend emanzipiert werden. Aber die Schlacht ist noch

71   Tilly (2007), S. 13ff

längst nicht gewonnen. Unter den derzeitigen Bedingungen ist die Wahrscheinlichkeit, dass Afrikas frustrierte Jugend die Reihen bewaffneter Gruppen im Kampf gegen das System füllt, ebenso hoch wie die Chance, dass die „Junioren" des Kontinents mit friedlichen Mitteln eine echte Demokratie aufbauen.

Im Februar 1990 sagte der spätere französische Präsident Jaques Chirac, dass „Afrika nicht reif ist für Mehrparteien-systeme".[72] Kurz nach dem Fall der Berliner Mauer und während Massen in den Hauptstädten südlich der Sahara gegen die in der Zeit des Kalten Krieges vorherrschenden Ein-Parteien-Systeme demonstrierten, stieß Chiracs Äußerung auf vernichtende Kritik, wie ich meine aus drei eminent guten Gründen: Erstens hält sein Hauptargument – „das Risiko ethnischer Rivalität" – einer Überprüfung nicht stand. Träfe es zu, so müsste jede Art von Spaltung, angefangen bei verschiedenen sozialen Klassen bis zu Religionsgemeinschaften, das Wählen an sich in den meisten Ländern zu einem zu gefährlichen Akt machen, und es gäbe nirgendwo Demokratie. Zweitens hat Chirac schon deswegen Unrecht, weil man, wie es Aristoteles in seiner *Niko-machischen Ethik* formuliert, Harfe spielen lernt durch Harfe spielen und nicht dadurch, dass man darauf wartet, „reif" genug zu sein, um das Instrument zu beherrschen. Und schließlich hatte Chirac auch Unrecht, weil wie ausgeführt Demokratie nicht erst erfunden werden muss, sondern bereits existiert und jede Nation der Welt frei ist, sie zu wählen. Dennoch hatte der ehemalige Präsident ein stichhaltiges Argument, das allerdings in seiner herablassenden Infantilisierung Afrikas völlig unterging: Die überwältigende Zahl junger Menschen im zeitgenössischen Afrika und ihre „kategorische Ungleichheit" untergräbt *tatsächlich* die Nachhaltigkeit der Demokratie auf dem Kontinent. Die Konsolidierung der Demokratie wird vor allem südlich der Sahara für die nächsten zwei bis drei Generationen mühsamer sein als irgendwo sonst.

72 Interview mit Catherine Nay im Privatradio *Europe 1*, 4. Februar 1990

Wie Peter Pans imaginäre Insel ist Afrika ein Nimmerland für junge Menschen. Als „der Junge, der niemals erwachsen werden wollte", zurückkehrt in das Londoner Haus der Darlings, um nach dem Schatten zu suchen, den er bei seinem letzten Besuch dort gelassen hatte, gelingt es ihm, Wendy und ihre beiden jüngeren Brüder zu wecken. Sie wundern sich, dass er fliegen kann. Er fordert sie auf, es ihm nachzumachen, und es gelingt ihnen …beinahe. Um zu fliegen, reicht Glauben allein nicht aus, es braucht ein bisschen Magie, in diesem Fall etwas von Tinker Bells Feenstaub. Und voilà, auf geht's nach Nimmerland, das sich als wahrer Albtraum entpuppt. Es gibt nicht nur den beängstigenden Captain Hook und seine Piratenbande, ein finsteres Krokodil, Indianer und kein einziges Mädchen, bevor Wendy eintrifft. Außerdem gilt eine „Regel", nach der jeder Junge, der erwachsen wird, sterben muss – darum kümmert sich Peter Pan. Er ist fröhlich, unschuldig und herzlos, das heißt er unterscheidet nicht zwischen Spiel und Realität; er besitzt keine Erinnerungen, denn die würden ihn dazu zwingen, erwachsen zu werden. Und er ist noch besonders stolz auf sich, weil er keine Vergangenheit hat, und eine Zukunft hat er nicht, weil er sich weigert, erwachsen zu werden. Peter Pan lebt in der ewigen Gegenwart, fortwährend „im Zustand des Werdens und nicht des Seins". Hunderte Millionen junger Afrikaner schlagen sich mit dem gleichen Dilemma herum.

Südlich der Sahara existieren Wolkenkratzer neben Lehmhütten und „Busch-Taxis" neben Uber, 4G fürs Smartphone ebenso wie die Kommunikation per „Buschtrommel", und der Wettbewerb unter den Besten – ob im Sport oder bei den Zulassungstests für Eliteschulen – verlangt andere „Opfer" als lernen und hart arbeiten. „Alle Zeit ist auf ewig gegenwärtig", sagt T. S. Eliot in seinem Gedicht *Four Quartets*. Er fügt hinzu, „Zeit Gegenwart und Zeit Vergangenheit / Sind vielleicht beide in Zeit Zukunft gegenwärtig, / Und Zeit Zukunft enthalten in Zeit Vergangenheit."[73] Und weiter im Original „*All time is irredeemable*" – ein Adjektiv mit vielen Bedeutungen: nicht rückzahlbar, nicht einlösbar in Bares, nicht wieder gutzumachen und unersetzlich. Weniger poetisch formuliert: Zeit ist keine geordnete Abfolge von Vergangenheit, Gegenwart und Zukunft. Zeit ist kontinuierlich und kumulativ und nicht in Einzelteile zerlegbar, und sie ist widersprüchlich. Mir scheint das zutreffend und das mehr als anderswo im heutigen Afrika.

Als die *Four Quartets* 1943 erschienen, saß der deutschjüdische Philosoph Ernst Bloch, der in die USA geflohen war, in der Bibliothek der Universität von Princeton und arbeitete an seinem Lebenswerk. Er wollte es *Traum von einer besseren Welt* nennen; als es schließlich Mitte der 50er Jahre erschien, hieß es *Das Prinzip Hoffnung*. In dieser langen Reflexion über die Zeit und die Utopien, die sie durchziehen, entwickelt Bloch den Begriff der „*Gleichzeitigkeit des Ungleichzeitigen*". Man könnte den Begriff verstehen als „die Gleichzeitigkeit von Epochen, die anderswo aufeinander folgen". Dieser Begriff impliziert mehr noch als eine Verdichtung der Historie das Ende der Orthogenese, also der Vorstellung von Entwicklungsstadien, die wie

---

73 Übersetzt von Norbert Hummelt, *T. S. Eliot: Vier Quartette* (2015)

obligatorische Punkte auf dem Weg des Fortschritts zu durchlaufen wären[74] (eine Idee aller „zivilisatorischen Missionen"
vom Kolonialismus bis zu den NGOs unserer Zeit). Afrika ist
unterentwickelt, sicherlich, aber es ist nicht „zurück geblieben",
es ist anderswo. Die Gleichzeitigkeit von „alt" und „neu" hier
ist einzigartig, sie ist viel stärker als in anderen Teilen der Welt.
Und nirgendwo sonst als südlich der Sahara sind die Zeiten
derart ineinander verschachtelt mit solch gegensätzlicher
Gewalt, manchmal kreativ, manchmal destruktiv, aber immer
ein Abbild der vielen Jugendlichen, die gleichzeitig Speerspitze
des Fortschritts wie auch Vandalen sind, gleichzeitig *makers*
wie *brakers*.

Im heutigen Afrika kann man in Nioro geboren werden,
tief in der Sahelzone, und Astrophysiker bei der NASA werden
und dann Ministerpräsident von Mali, um schließlich Präsident von Microsoft Afrika zu werden. Für jeden Modibo Diarra
aber sterben wie viele namenlose Afrikaner, bevor sie fünf Jahre
alt sind? Wie viele besuchen eine Schule, die sie – wenn sie
überhaupt zur Schule gehen, und das gilt vor allem für die
Mädchen – weltweit konkurrenzfähig machen würde? Wie
viele landen auf dem Arbeitsmarkt mit einer Chance, einen
gut bezahlten Job zu finden? Wie viele werden alt werden,
ohne je erwachsen zu sein, werden also nicht die Mittel haben,
das Elternhaus zu verlassen, eine eigene Familie zu gründen
und ein Leben nach ihrer Wahl zu leben? Afrika, der Inselkon-
tinent der Jungen, ist gleichzeitig der Archipel der gescheiterten Erwachsenen, die auf ein eigenes Leben warten, das sich
ihnen verweigert.

---

74 Im Kontext des Kalten Krieges hatte Walt W. Rostows *Stadien wirtschaftlichen
Wachstums. Eine Alternative zur marxistischen Entwicklungstheorie* (1960)
großen Einfluss darauf, dass sich die Orthogenese wieder behauptete und die
europäische Entwicklung als „Modell" für den Rest der Welt hochgehalten wurde. Es argumentierte, dass alle Nationen denselben Weg der „Modernisierung"
durch fünf Stadien nähmen: traditionelle Gesellschaft, Gesellschaft im Übergang, wirtschaftlicher Aufstieg, Entwicklung zur Reife, Massenkonsum.

Die Spannung zwischen Ausnahme und Regel ist in Afrika besonders stark. Epochen, die anderswo aufeinander folgen, finden hier gleichzeitig statt, und die aktuellen Gegebenheiten stehen oft mit dem Zukunftspotential des Kontinents in krassem Missverhältnis. Im Geflecht der widersprüchlichen Zeitlichkeiten müssen das Reale und das Virtuelle permanent miteinander versöhnt werden. Für einige, mich eingeschlossen, steht Afrika nach diesem Gedankenprozess als „ein Ort in der Welt"[75] wie jeder andere da, sicher mit einer eigenen, bestimmten Geschichte, aber ohne wirklich *essentiellen* Unterschied, der sich mit „Afrikanität" beschreiben ließe; ein Ort, für den Standardmaßstäbe gelten und an dem universelle Sehnsüchte geteilt werden – etwas, das Afrikaner tagtäglich bestätigen, wenn sie ihr Land für ein „besseres" Leben anderswo verlassen. Für andere aber beinhaltet „Afrikanität" mehr als einen geografischen Bezug. Für sie ist Afrika ein außergewöhnlicher Kontinent, entweder *sui generis* – oft als Inbegriff des „Exotischen" – oder als pure Phantasie, eine reine Erfindung des Westens à la Edward Saïd. Der gebürtige Palästinenser und Autor postkolonialer Studien führt aus, dass der Orient ausschließlich in den Augen westlicher Orientalisten existiere.[76] Dann besteht auch „Afrikanität" nur aus einem Phantasiegebilde in der „Kolonialbibliothek" westlicher Gelehrter. Sie suchten und fanden in Afrika die ultimative Folie für den Westen, den Kontinent des unüberbrückbaren Andersseins, den Schatten, der Europa ins Licht bringt. Inzwischen haben afrikanische Wissenschaftler ihren westlichen Vorgängern sowohl widersprochen als auch nachgeeifert. Einige haben sich den Begriff „Afrikanität" zu eigen gemacht, indem sie ihn in heilbringendes Anderssein wendeten. In den Fußstapfen des senegalesischen Historiker Cheikh Anta Diop (1923 – 1986) haben sie Eurozentrismus

---

75 Ferguson (2006), Einleitung

76 Edward Saids *Orientalism* erschien 1978 (Deutsch 1979); zehn Jahre später hat Valentin Mudimbé seinen analytischen Blick auf Afrika konzentriert: *The Invention of Afrika – Gnosis, Philosophy, and the Order of Knowledge* (1988)

durch Afrozentrismus ersetzt. Das dunkle Afrika wird hier leuchtend hell: *The Bright Continent.*[77]

Ich bin ohne Frage wie viele andere, die sich die meiste Zeit ihres Lebens mit Afrika beschäftigt haben, den Dialog unter Schwerhörigen, zwischen Afro-Optimisten und Afro-Pessimisten, gründlich leid. Ich bin auch des einfachen Auswegs aus diesem endlosen Streit müde, der da lautet, beide Seiten sollten sich von ihrer Voreingenommenheit frei machen – als ob das durch Ermächtigung oder Willenskraft mal eben so ginge. Meiner Ansicht nach liegt das Problem viel tiefer. Die Auseinandersetzung zwischen Afro-Optimisten und Afro-Pessimisten lässt sich nicht trivial auf „halbvolles Glas" versus „halbleeres Glas" reduzieren. Sie ist auf beiden Seiten geprägt durch einen bauchgesteuerten Drang, sich gegenseitig an die Gurgel zu gehen. Woher kommt diese Angriffslust? Ich bin davon überzeugt, dass sie ein Spiegel der extremen Altersasymmetrie südlich der Sahara ist. Die eine Seite sieht nur die Welt einer Handvoll Ältester, Sitz der „wahren" Macht, okkult und unwandelbar bei immer nur oberflächlichen Veränderungen. „*This is Africa*" oder gleich „*TIA*" lautet ihr Schlachtruf – so entschieden wie falsch: Er geht von der naiven Annahme aus, dass es eine ewige Wiederkehr des Status Quo gibt, während sich das Rad der Geschichte weiterdreht. Die andere Seite findet im jugendlichen Überfluss Afrikas eine Zukunft, die nun auch kommen soll und die sie mit Nietzsches Imperativ „Werde, der du bist!" begrüßt. Beide, Optimisten wie Pessimisten, beschreiben ein imaginäres Afrika, einen Kontinent, den sie in ihren persönlichen Themenpark verwandelt haben: für die Älteren, die Richtung Sonnenuntergang ihres Lebens unterwegs sind, ein Riesenrad, das sich immer weiter dreht, ohne je vorwärts zu kommen; ein Entdeckungspfad für die Einsteiger, die nur

---

77 *The Bright Continent* (2006) ist der Titel des hervorragenden Buchs von Dayo Olopade. Es legt es darauf an, die düsteren Erwartungen seiner Leser zu entkräften. Es beleuchtet positive Veränderungen im modernen Afrika, ist aber nicht „afrozentristisch".

den Sonnenaufgang sehen und glauben, dass alles möglich ist und das Beste noch kommt.

„Die Wahrheit liegt im Auge des Betrachters" – ja, aber es gibt mehr als den einen Betrachter. Das Bild Afrikas variiert abhängig von der Perspektive – westlich, chinesisch, arabisch … –, ähnelt aber trotzdem einem realen „Ort in der Welt", insofern als diese vielen verschiedenen Sichtweisen ja auf harte Fakten treffen, die sich davon kaum beeindrucken lassen. Das Bild ist auch aus einem anderen Grund verschwommen: Afrika verändert sich ständig im Laufe der Zeit. Seine Wahrheit – niemals objektiv, immer intersubjektiv – lässt sich nur im Konsens über die verschiedenen Wege, den Kontinent zu „sehen", finden. Aber selbst dann haben wir nur eine Momentaufnahme, während die Story sich schon fortentwickelt und die Geschichte Afrikas weitergeht. Um in diesem Bild zu bleiben, möchte ich Afrika fünfzig Jahre vor der Unabhängigkeit mit dem Afrika fünfzig Jahre nach der Unabhängigkeit anhand von zwei Filmen vergleichen. Die Narrative bei *„Jenseits von Afrika"* und *„White Material – Land in Aufruhr"* überlappen sich. Mit fast einem Jahrhundert zwischen dem einen Handlungsrahmen und dem anderen porträtieren beide Filme Afrika durch die Augen zweier europäischer Landbesitzerinnen, die jeweils allein und am Ende erfolglos eine Kaffeeplantage betreiben.

Produktionsgeheimnisse

„Ich hatte eine Farm in Afrika am Fuße der Ngong-Berge", erinnert sich die dänische Schriftstellerin Karen Blixen in ihrem berühmten lyrischen Eröffnungssatz in *„Jenseits von Afrika"*, der autobiografischen Darstellung ihrer Zeit in Kenia; auch die Filmversion von 1985 startet mit diesem Satz. Blixen, geborene Dinesen, schrieb auf Englisch und auf Veranlassung ihres Verlegers unter dem männlichen Pseudonym Isak Dinesen. Sie lebte von 1913 bis 1931 in Kenia; sechs Jahre, nachdem sie Ostafrika verlassen hatte, erschien das Buch. Im Film unter der Regie von

Sydney Pollack spielt Meryl Streep die Rolle Blixens und Robert Redford ihren Geliebten, Denys Finch-Hatton. Der Film gewann sechs Oscars, inklusive die für den besten Film und die beste Regie, aber auf Kosten dessen, was Blixens Leben und den britischen Kolonialismus in Kenia erschütterte – ihre Drogenabhängigkeit, freie Liebe, die exzentrischen Verhaltensweisen des „Happy-Valley-Set", die Nostalgie für den aristokratischen Lebensstil, Kolonialismus als Eskapismus von einem als verloren und todgeweiht empfundenen Europa. Der Film konzentrierte sich auf die On-off-Beziehung zwischen Finch-Hatton und Blixen, die sie später beschrieb als „hoffnungslose Liebe zwischen zwei Parallelen, die einander folgen, sich aber niemals treffen".

Im wirklichen Leben versuchte die vielsprachige Blixen – zu Hause unterrichtet und im Wesentlichen eine soziale Analphabetin – verzweifelt, dem Dasein des frühen 20. Jahrhunderts in Rungstedlund nördlich von Kopenhagen zu entkommen. Sie verliebte sich in ihren Cousin väterlicherseits, den schneidigen Reiter Hans Blixen-Finccke. Sie hoffte darauf, mit ihm eine Gummi-Farm in Asien zu führen. Als Hans ihre Liebe nicht erwiderte, heiratete sie stattdessen seinen Zwillingsbruder, Baron Bror Blixen-Finecke und startete eine Kaffee-Plantage in Kenia. Bror hatte einen Titel und Karen das Geld, um eine sechzehn Quadratkilometer große Farm im Hochland der britischen Kolonie zu erwerben. Etwa 800 Kikuyu lebten auf dem Land; sie stellten die Arbeitskräfte für den Anbau und die Ernte des Kaffees. Das Unternehmen war von Anfang an zum Scheitern verurteilt. Der Boden war zu sauer und die Höhe der Ngong-Berge tat dem Wachstum der empfindlichen Beeren nicht gut. Aber Blixens mussten fünf Jahre, bis zur ersten Ernte, warten, um das zu erkennen. Schlussendlich verwandelte ein Brand im Lagerhaus ihren Traum in Schutt und Asche.

Im Film ist Karen allein und ohne Kenntnis Afrikas. Bror hält sich strikt an seinen Ehevertrag, er gibt ihr seinen Titel und sonst nichts, nicht mal seine Anwesenheit. Er verbringt seine Zeit mit der Jagd auf Großwild (er war tatsächlich einer der besten Jagdführer seiner Zeit, von allen inklusive Ernest Hemingway bewundert und gepriesen). Bror „fängt" sich Massai-Mädchen und holt sich die Syphilis, mit der er seine Frau ansteckt. Während Karen immer wieder nach Dänemark reist, um ein Mittel gegen die Krankheit zu finden, führt sie ihre Farm mit Hilfe Farahs, ihrer somalischen rechten Hand, und einem weißen Vormann mit ausschließlich technischer Expertise. Farah kennt Kenia genau, aber es ist nicht sein Zuhause. Er bewahrt sich ein unerschütterliches Überlegenheitsgefühl sowohl gegenüber den Kikuyu als auch gegenüber den weißen Siedlern. Dennoch, bei aller respektvollen Distanz bauen die dänisches Baroness und ihr hochmütiger Übersetzer ein starkes Vertrauensverhältnis auf. In allen ihren Affären, den romantischen und den anderen, geht es Karen immer um eine Verbesserung, immer darum, den Wert ihres Besitzes zu mehren. Dass ihr Streben nach „Fortschritt" übergriffig sein könnte, hinterfragt sie nie. Neben einer Unmenge anderer Dinge erklärt Farah ihr auch, dass der alte Kikuju-Häuptling ihr Angebot, seine jungen Angehörigen unterrichten zu lassen, ablehnt, weil das seine traditionelle Macht untergraben würde, die auf den Lektionen des Lebens beruht, auf Wissen, das mit dem Älterwerden kommt.

Zum ersten Mal erhalten Afrikaner in einem Hollywoodfilm individuelle Eigenschaften, bis zu diesem Film wurden sie als stereotypische „Stammesangehörige" gezeichnet. Selbstverständlich füttert der Film immer noch die üblichen Hollywoodvorstellungen: Afrika ist vor allem anderen eine üppige Kulisse, eine wogende Savanne so weit das Auge reicht, das Königreich der Büffel, Antilopen und Löwen ebenso wie der Eingeborenen und der Siedler. Die Waisenkinder einer „Zivilisation", die gerade einen Weltkrieg mit 8,5 Millionen Toten erlebt hatten, diese Europäer wie Blixen, wollten in Kenia einen vorkapitalistischen Staat rekonstruieren. Dem korrumpierenden Materialismus, dem chaotischen städtischen Leben und einer lähmenden Arbeitsteilung hatten sie den Rücken gekehrt; sie wollten zurück zur Natur, auf eigenen Grund und Boden und den eigenen

Neigungen folgend. Ein weiteres Irrlicht im Busch, aber noch brillanter und geheimnisvoller als Bror, ist Denys Finch-Hatton. Er verkörpert die Freiheit, die in entwickelteren Ländern verlorengegangen war, Nonchalance gegenüber materiellen Sorgen, Spaß an der Herausforderung, Zeit fürs Sinnieren und für das Vergnügen. Denys gibt sich Karen wenigstens in Teilen hin, aber gehört ganz und ausschließlich sich selbst. Erst nachdem Karen ihre Farm verloren und den britischen Gouverneur auf Knien angefleht hat, die Kikuju auf „deren" Land bleiben zu lassen, erst im Moment von Verlust und Verlassenheit kehrt Denys zu ihr zurück. In einem leeren Haus, am Tag vor Karens Abreise, essen und tanzen die beiden Liebenden in neugefundener Harmonie. Sie befreit den Afrikaner, der sie am Tisch bedient, davon, weiße Handschuhe zu tragen. Denys gesteht ihr, dass sie sein altes Leben – allein aber nicht einsam – „ruiniert" habe. Am nächsten Tag fliegt Denys mit seiner Gypsy Moth direkt nach dem Start zwei Schleifen über der Landebahn und stürzt ab. Finch-Hatton und sein Massai-Alter-ego, Kamau, kommen beide ums Leben. „Er war nicht unser, er war nicht mein", erkennt Karen an seinem Grab. Als sie sich am Bahnhof von Farah verabschiedet, um nach Dänemark zurückzukehren, nennt er sie das erste Mal nicht mehr *Msabu*, der Titel der Dame des Hauses, sondern bei ihrem Vornamen. Sie schenkt ihm ihren Kompass. Er ist das einzige Geschenk, das sie von Denys je bekommen hatte, und es ist der letzte Besitz, den sie bereit ist loszulassen.

„White Material – Land in Aufruhr" ist ein französischer Film von 2010, mit Isabelle Huppert in der Hauptrolle als Maria Vial, die mit manischer Intensität eine Kaffee-Farm betreibt. Der Film spielt in einem afrikanischen Land der Gegenwart, das zwar nie benannt wird, aber leicht als die frühere französische Kolonie Elfenbeinküste während des dortigen Bürgerkriegs zu Beginn der 2000er zu identifizieren ist. Die Regisseurin des Films, Claire Denis, gepriesen von der *New York Times* als „die konstant Interessanteste unter den französischen Filmemachern des 21. Jahrhunderts", wuchs in verschiedenen frankophonen Ländern Afrikas auf; ihr Vater war in der Kolonial-

verwaltung beschäftigt. Das Buch zum Film schrieb Denis gemeinsam mit Marie Ndaye, einer französischen Romanautorin, deren Vater Senegalese ist. Das Script zeigt Afrika als eine feindliche Umwelt – blutroter Laterit, zinngrauer Himmel, die staubige Savanne mit Inselbergen, völlige Stille und betäubender Lärm –, eine Umwelt die *„white material"*, die Europäer und die komplizierten Dinge, die sie auf den Kontinent mitgebracht haben, abweist, um sich selbst zu verteidigen. Wie die heiße, feuchte Luft ist die Anti-Weißen-Stimmung des Films erstickend. Als die Kämpfe zu nahe rücken, fliehen Vials Farmarbeiter in sichereres Gebiet. Mit der Ernte vor der Tür versucht die Französin, Hilfe unter einheimischen Dorfbewohnern zu rekrutieren. Was sie allerdings nicht weiß: Ihr Ex-Mann André, der aussieht, als sei er über die Jahre in der tropischen Hitze zerflossen, hat die Farm bereits an den jungen und korrupten Bürgermeister der nächsten Stadt verkauft. Der Preis: eine bewaffnete Eskorte für die Flucht aus dem Kriegsgebiet. André hatte die Farm von seinem Vater geerbt, einem alten Mann von leichenhafter Blässe, der die Farm wie ein Gespenst heimsucht. Darin ähnelt er am ehesten dem einzigen Kind des geschiedenen Paars, Manuel, mit dem Unterschied dass „Manu", Anfang Zwanzig nicht einmal die Energie aufbringt, morgens aufzustehen. Als Maria in einem letzten Versuch, ihre Farmarbeiter aufzuhalten, die Straße blockiert, weist Maurice, ihr Vormann aus Burkina Faso und jetzt Anführer der abfahrenden Mopedkolonne, ihr Ansinnen mit dem Argument zurück: *„Uns* wird die französische Armee nicht per Hubschrauber ausfliegen." Außerdem macht Maurice ihr Vorwürfe wegen ihrer Sturheit und ihrem „missratenen Sohn". Ins Mark getroffen schreit Maria Maurice an, weniger um ihn zu treffen, als um ihrem Schmerz Luft zu machen. „Manu" ist der letzte Mann in ihrem Leben, und Maria hängt gleichermaßen an ihm wie an „ihrem" Land, in beiden Fällen mit wenig Erdung in der Realität.

Obwohl die Handlung nur über achtundvierzig Stunden geht, bleibt die Chronologie unübersichtlich, ein Gewirr von Rückblenden. *„White Material"* beginnt mit Flammen und schwarzen Rauchschwaden, die aber anders als in *„Jenseits von Afrika"* nicht nur das Lager verzehren, sondern auch „Manu", eingesperrt im Gebäude und noch am Leben, aber irre geworden, nachdem er seinen Großvater erstochen hat. Regierungstruppen haben das Feuer gelegt, nachdem sie den auf dem Gelände der Farm schlafenden Rebellen – die meisten von ihnen Kindersoldaten – die Kehle aufgeschlitzt haben. Wir sehen Maria, wie sie über das Feld hetzt, dann wie sie außen an einem überfüllten Buschtaxi hängt – aber nicht auf der Flucht: Sie kommt zurück. Die unbeantwortete Frage ist „Warum?"

Von Karen Blixen zu Maria Vial haben sich die Weißen in Afrika verändert – von Kolonialherren über Auswanderer zu fremden Bewohnern, aber immer noch nicht Immigranten – ganz so wie Afrika selbst. „Parasiten im Paradies", so charakterisiert der kenianische Schriftsteller Ngugi wa Thiong'o die Europäer, wie sie in *„Jenseits von Afrika"* dargestellt sind. In jener Zeit, den 1920er Jahren, hatte Kenia bei einer Fläche etwa wie Frankreich 2,5 Millionen Einwohner, 40.000 davon oder 1,6 Prozent der Bevölkerung Weiße. Heute leben in Kenia 50 Millionen Menschen, 70.000 oder 0,14 Prozent von ihnen Weiße. Auffällig ist, dass selbst in den früher sogenannten „Siedlungskolonien" wie Kenia, von denen es nur eine Handvoll in Afrika gibt, die Zahl der Europäer unbedeutend war und heute noch unbedeutender geworden ist. Ist der Kontinent endlich das „Afrika der Afrikaner" geworden? Das ist das Paradox: Während des letzten Jahrhunderts ging die Präsenz der Europäer in Afrika von unbedeutend zurück auf verschwindend gering, gleichzeitig hat sich das andere *„white material"* – nicht die Menschen, sondern die Dinge, die ihre Modernität verkörpern – vervielfacht und breiten Eingang in Afrika gefunden. Ob es sich um rein industrielle Güter handelt oder um neumodische Objekte des digitalen Lifestyles im 21. Jahrhundert: Entscheidend ist, dass nichts davon lokal produziert wird. Sie kommen von „außerhalb" und nähren den Cargo-Kult in Afrikas Modernität.

Seit *„Jenseits von Afrika"* haben junge Afrikaner zunächst Kolonialschulen besucht und dann die Schulen ihrer eigenen unabhängigen Länder. Sie haben hartnäckig an der Macht der Ältesten gesägt und deren Stammesführerschaft durch Regierungen auf der Basis staatlicher Verwaltung ersetzt. Sie sind zu Managern ihrer Nationen geworden, manche fragwürdig und niederträchtig wie der Bürgermeister in Claire Denis' Film, andere bestrebt und brillant wie Modibo Diarra. Wer von ihnen ist die Ausnahme von der Regel? Der Unehrliche und Korrupte oder der hart Arbeitende und Erfolgreiche? Das ist die falsche Frage, zumal beide sich nicht überall scharf voneinander abgrenzen lassen und oft an den Rändern ineinanderfließen. Der entscheidende Faktor für das Schicksal so vieler ist ein anderer: Afrikaner sind mehr als jemals zuvor von *„white material"* umgeben, haben aber immer noch nur begrenzten Zugang zu den jeweiligen Produktionsgeheimnissen. So lange das so bleibt, wird Modernität für sie immer „westlich" bleiben, wenn nicht sogar „weiß".

Der Gatekeeper-Staat

Das „Scheitern" der postkolonialen Staaten ist inzwischen begriffen worden, erfährt vielleicht sogar übertrieben viel Verständnis. Die Beweislage in vielen Ländern mit ineffizienten Regierungen und schwachem Steueraufkommen, in denen öffentliche Güter rar sind und die Infrastruktur fehlt, führt so deutlich vor Augen, was der postkoloniale Staat *nicht* ist, dass sie uns den Blick darauf verstellt, was der postkoloniale Staat tatsächlich *ist* und warum er sich bis heute halten konnte. Tatsächlich ist es das Stehvermögen des afrikanischen Staates auch noch sechzig Jahre nach der Unabhängigkeit, das faszinierend ist. Sein „Mangel an institutioneller Leistungsfähigkeit", wie es die Weltbank ausdrückt, erinnert an apophatische Theologie: Der Allmächtige ist für uns unzugänglich, wir können seine göttlichen Attribute nur über die Verneinung, über den schwachen Abdruck des „Nicht-göttlich-Seins" begreifen. Oder nach dem heiligen Augustinus: „Wenn Du es verstehst, ist es nicht Gott."

Der Kolonialstaat war *per definitionem* etwas Äußerliches. Er wurde von Ausländern regiert, deren Macht aus der Metropole kam, an die das jeweilige Territorium durch den „Kolonialpakt" gebunden war. Dieser Pakt bezog sich ausschließlich auf Wirtschaftliches, sein Slogan: „Alles für die Metropole". Afrikas Rohstoffe von landwirtschaftlichen Erzeugnissen bis zu Bodenschätzen waren für die Metropolis bestimmt. In Kriegszeiten galt das auch für den massiven Bevölkerungstransfers, um Rekruten zu bekommen. In den Augen vieler Afrikaner war diese Fremdheit des Staats gleichbedeutend mit einer willkürlichen und entfremdeten Regierung. Dennoch war das Aufkommen des Kolonialismus mit seinem – nicht immer gehaltenen – Versprechen, die Sklaverei zu beenden, für die Unterdrückten in Afrika eine willkommene Nachricht, und in Maßen galt das auch für Frauen und Jugendliche. Für Afrikas mächtige Gerontokratie wurde „die Ära der Weißen zu einer Ära der Unverschämtheit, als ,Kinder ihr Schweigen brachen' und ,Flammen aus ihrem Mündern kamen'".[78]

Der postkoloniale Staat steht nicht in direkter Nachkommenschaft zur europäischen Verwaltungspraxis. Seine Geburtsurkunde trägt zwei entscheidende Signaturen: von innen, aus dem Land selbst, das Verlangen der Bevölkerung, die Kolonialherren zu vertreiben und die Entwicklung des unabhängigen Staates zu beschleunigen; von außen die Bestätigung und offizielle Anerkennung durch die internationale Gemeinschaft. Diese Akzeptanz, vollzogen oftmals durch die UN, wird gelegentlich als „negative Souveränität" bezeichnet, im Gegensatz zur tatsächlich „positiven" Leistungsfähigkeit eines Staates bei der Verwaltung seines Territoriums. Ein buntes Stück Fahnentuch, ein paar gereimte Sätze zu Musik und einige Botschaften im Ausland waren hin und wieder ausreichend, um „Staat zu machen". In diesem Fall liegt die Wahrheit wirklich im Auge des Betrachters oder besser im Auge eines

---

78 Argenti (2002), S. 126 zitiert Bayart (1989), S. 151

jeden, der ein Interesse daran hat, Symbole eines Staatswesens für das Wahre zu nehmen. So lange sich beispielsweise die internationale Gemeinschaft an die Hoffnung klammert, dass aus der Asche des somalischen Einheitsstaats nach seinem Zusammenbruch von 1991 eine Zentralmacht aufersteht, so lange wird die Welt die Unabhängigkeit von Somaliland verweigern, obwohl dessen institutionelle Funktionsfähigkeit unbestritten größer ist als die der Zentralafrikanischen Republik (ZAR). Die internationale Gemeinschaft hält trotzdem an der Illusion fest, dass die Behörden in Bangui die Kontrolle über ihr Hinterland besäßen. Dieser pure Glaubensakt hält den „Phantomstaat" der ZAR am Leben.[79]

Die Euphorie der Unabhängigkeit ist längst verpufft, genauso wie die Fähigkeit der meisten Länder südlich der Sahara, bei der Geschwindigkeit ihrer Entwicklung zuzulegen. Zum Vorteil seiner Klientel-Basis hat sich der postkoloniale Staat darin eingerichtet, Import- und Exportzölle und internationale Hilfe einzusammeln – alles, was an der Grenze in den Staatssäckel (oder die eigene Tasche) wandern kann, während das Hinterland sowohl aus politischen Gründen als auch institutioneller Unfähigkeit vernachlässigt wird. Der Historiker Frederick Cooper hat diesen unabdingbare Zwischenhändler „Gatekeeper-Staat" getauft. Die amerikanische Anthropologin Rebecca Hardin fügt dem noch eine Ebene für unser Verständnis des postkolonialen Staates hinzu, indem sie sich auf das System der „Konzessionen" im Ancien Régime in Frankreich bezieht: Danach wurden „so spezifische Rechte wie das Pflanzen oder Beschneiden bestimmter Bäume vergeben, genauso wie die Platzierung von Verkaufsständen in den Gärten des Palais Royal in Paris, und dann so ausgedehnte wie die, ganze Flussgebiete zu erkunden und deren Produkte zu handeln oder sogar ganze Kolonien, als das Reich sich ausdehnte".[80] Hardin definiert

79 Vgl. International Crisis Group (ICG), Africa Report No. 136, veröffentlicht 13. Dezember 2007: *Central African Republic: Anatomy of a Phantom State*
80 Hardin (2011), S. 116

„Konzessionen" als förmliche Rechtsvereinbarungen, die ausländische Akteure ermächtigen, Land oder andere nationale Ressourcen zu managen und auszubeuten. Die Schönheit dieser Arrangements liegt darin, dass sie nicht nur die Bedürfnisse dieser Staaten, „Lehen" zu vergeben, befriedigen, sondern sogar deren Souveränität, während sie ihnen gleichzeitig attestieren, unfähig zu sein, die Ressourcen selbst auszubeuten. Hardin spricht von „Konzessionspolitk", wenn es um einen Staat ohne große institutionelle Leistungsfähigkeit geht, der für eine Lizenzgebühr und Anteile am Gewinn solche Verträge eingeht und regelmäßig erneuert. Leistungsschwache Staaten schaffen es zu überleben – bemerkenswert gut sogar –, indem sie Konzessionen an private Unternehmen oder andere Staaten befristet verkaufen. Das Beispiel der Öl- und Bergbaugesellschaften fällt einem sofort ein, aber tatsächlich gibt es praktisch keine Grenze für den Einfallsreichtum afrikanischer Regierungen. In der ZAR wurde der Zoll einem früheren französischen Söldner anvertraut; die Einnahmen wurden zwischen ihm und dem Staat, genauer: dem Staatschef, aufgeteilt.[81] Und es ist keine Übertreibung zu sagen, dass die Franzosen die nationale Verteidigung der ZAR als Subunternehmer betrieben, bis die UN-Friedenstruppe übernahm. Das Faszinierende an dieser politischen Alchemie ist, dass sie bleierne Unfähigkeit in goldene Profite verwandelt: Je weniger ein Staat aus eigener Kraft schafft, desto mehr hat er externen Partnern anzubieten. Sie ersetzen den Staat und zahlen eine Anerkennungsgebühr – mit einem alten Wort ausgedrückt: Tribut. All das reicht natürlich nicht wirklich aus, „Staat zu machen", vor allem dann, wenn die Bevölkerung so rapide wächst wie südlich der Sahara. Doch die Mächtigen werden durch die Konzessionspolitik sehr komfortabel versorgt, selbst in einem extrem armen Land wie der Zentralafrikanischen Republik. Der einzige Nachteil für die regierende Elite ist die zunehmende Rivalität

81 Smith (2015), S. 110ff

um die Macht. Neue Konkurrenten haben genug Anreiz, um nötigenfalls um die Kontrolle des Staates zu kämpfen. Ein Rezept für andauernde Instabilität, wenn nicht Bürgerkrieg.

Neben anderen Souveränitätsaufgaben vergibt der postkoloniale Staat auch die nationale Erziehung und Bildung an Subunternehmen. Über das Versagen der öffentlichen Schulen wird ganz in der Konzessionslogik nicht gesprochen, sie aber ist es, die den Weg für profitable Privatisierung ebnet beziehungsweise das Outsourcen zumindest der höheren Schulbildung für die Kinder der Elite. In der Demokratischen Republik Kongo (Kongo) sind 71 Prozent der Schulen privat; in Uganda sind 4.000 von 5.600 höheren Schulen in privater Hand; im nigerianischen Bundesstaat Lagos gehen drei von vier Schülern in Privatschulen; und sogar in den Slums um die kenianische Hauptstadt Nairobi herum sind es vier von zehn, trotz der pandemischen Armut unter den Slumbewohnern. Ein Viertel der Schulen in Südafrika haben keine staatliche Zulassung und sind deshalb „technisch illegal".[82] Der Begriff „privat" umfasst sowohl kirchliche Schulen als auch von hilflosen Eltern in Eigenregie betriebene Schulen sowie profitorientierte Bildungsfabriken. Wer es sich leisten kann – normalerweise dieselbe Nomenklatura, die sich ihre ärztliche Versorgung im Ausland verschafft samt Extrakosten für den Flug –, schickt seine Kinder auf eine westliche Universität. Afrikanische Studenten werden gern genommen: Entweder sind sie brillant und bekommen ein Stipendium, oder ihre Eltern sind so wohlhabend, dass sie die kompletten Studiengebühren bezahlen können – in den amerikanischen Elite-Universitäten bis zu 60.000 Dollar pro Jahr –, das macht sie zu einem guten Geschäft.

Zu allem anderen dazu kommt, dass der postkoloniale Staat in Afrika die Fortsetzung der „Gerontokratie" mit anderen Mitteln ist. Nirgendwo sonst liegen das durchschnittliche Alter der Bevölkerung auf der einen und das Alter der Menschen in

82 Olopade (2014), S. 143

hohen offiziellen Positionen auf der anderen Seite so weit auseinander: dreiundvierzig Jahre, verglichen mit zweiunddreißig in Lateinamerika, dreißig in Asien und sechzehn in Europa und Nordamerika.[83] Es gibt selbstverständlich Ausnahmen: Ellen Johnson Sirleaf wurde 2005 als Präsidentin von Liberia gewählt und 2011 wiedergewählt, die erste Frau an der Spitze eines Staates auf dem gesamten Kontinent. Und im Kongo sind eine ganze Reihe junger Männer an die Macht gekommen, angefangen bei Patrice Lumumba, der mit fünfunddreißig der erste Premierminister des Landes wurde; der Diktator Mobutu Sese Seko übernahm die Macht im gleichen Alter, und Joseph Kabila, das jetzige Staatsoberhaupt, wurde 2001 mit neunundzwanzig der vierte Präsident des Landes. Aber das beendet die Gerontokratie nicht. Johnson Sirleaf war siebenundsechzig, als sie ins Amt kam und neunundsiebzig, als sie ging. Mobutu wurde im Alter von sechsundsechzig gestürzt, nach vierunddreißig Jahren an der Macht; Kabilas Vater, Laurent-Désiré, wurde mit einundsechzig ermordet, und sein Sohn und Nachfolger war im Sommer 2018 immer noch an der Macht.

„Eine Milliarde guter Gründe"

Die konjunkturellen Höhen und Tiefen, die Afrika seit der Unabhängigkeit vor rund sechzig Jahren erlebt, kann man in etwa folgendermaßen fassen: Nach einem langen Jahrzehnt des Wachstums bis zur Ölkrise 1973 ging der Kontinent durch zwanzig Jahre Stagnation, bis Mitte der 1990er – damals rangierte China auf der Liste der afrikanischen Handelspartner auf Platz dreiundachtzig; in den folgenden fünfzehn Jahren aber kletterte China an die Spitze, vorbei an Großbritannien, an

---

83 Todd Moss, Stephanie Majerowicz, Center for Global Development, 3. Februar 2012: *The Generation Chasm: Do Young Populations Have Elderly Leaders?* (https://www.cgdev.org/blog/generation-chasm-do-young-populations-have-elderly-leaders)

Frankreich und schließlich auch an den USA. Afrika erlebt einen neuen Boom, getrieben von anhaltend hohen Rohstoffpreisen und erheblichen Investitionen in die Infrastruktur – und hauptverantwortlich für beides war China, mit seiner Nachfrage und neuentdecktem Interesse an Afrika, der erwachende „demografische Milliardär". Außerdem, so Serge Michäilof, profitierte Afrika von den schmerzhaften Strukturanpassungsprogrammen, die 1980 auf Geheiß von IWF und Weltbank implementiert worden waren.[84] Zwischen 2000 und 2010 erlebten einige afrikanische Staaten Wachstumsraten von mehr als fünf Prozent, was ihnen trotz ihres Bevölkerungswachstums echten Fortschritt ermöglichte. Fünf von ihnen – Angola, Äthiopien, Ruanda, Tschad und Mosambik – schafften sogar mehr als sieben Prozent Wachstum, das ist die Schwelle für die Verdopplung des BIP innerhalb eines Jahrzehnts. Seitdem jedoch hat die Abschwächung der Konjunktur in China diesen neuen Wohlstand ernsthaft beeinträchtigt, und das Thema „Afrika im Aufbruch" muss neu bewertet werden. Von den fünf „Löwen auf dem Sprung", die 2010 zuerst McKinsey entdeckt hatte, ist nur einer, Äthiopien mit seinen mehr als 100 Millionen Einwohnern, kein Papiertiger. Die anderen vier sind zurück in ihrer Höhle, schwer verwundet. Und bei Äthiopien ist, genauso wie Ruanda nach dem Genozid, zu berücksichtigen, wie niedrig das Ausgangsniveau war – das BIP pro Kopf stand bei rund 400 US-Dollar. Die drei größten Volkswirtschaften des Kontinents, Südafrika, Nigeria und Ägypten, die zusammen mehr als die Hälfte des afrikanischen BIP und einen großen Teil der Bevölkerung ausmachen, zeigen bescheidenere Wachstumsraten. Gleichzeitig steckt ein anderes Bevölkerungsschwergewicht, die Demokratische Republik Kongo mit ihren 80 Millionen Menschen, permanent in der Krise. Dazu kommt, dass die meisten Subsahara-Länder sich mehr als Verbrauchermärkte denn als Produktionsstandorte entwickelt haben.

84 Michäilof (2015), S. 24

Nichts an diesen Zuständen eignet sich für das dramatische Hell-Dunkel der beiden Narrative „Afrika im Aufbruch" und „Afrika im Wanken", die sich wie Tag und Nacht voneinander unterscheiden. Vielmehr ist dieses Licht-an-Licht-aus aus mindestens zwei Gründen ungerecht gegenüber Afrika: Erstens scheint es nicht sehr sinnvoll, 54 einzelne Kurvenverläufe zusammenzuklumpen, um einen Kontinent entweder als „vielversprechend" oder als „hoffnungslos" zu etikettieren. Zweitens, wenn man denn unbedingt den Kontinent als Ganzes bewerten will, dann gibt es eigentlich seit den 1950ern nichts Neues aus Afrika: Der Anteil am Welthandel schwankt zwischen zwei und drei Prozent, der Beitrag zum weltweiten BIP zwischen 1,5 und zwei Prozent. Seit 1990, seit das Entwicklungsprogramm der Vereinten Nationen (UNDP) seinen *Human Development Report* herausgibt, haben immer 40 afrikanische Länder das Ende der Liste besetzt. Die Spitzenreiter Afrikas waren unverändert die Insel Mauritius und Botswana, die 2016 auf Platz 64 respektive 108 landeten. Wegen seines Bevölkerungswachstums hat sich der Prozentsatz der Afrikaner mit Zugriff auf Strom nur wenig verbessert, von rund 20 auf 33 Prozent. Auch in absoluten Zahlen bildet Afrika eine eigene Kategorie: 2015 entsprach die gesamte Stromerzeugung des Kontinents der von Spanien oder Argentinien, Ländern mit jeweils weniger als 50 Millionen Einwohnern. Noch markanter: 20 Millionen New Yorker, eifrige Energiekonsumenten in der Stadt, die niemals schläft, haben genauso viel Strom verbraucht wie eine Milliarde Afrikaner südlich der Sahara im gleichen Jahr.

Das sozio-ökonomische Bild Afrikas als Ganzes ist eine Abstufung von Grautönen. Der Kontinent wartet noch auf seine Grüne wie auf seine Industrielle Revolution. Afrika hat zwar das Festnetz übersprungen und gleich zum Mobiltelefon gegriffen, dabei aber nur winzige Schritte vom *Einsatz* der modernen Technologie und dem Verbrauch von Waren hin zur heimischen *Produktion* inklusive Forschung, Entwicklung und Herstellung in großem Rahmen unternommen. In Anbetracht des vergleichsweise niedrigen Bildungsniveaus in Afrika ist kaum damit zu rechnen, dass der Kontinent eine Hauptrolle bei der Transformation unseres Planeten in einen Cyberspace spielen wird, auch nicht hin zu einer globalen Umweltökonomie (obwohl die Länder am Kongobecken eine „grüne Rendite" für anständige Bewirtschaftung einer der Regenwald-Lungen der Erde beziehen könnten). Kurz gesagt, in absehbarer Zukunft wird Afrika sich eher weiter globalisieren lassen und keine aktive Rolle in dem Prozess, der die Welt kleiner werden lässt, übernehmen.

Und doch – Afrika ist im Kommen! Ein neues Land von Möglichkeiten erhebt sich aus dem Ozean des Elends. Coca-Cola stieg darauf ein und bepflasterte 2012 den gesamten Kontinent mit Werbeplakaten, die die Zeile „Eine Milliarde Gründe, an Afrika zu glauben" trugen. Dass die Zahl der Einwohner Afrikas in dieser Werbung auftauchte, war kein Zufall. Tatsächlich war die Zunahme seiner Bevölkerung der Wendepunkt für Afrika: Anfang der 2000er verdienten 13 Prozent der rund eine Milliarde Einwohner zwischen fünf und zwanzig US-Dollar am Tag und besaß so etwas Geld „extra" über das Lebensminimum hinaus. Das erzeugte auf einem Kontinent, der ein demografischer Milliardär geworden war, einen Markt mit rund 130 Millionen Konsumenten, durchaus eine wirtschaftliche Zielgruppe. Um so mehr, als nicht weit hinter dieser aufkeimenden Mittelklasse rund 200 Millionen weitere Afrikaner mit Einkommen von zwei bis fünf Dollar pro Tag kurz davor sind, sich aus den Zwängen der materiellen Not zu befreien. Sie ihrerseits werden vorwärts getrieben von der schieren Masse der Armen auf dem Vormarsch. Die Chance ist gering, dass diese Masse geduldig darauf wartet, irgendwann am Wohlstand teilhaben zu dürfen. Das gilt ganz besonders dann, wenn der Gesellschaftsvertrag mit der Ungleichheit zum Nachteil der Jugend und der Frauen befrachtet bleibt. Andere Präzedenzfälle, vor allem im Maghreb, lassen ein anderes Szenario weitaus realistischer erscheinen: Ab einem bestimmten Punkt wird die Migration innerhalb des Kontinents als Ventil nicht mehr ausreichen, und Afrikaner werden in großer Zahl die Türen zur ganzen Welt aufstoßen, angefangen mit Europa.

In Afrika, dem ärmsten Kontinent der Welt, ist die Mitte schwer zu definieren.[85] Man kann endlos über das Für und Wider diskutieren, ob die Afrikaner knapp oberhalb des Subsistenzniveaus die „Mittelschicht" des Kontinents sind. Für mich bedeutet diese Einordnung in eine Kategorie, die überall auf der Welt verwendet wird, dass Afrika damit ganz entschieden seinen „Platz in der Welt" einnimmt; es wird möglich, Vergleiche zu ziehen, selbst wenn der Einstiegspunkt für die afrikanische Mittelschicht auf bescheidenstem Niveau liegt. Mehr noch dient diese Einordnung dazu, daran zu erinnern, dass die „Mittelschicht" überall nicht durch Einkommensgrenzen bestimmt wird, sondern die Gesellschaftsschicht ist, auf die sich jede Form partizipatorischer Politik – Demokratie – stützt. Sie ist der Teil der Bevölkerung, der ausreichend Mittel zur Verfügung hat, um sich in den öffentlichen Diskurs einschalten und bei den Angelegenheiten der Gemeinschaft mitmischen zu können. Gleichzeitig ist sie nicht reich und mächtig genug, die Transparenz des politischen Systems – sprich: seine gegenseitige Kontrolle durch gewählte Amtsinhaber und eine freie Presse – und die Meritokratie als das bestimmende Prinzip der sozialen Mobilität abzuschaffen. So muss man aufpassen, dass die Kategorie nicht verzerrt wird wie in der Definition, die die Afrikanische Entwicklungsbank (ADB) 2011 aufbrachte. Wie bereits erwähnt, verfügen zwei Drittel der ADB-„Mittelschicht" über zwei bis fünf US-Dollar am Tag mit entsprechend wenig bis gar keiner Zeit, sich in der Tagespolitik oder der Zivilgesellschaft zu engagieren.

2005 wurde in Nigeria, dem wohl besten Modell für das heutige Afrika südlich der Sahara, die erste Shopping-Mall eingeweiht, in Lagos. Seitdem ist für die 20 Millionen Einwohner dieser Mega-

---

85 Cf. *Africa in Fact* (November 2014): *Making up the Middle*

City nur ein einziges weiteres großes Einkaufszentrum eröffnet worden. Das spricht Bände über die Kaufkraft auf dem lokalen Verbrauchermarkt. Gemessen an einem Einkommen von mindestens 15 US-Dollar am Tag wird sich die nigerianische Mittelschicht nichtsdestotrotz in den nächsten 20 Jahren verdreifachen, statt rund 25 Millionen Konsumenten wird es 2030 75 Millionen geben. Auf den gesamten Kontinent gerechnet geht die Weltbank sogar von einer Vervierfachung der Mittelschicht in diesem Zeitraum aus. Weitere Umwälzungen in der Größenordnung der Mobiltelefon-Revolution sind zu erwarten. 2014 steckten Afrikaner zehn Prozent ihres Einkommens in ihr Mobiltelefon, die verschiedenen Transaktionen mit dem mobilen Endgerät eingerechnet. Proportional auf das BIP pro Kopf in Frankreich umgerechnet, entspräche das einer durchschnittlichen monatlichen Telefonrechnung von 350 US-Dollar. In Anbetracht dessen, dass die meisten Afrikaner nahe am Existenzminimum leben, ist es schwer nachvollziehbar, dass soviel Geld für Kommunikation ausgegeben wird. Ohne das überstrapazierte Klischee vom „Afrika, dem Kontinent der mündlichen Tradition" wieder hervorzuholen, gibt es dafür mehr als genug rationale Erklärungen: Das Telefon kann eine Reise in Ländern, in denen Reisen sowohl kostspielig als auch anstrengend ist, ersetzen; es verschafft den Zugang zum Internet, die große Mehrheit der Bevölkerung besitzt nämlich keinen Computer; und es erlaubt den *Digital Natives*, der riesigen Jugendkohorte, durch versierte Nutzung der neuen Möglichkeiten wie beispielsweise E-Banking, die Altershierarchie zu überwinden. In Kenia, dem fortschrittlichsten afrikanischen Land beim Thema elektronische Transaktionen, geht eine Summe, die der Hälfte des kenianischen BIP entspricht, durch das Telefon. Zwei Drittel der Bevölkerung nutzen etwa 37.000 digitale „Kioske", um ihr Geld aufzubewahren oder zu überweisen. Geld heißt auf Swahili *pesa*, Namensgeber für eines der größten kommerziellen Serviceangebote von Safaricom, M-Pesa. Das ist nicht weniger als eine Revolution des Alltags, ein gigantischer Fortschritt für eine Menge Leute. Trotzdem schmerzt das Fehlen eines klassischen Bankwesens. In Kenia haben 80 Prozent der Bevölkerung kein

Bankkonto. Das hindert die Mittelschicht daran, Immobilien zu erwerben. 2014 nutzten von den 44 Millionen Einwohnern Kenias nur 22.000 eine Hypothek.[86]

Identität als Repertoire

In seiner preisgekrönten Erzählung *Luxusleichenwagen* schreibt der nigerianische Autor Uwem Akpan von der Flucht eines Jungen aus einer Stadt im Norden Nigerias nach dem Ausbruch religiöser Unruhen. Gabriel oder Jubril, Sohn eines christlichen Vaters aus dem Südosten und einer muslimischen Mutter aus dem Norden – die Eltern leben getrennt –, gerät dabei ins Kreuzfeuer. Er schafft es auf einen der letzten Busse aus der Stadt, einen Bus voller Christen, die versuchen, nach Hause in den Südwesten zu kommen. Obwohl Gabriel / Jubril ein Ticket hat, ist sein Platz von einem alten, traditionellen Häuptling besetzt, der sich weigert aufzustehen. Zwei junge Frauen mischen sich lautstark ein und zanken mit dem Mann; würdevoller versucht eine ältere Dame, mit dem Häuptling zu reden, dem Rang und Alter eine übertriebene Vorstellung von der eigenen Bedeutung eingegeben haben. Aber er weigert sich aufzustehen. Verbittert und auch nostalgisch der vergangenen Ära der Militärregime nachtrauernd, als die traditionellen Häuptlingen noch üblicherweise aus Öleinnahmen für die indirekte Herrschaft über ihre Untertanen bezahlt wurden, startet er eine Tirade gegen die Demokratie, die große Gleichmacherin genau der Unterschiede, auf denen seine Vormachtstellung aufbaut. Ein Tumult entsteht und der ganze Bus verwandelt sich in einen rollenden, hitzigen Debattierclub, mit auch vernünftigen Argumenten, häufiger aber mit böswilligen Angriffen. Gabriel / Jubril ist doppelt gehandicapt. Zum einen traut er sich nicht zu sprechen, weil sein Akzent verriete, dass er im Norden aufgewachsen

---

86   Olopade (2014), S. 143

ist. Zum anderen ist seine rechte Hand am Gelenk amputiert worden, weil er beim Stehlen erwischt wurde. Das muss er verbergen, damit er nicht identifiziert werden kann als jemand, der nach der Scharia schuldig gesprochen wurde. Zusätzlich fühlt sich Jubril ausgesprochen unwohl in der Gegenwart unverschleierter Frauen, die er aufgrund seiner religiösen Erziehung schamlos und unanständig findet. Langsam jedoch gewinnt „Gabriel" die Oberhand, und er beginnt, sich an sie zu gewöhnen – ganz im Unterschied zu dem Geschehen auf dem Fernsehschirm direkt über seinem Kopf, auf dem ihn die Gewalttaten, vor denen er flieht, verfolgen und der die anti-islamischen Gefühle seiner Mitreisenden in fiebrige Höhen treibt.

Die Symbolik dieses beengten, geschlossenen Handlungsraums ist offensichtlich: Wie Nigeria selbst hat der Bus weniger Sitzplätze als Passagiere. Und es reicht nicht, dass man ein Ticket hat, das Äquivalent eines Wahlzettels für die Wahlurne, um den Platz zu bekommen, der einem rechtmäßig zusteht. Man muss darum kämpfen, Rivalen aus dem Feld schlagen, Allianzen mit Dritten bilden, während man gleichzeitig die ganze Bandbreite der Identitätspolitik durchspielt. In diesem Prozess treten Männer gegen Frauen an, junge Leute gegen alte, Arm gegen Reich, Zivilisten gegen das Militär, die regierende Elite gegen die regierten Massen, Verfechter der Demokratie gegen Apologeten des Militärs, Südstaatler gegen Nordstaatler, Christen gegen Muslime ... So zerrissen Gabriel / Jubril selbst ist, in Panik gerät er über die Selbstverständlichkeit, mit der alle anderen im Bus permanent die Seiten wechseln. Wenn Sartres Satz „Die Hölle sind die anderen" aus seinem Stück *Geschlossene Gesellschaft* stimmt, scheitert Gabriel / Jubril daran zu begreifen, dass Anderssein keine zweite Natur, sondern ein umfangreiches Repertoire an Indikatoren ist, die Gewinner von Verlierern und die Lebenden von den Toten trennt, gerade in Zeiten des kollektiven Wahnsinns wie diesen. Am Ende verrät sich Gabriel / Jubril und wird gnadenlos umgebracht. Seine Leiche wird an den Straßenrand geworfen, während die Leichen der „guten" Opfer im Laderaum des Busses zur ewigen Ruhe im Boden ihrer

Ahnen gebracht werden. Damit erklärt sich der Titel der Erzählung, eine ätzende Kritik an einem Land, das sich mehr Sorgen um die Toten und das Leben nach dem Tod macht als um die Lebenden und das Hier-und-Jetzt.

Die verschiedenen Wortwechsel im Bus und die sich in der Folge verändernde Geometrie der Allianzen bringen den Leser dazu, seinen ursprünglichen Standpunkt zu revidieren: Es sind nicht die Unterschiede, die Verwerfungen einer Gesellschaft, die Konflikte auslösen, sondern das Gegenteil. Kollidierende Interessen existieren in leeren Hüllen und täuschen ein unechtes Leben vor, während sie gleichzeitig versuchen, die eigene Blöße zu verbergen. Je länger ein Konflikt währt, desto mehr geraten seine äußeren Erscheinungsformen durcheinander gebracht mit dem, worum es wirklich geht. Mit immer neuen Opfern, die zu den früheren dazukommen, vertieft die Gewalt die Kluft zwischen Christen und Muslimen und verleiht dem Gedanken Glaubwürdigkeit, die beiden Gemeinschaften „seien nicht dafür gemacht, miteinander klarzukommen". Das gleiche trifft zu in Ländern wie Ruanda und Burundi, in denen das Prinzip der ethnischen Spaltung gilt und die lange Geschichte der Massaker zwischen Hutus und Tutsis die Überzeugung nährt, die beiden Gruppen könnten nicht in Frieden zusammenleben. Schlussendlich wird diese Überzeugung zur Realität. Die Toten der Vergangenheit lasten schwer auf der Gegenwart, und dieser Druck veranlasst jede Seite, präventiv zu töten aus Angst, selbst getötet zu werden. Dabei sind Hutus und Tutsis nicht mehr dazu verdammt, sich immer wieder gegenseitig umzubringen, als es Katholiken und Protestanten in Irland waren – obwohl es lange Zeit danach aussah.

Lange wurde auch angenommen, dass Ethnizität die „natürliche" und wichtigste Trennlinie war, der atavistische Impuls, der Afrikas kollektiven Dissens treibt. Im geopolitischen Kontext nach dem 11. September 2001 und dem „Krieg gegen den Terrorismus" ist die Religion als Träger der Konfliktmobilisierung mit Wucht wieder zurückgekehrt. Gleichzeitig hat sich in Afrika die Gewalt um Wahlen herum dramatisch verstärkt, ein

Zeichen dafür, wie wichtig der Urnengang geworden ist. Gleichzeitig häufen sich die Auseinandersetzungen um den Zugang zu Wasser oder die Kontrolle von Ackerland oder Weideland. Aber warum eigentlich ist nicht der Generationskonflikt derjenige, der alle anderen überlagert? Immerhin ist durch das außergewöhnliche demografische Profil des Kontinents ein unüberbrückbarer Graben entstanden zwischen der riesigen Mehrheit junger Menschen, die keine politische Stimme haben, und einer kleinen Minderheit Ältester, die sich weigern, die Macht aus der Hand zu geben. Warum bleiben an Bord des *Luxusleichenwagen* die Auseinandersetzung über Alter und seine Privilegien nur ein Hintergrundrauschen, überdeckt vom schrillen Geschrei über ethnische und religiöse Konflikte? Und schließlich, wenn kein Krieg zwischen den Generation in Sicht ist, welche Alternativen werden den Jüngeren angeboten, um erwachsen zu werden und „vollwertige Menschen"?

Musa Wo, das legendäre „Enfant terrible"

Martha Carey ist eine amerikanische Anthropologin, die während des Bürgerkriegs in Sierra Leone von 1993 bis 2002 für die französische NGO *Ärzte ohne Grenzen* arbeitete. Über ihre eigenen Erfahrungen in diesem Konfliktgebiet hinaus wollte die Wissenschaftlerin die Gräueltaten der Rebellen von der Revolutionären Einheitsfront (RUF) verstehen. Die bestraften Zivilisten mit einem „kurzen Ärmel", einem am Ellbogen abgehackten Arm, oder mit einem „langen Ärmel", Amputation am Handgelenk, um zu verhindern, dass sie „ihr Schicksal in die eigene Hand nehmen" – der Slogan derer, die für das Ende der Militärherrschaft und die Rückkehr zur Demokratie eintraten. In ihrem Beitrag „*Survival is Political: History, Violence, and the Contemporary Power Struggle in Sierra Leone*" findet Carey eine entscheidende Antwort in einer Geheimgesellschaft von Männern, bekannt als „Poro", und deren Initiationsriten. Außerdem blickt sie auf die in Westafrika legendäre Figur von Sundiata Keita,

Kriegerkönig und Gründer des malischen Imperiums im 13. Jahrhundert. In der Region existieren diverse Varianten der Legende, nach der Sundiata als Krüppel zur Welt kam, von jedem verspottet wegen seiner Unfähigkeit, aufrecht zu stehen oder zu gehen. Am Abend seiner Beschneidung jedoch schlang Sundiata seine Arme um einen Affenbrotbaum und zog ihn mit übermenschlicher Kraft samt Wurzeln aus der Erde. Seine Tat machte seinem Halbbruder, dem König vor Ort, Angst, und er jagte Sundiata und seine Mutter vom Hof. Sundiata lebte im Exil, bis ihn der Ruf ereilte, nach Hause zu kommen und eine feindliche Invasion abzuwehren. Er schlug die Feinde seiner Heimat, übernahm den Thron und schuf ein Imperium.

In Sierra Leone kennt man Sundiata Keita als Musa Wo. Seine mit Grausamkeiten und Betrügereien gewürzte Legende glorifiziert das Chaos. Er ist ein „Enfant terrible", ein obszönes, zügelloses Monster und gleichzeitig unwiderstehlich. Er ist die Inkarnation der Jugend, die der Kontrolle der Alten entkommen ist. Er repräsentiert eine Welt, die karnevalistisch und auf den Kopf gestellt scheint, und verkörpert gleichzeitig die unbändige Freude an überschäumender Lebenskraft. „Im Forschreiten des Krieges und in der Hierarchie der verschiedenen bewaffneten Bewegungen haben die Stimuli von Klasse, Ethnizität und Ökonomie ihren Platz zugunsten einer älteren, tieferen Trennlinie zwischen Alten und Jungen geräumt", schreibt Carey.[87] Die amerikanische Anthropologin spricht ausschließlich über Sierra Leone. Aber wenn wir ihre Aussage vor dem Hintergrund des hohen Anteils junger Menschen in der Subsahara weiterfassen, dann wäre die Generationen-Asymmetrie die Mutter aller Konflikte im südlichen Afrika.

„Selbst meinem Vater werde ich eine Kugel verpassen", und gemeint ist: wenn unsere Sache es verlangt.[88] Mehr als zwanzig Jahre lang haben insgesamt rund 250.000 junge Rekruten mit

---

87 Carey (2006), S. 107
88 Leonardi (2007), S. 391

diesem schaurigen Satz ein Gehorsamsgelöbnis in den Trainings-camps der Sudanesischen Volksbefreiungsarmee (SPLA) abge-legt. Der zweite Bürgerkrieg im Sudan begann 1983 und endete 2005 mit einer Friedensvereinbarung zwischen Nord und Süd. Während dieses ganzen Zeitraums schworen diese jungen Sol-daten, im Namen der „Befreiung" bis zum Vatermord zu gehen. Kann es einen stärkeren Ausdruck für einen Konflikt zwischen den Generationen geben? Cherry Leonardi, Afrikanistin an der Universität von Durham in England, stellt diesen Ansatz jedoch in Frage. In einem Paper von 2007 warnt sie, „die Gefahr, jede gewaltsame Mobilisierung von Jugendlichen gleich als Ausweis einer afrikanischen Jugendkrise herzunehmen, liegt nicht nur darin, dass so lokale Gründe für Unmut und Rebellion ignoriert werden, sondern dass die Jugendlichen damit völlig losgelöst von ihren Familien und Gemeinschaften betrachtet und als eine gesonderte Randgruppe behandelt werden."[89] Nach zwei Jahren Feldforschung kommt Leonardi zu dem Ergebnis, dass junge Südsudanesen nicht deshalb ihr Zuhause verließen und der SPLA beitraten, um die „Generationenkontrolle" auszuhebeln. Vielmehr versuchten sie, zwischen den Polen zu navigieren: an einem Ende das „Zuhause", als ihrem emotionalen Ursprungsort, am anderen die „Regierungssphäre" – *hakuma* auf Arabisch –, die auch die Welt politischer Rivalitäten umfasst. Die SPLA ist genauso Teil von *hakuma* wie die Regierung in Khartum; und das gilt auch für die „big city", die mit ihrer Modernität der Antipode zum „Zuhause" darstellt. In der abschließenden Ana-lyse zeigt sich, dass die jungen Südsudanesen mehr Vertrauen in ihr Zuhause setzten, weil es am Ende sicherer schien als die poli-tische Sphäre, die sie von Natur aus instabil und gelegentlich regelrecht verräterisch fanden. Sie wollten vor allem vermeiden, entweder als Minderjährige zu Hause oder als Rekruten bei den Rebellen ausgebeutet zu werden. Ihr Ziel, so Leonardi, war „eher, die Vereinnahmung zu vermeiden als die Ausgrenzung zu

89   Ebd., S. 411

überwinden", während sie die *hakuma* gegen ihr Zuhause ausspielten und umgekehrt, beides mit der Absicht, in beiden Sphären zu gewinnen, ohne sie durcheinanderzubringen. „Jugendlichen geht es oft mehr um ihre Unabhängigkeit als darum, Marginalisierung zu überwinden, ein Spiegel ihrer inhärenten Zwischenlage", schließt Leonardi daraus. Diese „jugendliche" Strategie ähnelt einer überarbeiteten Version des Ikarus-Mythos, nur diesmal mit Happy End. Um dem Labyrinth, in dem Ikarus und sein Vater, Dädalus, gefangen sind zu entkommen, baut Dädalus seinem Sohn Flügel aus Wachs und Federn und warnt ihn, der Sonne nicht zu nahe zu kommen. Die südsudanischen Söhne heben selbständig ab, halten sich aber an den väterlichen Rat ...

Wer hat recht, Martha Carey oder Cherry Leonardi? Führt die Polarisierung der Generationen, dieser Kontinentalgraben, zur gewaltsamen Konfrontation oder zu Vermeidungsszenarien? An Bord des *Luxusleichenwagens* sind die Spannungen zwischen Alt und Jung, Männern und Frauen oder Militär und Zivilisten nicht tödlich, zumindest nicht so mörderisch wie das religiöse Konfliktpotential. Liegt das daran, dass die anderen Antagonisten nicht besonders relevant sind? Das führt zu der Frage, wann man sich in erster Linie „jung" fühlt, statt ein anderes Identifikationsmodell vorzuziehen, sei es Mann oder Frau, Zivilist oder Militär, Hausa oder Igbo, Muslim oder Christ. Es liegt jedenfalls nicht auf der Hand. In Afrika ist „Jungsein" der am häufigsten geteilte Zustand, der größte gemeinsame Nenner. Eine Vielzahl dieser jungen Leute fühlt sich alleingelassen im Wartezimmer des Lebens. Sie haben nur eine Sehnsucht: herauszukommen. Aber der kollektive *run* zur Tür ist nicht unbedingt die Lösung. Ihre Altersgenossen sind eher Konkurrenten als potentielle Alliierte. Anders als ihre Ältesten verfügen sie ausschließlich über die öde Zeit im Wartezimmer, um sie miteinander zu teilen. Der geriatrische frühere Präsident von Simbabwe, Robert Mugabe, konnte junge Leute mindestens genauso gut mobilisieren wie die Opposition, weil er ihnen etwas anzubieten hatte, wenn auch nur kurzfristig. Aber „kurzfristig" ist das Beste, worauf man südlich der Sahara hoffen kann – mehr als irgendwo sonst; „langfristig", das ist nichts für die Lebenden.

Für einen jungen Afrikaner besteht Unabhängigkeit sowohl darin, den Einfluss der Väter *und* der Altersgenossen zu reduzieren, als auch die eigene Macht auszubauen, indem er Allianzen querbeet und nicht nur in der eigenen Generation schmiedet. Im Afrika der Gegenwart, wo die beispiellose Zunahme der Bevölkerung das Prinzip der Seniorität untergraben hat, ist das Spannungsverhältnis zwischen Alt und Jung nicht die Mutter aller Konflikte, sondern der *Instabilität*. Es sind diese Spannungen, die in der „Politik des Ressentiments" virulent werden, um einen Begriff zu benutzen, den der amerikanische Anthropologe Mike McGovern geprägt hat. In seinen Arbeiten zu Guinea und der Elfenbeinküste beschreibt McGovern einen Modus Operandi der Jugend mit einem Dreiklang: verneinen – bitten – spielen.[90] Mit den Worten Fausts heißt das, die Jugend „ist der Geist, der stets verneint / und das mit Recht / denn alles, was entsteht / ist wert, dass es zugrunde geht". Gleichzeitig flehen die Jungen die Alten an, ihren Status mit ihnen zu teilen und sie auf das Niveau derer zu heben, die einen Platz am Tisch haben. Wenn sie ihren Willen nicht bekommen, führen sie sich auf wie das legendäre „Enfant terrible" Musa Wo. Wenn ihre Streiche und Possenspiel dann ausarten und Tod und Zerstörung oder Bestrafung zur Folge haben, dann lehnen die Jugendlichen jede Verantwortung ab und regredieren zu Kindern, die sie so verzweifelt nicht mehr sein wollten: „War nur Spaß." Für sie war es nur ein Spiel.

An dieser Stelle sind wir nun bereit für eine ganze Kaskade des Aufbruchs. Es beginnt im afrikanischen Dorf, das die jungen Menschen in Richtung der nächsten Stadt verlassen, um dann aus der Provinzstadt in die Hauptstadt zu ziehen und von der Hauptstadt des Landes in die regionale Metropole, und schließlich von dieser Metropole in Richtung eines noch verheißungs-

---

90 McGovern (2011), S. 67–101 (3. Kapitel: „The Politics of Resentment") und S. 124 ff

volleren Ortes, der in der Ferne lockt, meistens in Europa. Es handelt sich tatsächlich um eine einzige Bewegung, das Herz der Jugend Afrikas, die auf der Suche nach einer Modernität, die sie kaum greifen kann, immer weiter fort zieht. Der französisch-karibische Poet Aimé Césaire formuliert es so: „Die schwarze Jugend kehrt dem Stamm ihrer Ältesten den Rücken."[91] Diese Worte schrieb er 1935, als Afrika demografisch gesehen gerade erst begann aufzubrechen. Césaire fügt hinzu: „Was begehrt die schwarze Jugend? Zu leben. Aber um wahrhaftig zu leben, muss man sich treu bleiben." Das ist eine harte Ansage, wenn man die ganze Zeit damit beschäftigt ist, den einen Ort zu verlassen, um sich an einem anderen neu zu erfinden. Für den afrikanischen Migranten gelten mehr als für irgendjemanden sonst die Worte des englischen Poeten William Wordsworth in *My Heart Leaps Up*: „Das Kind ist des Mannes Vater."

91 Césaire (1935)

Die Vereinten Nationen unterscheiden weltweit vier Typen von Migrationsbewegungen: die Migration zwischen zwei Ländern mit hohem Pro-Kopf- Einkommen (dem sogenannten „globalen Norden"), zwischen zwei Ländern mit niedrigem Pro-Kopf-Einkommen (dem sogenannten „globalen Süden), von einem Land mit niedrigem Einkommen in eines mit hohem Einkommen, und schließlich in die entgegengesetzte Richtung. Die Gesamtzahl von Migranten weltweit – also die Zahl all der Menschen, die sich in einem Land niederlassen, das nicht ihr Geburtsland ist – ist von 92 Millionen im Jahr 1960 auf 244 Millionen im Jahr 2015 gestiegen. Auch wenn diese absolute Zahl seit 2000, als es 165 Millionen Migranten auf der Welt gab, um 41 Prozent nach oben geschossen ist, so markiert sie doch nur einen bescheidenen Anteil an der gesamten Weltbevölkerung: 3 Prozent im Jahr 1960 und 3,3 Prozent im Jahr 2015. In der Zwischenzeit hat sich die Weltbevölkerung allerdings mehr als verdoppelt, und die Gewichtung der unterschiedlichen Migrationsformen hat sich zugunsten der Süd-Nord-Variante verschoben: Die Migration aus Ländern des ärmeren Südens in den wohlhabenderen Norden ist in den Vordergrund getreten. 1960 hatten sich ungefähr 20 Millionen Menschen aus Ländern des Südens im Norden niedergelassen, 2000 waren es 60 Millionen – und 140 Millionen im Jahr 2015. Parallel dazu gingen die anfangs viel wichtigeren Süd-Süd-Bewegungen insgesamt zurück. Nach den Zahlen der IOM verliefen 45 Prozent der Migrationsbewegungen im Jahr 2010 in Süd-Nord-Richtung, verglichen mit 35 Prozent in Süd-Süd-Richtung und drei Prozent von Norden nach Süden; die Migration zwischen Ländern des wohlhabenderen Nordens lag bei 17 Prozent. „So viel zum unvermeidlichen Anstieg der Migration durch die Globalisierung: Im reichen Teil der Welt gab es keinen", so der Kommentar von Paul Collier, Direktor des Zentrums für afrikanischen Ökonomien an der Universität

Oxford.[92] Die Protagonisten der Globalisierung reisen in der Tat sehr viel, aber sie bauen sich eher selten eine neue Existenz in einem anderen Land auf; umgekehrt überqueren die Bewohner der ärmeren Länder die Landesgrenzen seltener, um zu reisen, sondern um ein neues Leben anderswo zu beginnen – und das immer häufiger im reichen Norden. Anders gesagt: Die „Globalisierer" reisen eher, die „Globalisierten" emigrieren. Die einen treiben den Prozess weltweiter Eingliederung voran, die anderen werden durch ihn vertrieben. Ihr Bedürfnis, von der Peripherie ins Zentrum zu gelangen, ist im Kern eine Frage der Handlungsfreiheit.

Zwischen 2000 und 2015 haben sich im Jahresdurchschnitt 4,1 Millionen Menschen aus Staaten des Südens in den OECD-Mitgliedsländern niedergelassen, also in den Ländern, die in wirtschaftlicher Hinsicht international zur Spitzengruppe gehören. Die UNO, die diese Zahlen vorgelegt hat, geht davon aus, dass sich zwischen 2015 und 2050 rund 91 Millionen Menschen aus dem Süden in den reicheren Ländern niederlassen werden, während diese Länder im gleichen Zeitraum ein Minus von 20 Millionen Einwohnern in der Bilanz von Neugeborenen und Sterbefällen verzeichnen dürften. 82 Prozent ihres demografischen Wachstums werden mithin auf die Immigration zurückgehen. Paul Collier schätzt, dass „auf absehbare Zeit die internationale Migration kein Gleichgewicht erleben wird; gegenwärtig beobachten wir vielmehr die Anfänge eines Ungleichgewichts von epischen Ausmaßen".[93] Spontan möchte man annehmen, dass dieses Ungleichgewicht in Folge der massiven Migration eine andere Form der Ungleichheit auf dem Planeten korrigieren könnte: Der UNO zufolge verfügten 2006 die zehn Prozent der Reichsten auf dieser Erde über 85 Prozent des weltweiten Haushaltsvermögens, während die gesamte ärmere Hälfte zusammen kaum auf ein Prozent kam.[94] Zehn Jahre später war es nicht

92 Paul Collier (2015), S. 50
93 Ebd.
94 https://www.wider.unu.edu/publication/global-distribution-household-wealth

besser: Mehr als 70 Prozent der Erwachsenen weltweit besaßen immer noch weniger als 100.000 Dollar und verfügten so nur über drei Prozent des globalen Reichtums, während die reichsten Individuen – also diejenigen, die über mehr als 100.000 Dollar an Vermögen verfügen – zwar nur 8,6 Prozent der Weltbevölkerung ausmachten, aber 85,6 Prozent des globalen Reichtums besaßen.[95] Wie lange noch kann man angesichts dieses abgrundtiefen Grabens der marginalisierten Mehrheit wieder und wieder nahelegen, sich nicht zu rühren, sondern brav auf eine Entwicklung ihrer Länder zu warten oder wenigstens auf Entwicklungshilfe? Und gleichzeitig beglücken die Satellitensender des Nordens die Wartesäle des Planeten mit einer Flut von Bildern des eigenen Wohlstands. Es ist eine Verhöhnung der Armen, von morgens bis abends: „Dumm gelaufen für euch, ihr seid halt am unteren Ende der Welt geboren worden ..."

Man muss sich allerdings vor nur scheinbarer Offensichtlichkeit hüten. Sicherlich verstärken die Allgegenwart des Satellitenfernsehens und der zunehmend einfachere Zugang zum Internet den Kontrast zwischen dem alltäglichen Erleben und dem „Bildschirmleben" in den armen Ländern. Allerdings hat sich die große Masse der Afrikaner ja immer noch nicht auf den Weg gemacht, um die Wohlstandstempel der Welt und allen voran Europas zu stürmen – und nicht allein und nicht einmal vor allem, weil die Reichen des Nordens sie zu Festungen ausgebaut hätten. Die rekordverdächtige Migrationswelle von 2015 – vor allem aus Syrien, Irak und Afghanistan – hat die Schwächen der europäischen Verteidigungslinien bloßgelegt, trotz der Gitterzäune, des Radars, der elektronischen Erfassung, der Patrouillenboote und Rückführungscharterflüge. Der Grund: Noch sind nicht alle Bedingungen gleichzeitig gegeben, um einen „Ansturm auf Europa" aus Afrika zu verursachen. Wir kommen darauf in einem Moment zurück – den Moment bauchen wir, um die gängige Vorstellung beiseite zu schieben, der Graben zwischen Nord

95 https://inequality.org/facts/global-inequality/

und Süd werde sich immer weiter vertiefen. Das Ungleichgewicht zwischen dem reichen Norden und dem armen Süden – wenngleich sehr groß – relativiert sich bereits um einiges, wenn man einen jungen italienischen Arbeitslosen mit einem neureichen Brasilianer vergleicht oder eine Chinesen mitten im sozialen Aufstieg mit einem Griechen im freien Fall. Und selbst südlich der Sahara, wo diese Weltkarte mit den „Reichen aus dem Norden" und den „Armen aus dem Süden" als eine angemessene Orientierungshilfe erscheinen mag, lässt sich das Auftauchen einer Mittelschicht neben einer herrschenden Klasse mit einem oft schockierendem Reichtum beobachten, was die *nationalen* Ungleichgewichte verstärkt. In seinem Buch *Die Globalisierung der Ungleichheit*, das im Original 2012 erschien, hat der frühere Chefvolkswirt der Weltbank und Direktor der Pariser *École d'économie* François Bourguignon das statistisch untermauert: In der Tat erreichte der Graben, der sich mit Beginn des 19. Jahrhunderts beim Pro-Kopf-Einkommen zwischen den Ländern des Nordens und des Südens aufgetan hatte, seinen Tiefpunkt 1980 – nicht ganz zufällig, als mit dem neuen, kräftigen Schub weltweiter Integration der Begriff *Globalisierung* auftauchte; seither füllt sich der Graben erneut, sodass er inzwischen wieder das Niveau von 1900 erreicht; gleichzeitig aber verschärfen sich die Einkommensunterschiede in markanter Weise *innerhalb* der Länder des Nordens wie des Südens. In Asien und in Lateinamerika sind in den vergangenen Jahrzehnten Hunderte von Millionen Menschen der absoluten Armut entkommen, während die Arbeitsverhältnisse für die weniger Qualifizierten in den reichen Ländern unsicherer geworden sind. Der Philosoph Peter Sloterdijk spricht vom Verlust einer „Zivilisationsrente": ein Art Lebensrente, die die weniger Qualifizierten im reichen Norden allein deshalb bezogen, weil sie am rechten Ort geboren wurden.[96] In einem Interview mit dem französischen Wochenblatt *Le Point*

---

96 Vgl. auch Peter Sloterdijk im Gespräch mit Sjoerd van Tuinen in *The Polemics of Ressentiment: Variations on Nietzsche*, S. 224

erklärte Sloterdijk das im Mai 2017 so: „Populismus, ob von links oder von rechts, ist Ausdruck einer Verbitterung, die vom Verlust einer Reihe von Privilegien herrührt, wie sie seit den 1950er Jahren selbst für die einkommensschwachen Schichten in Europa galten. Sie profitierten von einer Art ‚Zivilisationsrente', die dazu führte, das man einen beträchtlichen Vorteil gegenüber den Konkurrenten aus Indien oder China hatte, allein weil man zum Beispiel in Frankreich oder Deutschland geboren war. In dieser Zeit konnte sich auch ein ungelernter Arbeiter in Europa ein Haus, ein Auto, ein Leben wie die Mittelschicht leisten. Zu einem bestimmten Zeitpunkt der Wirtschaftsgeschichte – einem prekären, unhaltbaren Zeitpunkt – wurden sie mit einer Zusatzzahlung belohnt, nur wegen des simplen Umstands, dass sie Franzosen oder Deutsche waren. (…) Als aber die Globalisierung voranschritt, löste sich dieser Europabonus in nichts auf." Das gleiche gilt für Amerikas „Imperiumszuschlag" – Donald Trumps Wahl, eine Reaktion auf diesen Verlust – bezeugt das. Heute teilt der Westen mit „dem Rest" der Welt die Erfahrung, dass beim Wohlstand die Welt sich nicht mehr in reiche und arme Nationen aufteilt, sondern eher in Gewinner und Verlierer der Globalisierung in jedem einzelnen Land.

Leider ist Afrika die einzige Region der Welt, die auf beiden Seiten verloren hat: die *inneren* Ungleichgewichte haben dramatisch zugenommen, ohne dass der Kontinent beim Lebensstandard im Verhältnis zu den entwickelten Ländern Terrain gut gemacht hätte – aufgrund des demografischen Wachstums und des „Gesetzes der großen Zahl", wie wir gesehen haben.

Zwei andere Trugbilder verfälschen die Analyse des Migrationsflusses von Süd nach Nord. Das erste bildet ihn so ab, wie er durch eine postkoloniale Brille gesehen erscheint und überschätzt die „Anziehungskraft" der Metropolen auf die vormals Kolonisierten. Meist frankophone Analytiker benützen dafür einen Begriff aus der Biologie und sprechen von „postkolonialem Tropismus". Das trifft die Sache in gewisser Weise. Sicherlich vereinfacht eine bestimmte Vertrautheit mit der Sprache und der Lebensweise der ehemaligen Kolonisatoren für manche Afrikaner die Integration in Ländern wie Großbritannien, Frankreich, Belgien oder Portugal. Diese Vertrautheit ist allerdings ebenfalls der Dampfwalze der Demografie ausgesetzt, der schnellen Abfolge neuer Generationen in einem Teil der Welt, wo die Hälfte der Bevölkerung alle 18 Jahre „runderneuert" wird. Auch haben wir es mit einer Globalisierung der Lebensformen auf dem ganzen Kontinent und besonders in den Städten zu tun, die oft als „Amerikanisierung" daherkommt. Amerikas *soft power*, seine Jugendkultur und vor allem die Protestkultur des *Black America*, passen sehr gut zur afrikanischen Moderne, die geprägt ist von Pioniergeist, Improvisation im Existenziellen, Rassenvorurteilen und dem Rückgriff auf Selbsthilfe in Gesellschaften, in denen Traditionen – Verhaltensnormen also, die von einer Generation zur anderen weitergegeben wurden – abgeschnitten sind. Die Viertel der Neureichen in Städten wie Abidjan heißen eher Beverly Hills als Neuilly, und Fastfood und Gangsta Rap sind vorherrschend unter den Jugendlichen hier, und das sind so ziemlich alle südlich der Sahara. Dazu kommen in den früheren französischen Kolonien ausgeprägte anti-französische Ressentiments – wahrscheinlich wegen der langen Schatten einer Bevormundung durch Paris, die auch viele Jahre nach der Unabhängigkeit nicht aufhören wollte, nicht in den drei Jahrzehnten des Kalten Krieges und manche meinen, auch heute nicht. Vor allem für Intellektuelle und enttäuschte Führungskräfte ist diese „gemeinsame Geschichte" eher ein Grund, sich überall sonst niederzulassen, nur nicht in Frankreich. Schließlich nehmen die neuen Generationen gut informierter Afrikaner die Welt so wahr, wie sie mittlerweile ist. Sie wissen, die Schwergewichte heißen Deutschland in Europa und Amerika und China in der Welt.

Das zweite und vielleicht kräftigste Trugbild von Afrika zeichnet den gesamten Kontinent mit einer Art Elendssucht, die nur Negatives sehen will. Aus schlechtem Gewissen oder aus Furcht, die eigene Herzlosigkeit vorgehalten zu bekommen, krankt die öffentliche Meinung in den reichen Ländern oft an Gefühlsduselei, wenn es um die Gründe geht, wegen derer diese Armen aus ihrer „Hölle" ins eigene reiche Land „fliehen", als sei es das Paradies. Diese Wahrnehmung verbannt nicht nur die Beverly Hills Afrikas in den toten Winkel. Sie kann auch nicht erklären, warum Afrikaner nicht schon früher in Massen ihren Kontinent verlassen haben. Wenn es Kataklysmen wären, die Migrationswellen auslösen, dann hätten die diversen Idi Amin Dadas, die Mobutos, Francisco Macías Nguemes und andere „Kaiser" wie Bokassa aus den Zeiten des Kalten Kriegs oder die großen Hungersnöte, die den Sahel immer wieder heimsuchen, oder die permanente Krise in Kongo-Kinshasa längst einen Gutteil des Kontinents leerfegen müssen. Spätestens in den 1990er Jahre hätten große Fluchtwellen kommen müssen, als es Kriege in 35 von 53 afrikanischen Ländern gab und Millionen von Zivilisten dabei ums Leben kamen.[97] Die Auswirkungen dieses tödlichen Jahrzehnts auf Europa wurden aber trotz der „historischen und geografischen Verbindung " mit Afrika kaum wahrgenommen.

Sicher, nicht alle, die emigrieren wollen, können einfach auswandern. Man braucht schon eine stattliche Summe, um aufzubrechen, und eine gewisse Perspektive auf die Welt, um sich vorzustellen, ein neues Leben auf einem anderen Kontinent zu beginnen; man erträumt sich so etwas nicht, wenn man kaum je das eigene Dorf verlassen hat und ein Besuch bei einem Verwandten in der Hauptstadt schon wie ein großes Abenteuer ausschaut. Armut beschränkt sich nicht auf materiellen Mangel, sondern bedeutet auch einen verschlossenen Horizont, der die Existenz einschränkt, einen Tunnelblick auf das eigene Leben. Natürlich haben auch Höhen und Tiefen in der konjunkturellen Entwicklung Afrikas ihr Gewicht, die von westlichen Medien genau verfolgt und oft genug aufgeblasen werden zur Geschichte vom „aufstrebenden Afrika". Aber der Rest der Welt wird niemals ein so scharfes Bewusstsein der *strukturellen* Schwächen Afrikas haben wie die Afrikaner selbst. Eine kleine Verbesserung oder eine leichte Verschlechterung hier und da kann sie nicht täuschen. Sie sehen fünfzig Abstufungen von Grau in einer Welt voller Farben.

---

97 Brunel (2014) Position 969

Zwei gewichtige Bedingungen müssen zusammenkommen, um einen *run* auf Europa auszulösen, wie ihn dieses Buch erwartet. In bestimmten Teilen des Kontinents wird „Umweltstress" die Migrationsbewegung noch verschärfen. Die erste Bedingung: Eine Anzahl von Afrikanern, mit der eine kritische Masse erreicht wird, überschreitet eine Schwelle minimalen Wohlstands – vor dem Hintergrund gleichwohl anhaltender großer Einkommensunterschiede zwischen Afrika und Europa. Dann kann sich die Anziehungskraft Europas bei einer Vielzahl von Jugendlichen voll entfalten, die zwar keine Aussicht auf Arbeit haben, aber in der Lage sind, mit Hilfe von Verwandten (im weitesten Sinne) die Mittel zusammenzubringen, die nötig sind, um aufzubrechen und sich den Herausforderungen einer oftmals illegalen Reise zu stellen. Abhängig von Ausgangspunkt und Route handelt es sich dabei derzeit um eine Summe von 2.000 bis 3.000 Euro – je nach Land südlich der Sahara ein Jahreseinkommen oder gar ein Vielfaches davon. Für diese jungen Afrikaner ähnelt die Migration stark einem Initiationsritus wie in der Sage von Jason und den Argonauten und ihrer Suche nach dem Goldenen Vlies. In der griechischen Mythologie heißt es, Jason habe sich mit fünfzig anderen jungen Männern an Bord eines Schiffes – der Argo – begeben und sei aufgebrochen, um den Machtkampf mit Pelias zu lösen, dem Gerontokraten, der Jasons Vater, den legitimen Herrscher, vom Thron vertrieben hat. Pelias will den Thronerben loswerden und hat sich verpflichtet abzudanken, falls Jason das Goldene Vlies im sagenumwobenen Kolchis findet, einer Art Schlaraffenland der Antike am Rande der Welt. Gegen jede Erwartung schafft Jason es. Die Reise wird zu einem weiten Umweg, mit dem der junge Held sein Anrecht auf den Thron durchzusetzen kann.

Die zweite Bedingung dafür, dass es zu einem „Quantensprung" bei der Migration nach Europa kommen kann, liegt in der Existenz von Afrikanern in der Diaspora, die Brückenköpfe auf der anderen Seite des Mittelmeers bilden. „Außenposten größerer Bevölkerungsgruppen anderswo", so definiert der Anthropologe Frederik Barth den Begriff „Diaspora". Die Anwesenheit von „Angehörigen" im breiten Sinne reduziert die Unsicherheiten und die Kosten für die Integration der Migranten in einem europäischen Land enorm. Ihre ersten Schritte werden leichter, wenn es Hilfe bei der allerersten Orientierung gibt, Erfahrungen und Beziehungen vor Ort zur Verfügung gestellt werden und bisweilen sogar eine erste Beschäftigung. Die Diaspora hilft dabei, die anfängliche Verwirrung in einer ganz neuen Umgebung zu überwinden und zu einer ersten Vertrautheit mit einer neuen Gesellschaft zu finden. Sie stellt aber viel mehr dar als nur eine Starthilfe. So hat die Präsenz von ein paar Geschäftsleuten aus Somalia in den Zwillingsstädten Minneapolis-Saint Paul in Minnesota in den 1980er Jahren im Verlauf von rund dreißig Jahren dazu geführt, dass es in der Stadt inzwischen die größte Konzentration von Somaliern in den USA gibt, nämlich mehr als 25.000 von insgesamt rund 85.000. Nach Eschweiler bei Aachen mit seinen 55.000 Einwohnern hat diese Kettenreaktion bei der Migration mehrere Hundert Togoer gebracht, bei einer Gesamtzahl von 14.000 Menschen, die aus der ehemaligen deutschen „Musterkolonie" in Westafrika nach Deutschland gekommen sind. In den alten Kolonialmächten wie Frankreich, Belgien oder Großbritannien gibt es solcherart Diaspora häufig – sie werden allerdings meist ausschließlich als Folge der Kolonialzeit wahrgenommen. Aber *Die Rückkehr der Karavellen* – so der Titel eines Romans von António Lobo Antunes, der von der imaginären Rückkehr der Schiffe, die der Entdeckung und Eroberung Afrikas dienten, in ein heutiges Portugal erzählt – sollte nicht darüber hinwegtäuschen, dass Migranten aus Afrika heute überall hinziehen und das an Bord egal welcher abenteuerlichen Schiffe, Kähne oder Boote.

Das ist ein erstes Paradox: Je schwerer sich eine Diaspora tut, in der neuen Gesellschaft aufzugehen, desto besser und länger funktioniert sie als „Empfangskomitee" für die neuen Zuwanderer, die sich ihrerseits schwerer integrieren werden, da sie ja eine

Art „Zuhause" fern von zu Hause gefunden haben.[98] Stadtviertel wie „Little Somalia" in Minneapolis-Saint Paul oder „Chinatown" in vielen amerikanischen Städten, Peckham in London, Matongé in Brussels, „Les Rosiers" in Marseilles oder Montreuil am Rande von Paris, helfen den Somaliern, Chinesen, Komorern und Maliern, leichter zu „landen". Letztlich ist es eine Frage des Blickwinkels: Man kann sich über eine Gemeinschaftshilfe freuen, die die Dinge viel einfacher macht, oder „Enklaven von Ausländern" im Ankunftsland beklagen, die vieles andere erschweren. Welchen Blickwinkel man auch einnimmt, die Tatsache, dass sich eine Diaspora nur langsam in ihrem neuen Umfeld auflöst, ermutigt andere Immigranten zu kommen, die sich ohne die Diaspora nicht aufgemacht hätten in ein Land, in dem sie aller Wahrscheinlichkeit nach dauerhaft Fremde bleiben werden.

Der Begriff „Diaspora" ist Ausdruck eines anhaltenden Unbehagens am neuen Ort und einer Verweigerung vor der Gegenwart im Namen der Vergangenheit. Wörtlich genommen – man erkennt das Wort Dispersion, „Verteilung" darin – verweist er auf eine Verteilung von Opfern, wie beim Sklavenhandel oder wie nach der Vertreibung eines Viertels des jüdischen Volkes nach Babylon in Folge der Zerstörung des Tempels von Jerusalem zu Beginn des 6. Jahrhunderts v. u. Z.

Sich als Mitglied einer Diaspora zu sehen, heißt einen Status als Schiffbrüchiger der Historie für sich in Anspruch zu nehmen: Man findet sich gegen seinen Willen und erzwungen durch ein missliches Schicksal irgendwo in der Fremde wieder. Das war so zum Beispiel bei denjenigen, die 1915–1916 dem Völkermord an den Armeniern in der Türkei entkamen, und ist heute in Afrika bei den verfeindeten Ruandern so, die im eigenen Land um ihr Leben fürchten. Aber zum Glück gilt es nicht für die große Mehrheit afrikanischer Migranten. Sicher, sie fliehen vor oft schwierigen Lebensumständen. Allerdings ist der beste

---

98 Vgl. Collier (2015), S. 91

Beweis dafür, dass sie nicht aus Angst um Leib und Leben auswandern, die Tatsache, dass sich ihre Mitbürger trotz der schwierigen Umstände dafür entscheiden, *nicht* zu gehen. Wer hat recht, wer unrecht? Es ist nicht leicht, die Frage zu beantworten, ohne die genauen Umstände zu kennen. Aber es wäre sicherlich ganz fehl am Platz, all denen einen „ontologischen Opferstatus" zuzusprechen, die vor den Schwierigkeiten in Afrika fliehen und denen nicht, die sich ihnen stellen. Schließlich wird ein Italiener oder Portugiese, der sich aus welchen Gründen auch immer entschieden hat, nach Frankreich auszuwandern, dort kaum als Teil einer „Diaspora" angesehen werden, vor allem wenn er auch noch die französische Staatsbürgerschaft annimmt. Ein Einwanderer aus Mali dagegen, selbst wenn er eingebürgert wurde, wird immer zu einer wie auch immer gefassten Diaspora zählen – malisch, afrikanisch oder schlicht „schwarz" – und das in den eigenen Augen, aber auch in den Augen seiner neuen Mitbürger, die glauben, ihm damit gerecht zu werden. Meiner Auffassung nach zu unrecht. Denn so wird seine Fähigkeit in Zweifel gezogen, das eigene Leben in die Hand zu nehmen – ein Unterfangen, das nie ohne Schwierigkeiten abgeht –, und es im neuen Land neu zu gestalten. Er wird weggesperrt in seiner Vergangenheit, in einer ewigen „Rückkehr in den Schmerz" – dem Wortsinn von Nostalgie – was es ihm unmöglich macht, ganz im Hier und Jetzt zu leben. Diese Gefahr ist seit dem Aufkommen kostenloser grenzüberschreitender Kommunikationstechniken noch größer geworden. Früher waren für den Migranten die Brücken zwischen seinem alten und seinem neuen Land weitgehend abgebrochen; zwangsläufig musste er nach vorne schauen. Nun ähnelt er Janus, dem doppelgesichtigen römischen Gott, der über die Türen, Tore und Häfen wacht, über die ungewissen Anfänge und Enden, über die schwierigen Übergänge. Der existenzielle Schwebezustand des afrikanischen Migranten ist außerdem auch noch erblich, er wird von Generation zu Generation übertragen. Eine „Dispersion", ein „Zerstreuen" ohne Ende.

Das zweite Paradox: Die Länder des Nordens subventionieren die Länder des Südens mittels Entwicklungshilfe, damit die Armen besser leben können und – auch wenn das meist nicht offen gesagt wird – bleiben, wo sie sind. Das wird für die reicheren Länder allerdings zum Eigentor. Zumindest in einer ersten Phase überweisen sie den ärmeren Ländern eine Art Migrationsprämie, indem sie dazu beitragen, dass sie die Schwelle zu einem gewissen erforderlichen Mindestwohlstand überschreiten, damit einige ihrer Bewohner überhaupt die Mittel aufbringen können, aufzubrechen und sich anderswo niederzulassen. Sieht aus wie eine Win-win-Situation für den Norden wie den Süden, wird aber zur Aporie der „Entwicklungspartnerschaft", für die es keine Lösung gibt: Man zielt darauf, die Armen im eigenen Land zu halten, indem man ihre Entwurzelung finanziert. Natürlich muss man den Ärmsten helfen, die es am nötigsten haben; die Entwicklungspartnerschaft mit der prosperierenden Insel Mauritius, bei der man kaum groß riskiert, viele zur Ausreise zu verleiten, ist nicht so dringend … Darüber hinaus ist langfristig gesehen ein wirklich wohlhabendes Afrika nicht nur per se wünschenswert, sondern auch die beste Voraussetzung dafür, dass die Afrikaner in ihren Ländern bleiben können. In der Zwischenzeit mögen sich Zyniker mit dem Gedanken trösten, dass die Hilfe selten zur Entwicklung beiträgt, sondern eher als „geopolitische Prämie" für Verbündete im Hinterhof des Globus dient.

In einer Langzeit-Reportage mit dem Titel *The Uninvited* hat Jeremy Harding, Redakteur der *London Review of Books,* das Dilemma der „Entwicklungszusammenarbeit" ironisch auf den Punkt gebracht: „Die reichen Länder – zum Beispiel die Mitgliedsstaaten der EU –, die darauf hoffen, der Migration aus sehr armen Weltregionen durch einen umsichtigen Transfer von Ressourcen (dank bilateraler Abkommen, der Streichung von Zöllen und ähnlichem) entgegenzuwirken, sollten nicht allzu enttäuscht sein, wenn sie nach einer gewissen Zeit merken, dass ihre Maßnahmen zur Verbesserung der Lebensbedingungen in den Zielländern gescheitert sind. Denn ein Land, das es schafft, sein BIP, den Alphabetisierungsgrad seiner erwachsenen Einwohner und deren Lebenserwartung effektiv zu steigern – also eine allgemeine Verbesserung der Lebensumstände –, wird noch mehr Kandidaten für die Migration produzieren als ein Land, das damit zu kämpfen hat, nicht auf den untersten Rängen der Weltwirtschaft begraben zu werden."[99] In seinem Buch *Border Virgils: Keeping Migrants Out of the Rich World* beschreibt Harding die Konsequenzen dieser Beobachtung: „Krieg, Hunger und Zusammenbruch ganzer Gesellschaften haben nicht zu massiver Migration aus den Ländern jenseits der natürlichen Grenze geführt, die durch die Sahara gebildet wird. Aber erste Anzeichen von Wohlstand mögen sehr wohl eine größere Anzahl von Afrikanern dazu bringen, nach Europa zu kommen."

Warum? Die Ärmsten der Armen haben nicht die Mittel, um auszuwandern. Sie denken nicht einmal daran. Sie sind damit beschäftigt, über die Runden zu kommen, und das lässt ihnen kaum die Muße, sich mit dem Gang der Welt vertraut zu machen, und noch weniger, irgendwie daran teilzuhaben. Am anderen Ende, und das ist oft das andere Ende der Welt, reisen die Reichen derart häufig, dass sie glauben mögen, der Raum spiele keine Rolle mehr und die Grenzen lösten sich ohnehin langsam auf; ihre Reisefreiheit – die ein Privileg ist – mindert bei ihnen beträchtlich ihr Bedürfnis, sich anderswo einzurichten. Das ist bei denen, die knapp oberhalb des Existenzminimums überleben, nicht der Fall – sie würden sich gern in einem gelobten Land niederlassen. ,Rising Africa', das aufsteigende Afrika ist drauf und dran, diesen Skaleneffekt zu erleben: Gestern noch ohne die Mittel aufzubrechen, nähern sich heute große Massen in Afrika der Schwelle eines Wohlstands, wo für sie der Weg ins europäische „Paradies" beginnen kann.

99 Harding (2000) https://www.lrb.co.uk/v22/n03/jeremy-harding/the-uninvited und für das folgende Zitat: Harding (2012) Position 2459–2461

Die Umweltbelastung wird zum erschwerenden Umstand, der in bestimmten Teilen Afrikas aus der Migration einen Exodus machen könnte. Das gilt insbesondere für die Sahel-Zone, diesen breiten Streifen Dürreland, der sich im Süden der Sahara von Mauretanien bis nach Eritrea hinzieht, über Senegal, Gambia, Mali, Burkina Faso, Niger, Tschad und Sudan. In diesem mehr als sieben Millionen Quadratkilometer großen Gebiet – das entspricht etwa einem Viertel des afrikanischen Kontinents oder drei Vierteln der USA – lebten im Jahr 2015 ungefähr 135 Millionen Menschen. 2050 dürfte die Bevölkerung der Sahelzone bei rund 330 Millionen liegen – sieben Mal soviel wie im Jahr 2000 (wenn die Bevölkerungszahl Deutschlands im gleichen Tempo wachsen würde, stiege sie von 82 Millionen auf 574 Millionen). Die Fruchtbarkeitsrate in der Sahelzone – zwischen 4,1 und 7,6 Kindern je Frau – und dem entsprechend das demografische Wachstum – zwischen 2,5 und 3,9 Prozent jährlich – gehören zu den höchsten weltweit. Umgekehrt ist das BIP pro Kopf unter den niedrigsten in der Welt: 700 Dollar im Jahr in Eritrea und Niger und 2.000 Dollar in Senegal, Mauretanien und Sudan.

Der Bevölkerungsdruck, der auf dem „brauchbaren" Teil der Sahel-Zone lastet, und damit einem Bruchteil der Gesamtfläche, ist nur einer der Faktoren der Umweltbelastung – dazu kommen die Klimaerwärmung, die Abholzung der Wälder, die Auslaugung der Böden oder der Wassermangel. Die Welternährungsorganisation der Vereinten Nationen FAO schätzt, dass 80 Prozent der Böden in der Sahel-Zone „ausgelaugt" sind und ein Drittel der Bevölkerung an chronischer Unterernährung leidet. Die erratischen Regenfälle führen zwar zu widersprüchlichen Einschätzungen durch die Experten, einig sind sind sie sich allerdings darin, dass das die Durchschnittstemperatur in der Sahel-Zone bis 2050 um drei bis fünf Grad Celsius ansteigen wird. Das bedroht die Subsistenzwirtschaft der Bauern, die für den Lebensunterhalt der großen Mehrheit der Bevölkerung sorgen. Mitte des Jahrhunderts, wenn diese Bevölkerung sich weit mehr als verdoppelt haben wird, dürfte die Landwirtschaft in Burkina Faso um 13 Prozent zurückgegangen sein, und in Niger, Tschad und Sudan um 50 Prozent. Parallel dazu wird die – selbst im Kontext von Subsahara-Afrika, wo die Verstädterung insgesamt schon mit einer historisch einzigartigen Geschwindigkeit voranschreitet – rasante Urbanisierung weitergehen und damit das Risiko von Epidemien wie Cholera und Denguefieber in diesen Konglomeraten zunehmen, das oft mit hoher Bevölkerungskonzentration unter Elendsbedingungen einhergeht.

„Es ist schwer zu glauben, dass dieses wahnsinnige Bevölkerungswachstum in einer Weltregion, die ohnehin unter derart vielen Handicaps und Drohszenarien zu leiden hat, nicht in diversen Tragödien münden wird", fürchtet Serge Michaïlof, der sich besonders mit den vier Ländern im Zentrum der frankophonen Sahel-Zone beschäftigt hat, also Burkina Faso, Mali, Niger und Tschad.[100] Ihre Bevölkerung dürfte sich bis zum Jahr 2050 verdreifachen. Dabei leben diese Staaten schon heute von internationaler Hilfe, die mehr als zehn Prozent ihres BIP ausmacht, fast 40 Prozent ihrer Steuereinnahmen entspricht oder 60 bis 90 Prozent ihres Investitionsbudgets. Und sie leben schlecht davon. Es fehlen die institutionellen Voraussetzungen, um die Hilfe absorbieren zu können. Im Jahr 2014 hat zum Beispiel Niger einem Bericht der *International Crisis* Group zufolge „nur wenig mehr als die Hälfte der Entwicklungshilfe ausgegeben, die das Land erhalten hat" – trotz der bodenlosen Armut im Land und der unendlichen, oft dringendsten Bedürfnisse. Es mangelt also nicht an Entwicklungsprojekten. Nimmt man nur als Beispiel das nationale Bildungssystem in einem Land, in dem 60 Prozent der Bevölkerung jünger als achtzehn ist und 80 Prozent der Lehrer keine Ausbildung haben, die Einschreibquote in die Sekundarschule um 30 Prozent schwankt und die für den höhe-

100 Michaïlof (2015), S. 218

ren Bildungsweg um fünf Prozent, wo 80 Prozent der öffentlichen Schulen nicht über Trinkwasser verfügen und es in drei Viertel der Schulen keine Toiletten gibt – da gäbe es eine Menge zu tun. In Niger betreuen die lokalen Arbeitsämter 2014 lediglich etwa 1.500 Arbeitslose, während in dem Jahr 243.000 junge Leute neu auf einen Arbeitsmarkt kamen, der außerhalb des Minen- und Erdölsektors rund 4.000 Jobs zu bieten hatte. Im Jahr 2035 werden rund 572.000 jungen Leute neu auf den Arbeitsmarkt kommen – „eine Zahl, die deshalb relativ genau ist, weil diese künftigen Kandidaten für einen Job schon geboren sind", fügt Serge Michaïlof hinzu, dem ich all diese Angaben verdanke.[101]

Die Umweltbelastung ist eine doppelte Herausforderung für gute Regierungsarbeit, die sowohl dafür sorgen muss, ihre Ursachen zu reduzieren oder gar zu beseitigen, als auch ihre Folgen einzugrenzen. Auf der einen Seite wird oft darauf hingewiesen, dass Afrika keine größere Gefahr darstellt und die Luftverschmutzung hier nur für vier Prozent der gesamten von Menschen zu verantwortenden Emission von Treibhausgasen steht. „Das ist zwar richtig so, weil Afrika heute die ärmste und am wenigsten industrialisierte Weltregion ist, was ihm aber ohne Schwierigkeiten in den kommenden fünfzig Jahren den Preis für den am schnellsten wachsenden Energiebedarf einbringen wird", wenden Jean-Michel Severino und Olivier Ray ein. „Es gibt also auch ein Afrika, das seine Schlacht gegen die Erderwärmung zu schlagen hat."[102] Der Kampf hat bereits begonnen. Die Zunahmen von Dieselaggregaten zur Stromerzeugung, die Müllverbrennung, der Einsatz von Holzkohle zum Kochen, das hohe Alter des Fahrzeugbestands, während gleichzeitig eine Emissionskontrolle fehlt, all das führt zu einem derart katastrophalen Gemisch, dass Experten der OECD in einer Studie aus dem Jahr 2016 zugeben mussten, „man wisse

101 Ebd. S. 91
102 Severino / Ray (2010) Position 3778

schlicht nicht, welche Konsequenzen das in den kommenden Jahrzehnten haben wird"[103]. Die Bevölkerungswissenschaftler Jean-Claude Chasteland und Jean-Claude Chesnais schätzen ihrerseits, dass „die Länder mit großem Nachholbedarf die Spannungen auf den Energiemärkten vergrößern werden, folglich auch die Sorgen in Sachen Naturschutz. Die entscheidende Frage aber betrifft das Wasser: Nur 18 Prozent der Weltbevölkerung haben heute Zugang zu sauberem Trinkwasser und eigener Abwasserreinigung"[104].

Auf der anderen Seite können zwar bestimmte Regionen Afrikas – vor allem im Kongo-Becken – in Zukunft auf eine „grüne Rendite" setzen, andere aber werden die Hauptopfer des Klimawandels werden. Unter den zehn Ländern, die am stärksten durch die Erderwärmung bedroht sind, liegen sieben in Afrika: die Zentralafrikanische Republik, Eritrea, Äthiopien, Nigeria, Sierra Leone, Tschad und Sudan. Der Anstieg des Meeresspiegels bedroht 250 Millionen Bewohner der afrikanischen Küsten insbesondere in Westafrika, wo der Streifen zwischen Accra, der Hauptstadt Ghanas, und Lagos langsam dabei ist, zu einem zusammenhängenden urbanen Gebiet von 500 Kilometer Länge zu werden, in dem bis 2035 rund 50 Millionen Menschen leben dürften. Die ländlichen Lebensverhältnisse im Inneren des Kontinents sind nicht minder bedroht. Zwei Drittel der Bauern, Fischer und Jäger hängen hier von natürlichen Ressourcen ab und sind vollständig der Zerstörung der Umwelt in all ihren Formen ausgesetzt, vom fehlenden Feuerholz bis zu den Lecks an den Ölpipelines, genauso wie der Wilderei, der Ablagerung von toxischem Abfall oder der industriell betriebenen Überfischung.

Die Umweltbelastung ist abhängig von derart vielen Faktoren, dass sich die tatsächlichen Folgen kaum genau voraussagen lassen. Weltweit gehen bestimmte Schätzungen von bis zu

---

103 Vgl. Laurence Caramel in *Le Monde* vom 30. Juli 2017 („Un milliard de citadins dans vingt ans: l'Afrique est-elle prête?")
104 Chasteland/Chesnais (2006), S. 1015

200 Millionen „Umweltflüchtlingen" bis 2050 aus. Aber das ist unter den gegebenen Bedingungen kaum mehr als eine vage Vermutung. Ein konkretes Beispiel für ein Ökosystem, dessen Verfall an die 30 Millionen Menschen betrifft, bietet dagegen der Tschadsee, und betroffen sind die vier Anrainer Niger, Nigeria, Kamerun und Tschad.

In den 1960er Jahren erstreckte sich dieser flache Binnensee über eine Fläche von 25.000 Quadratkilometern; heute bedeckt er nur noch ein Zehntel dieser Fläche, und wenn es nicht zu einschneidenden Maßnahmen kommt, könnte er innerhalb von zwanzig Jahren gänzlich verschwinden. „Das Flusstal des Kongos, das eine der grünen Lungen der Menschheit ist, wird von den Bewohnern der Sahel-Zone überrannt werden, die dort Zuflucht suchen", erklärte der Präsident des Tschad Idriss Déby auf der Pariser Umweltkonferenz COP21 im Dezember 2015. Es existiert zwar ein Projekt, mit dem dieses Katastrophenszenario verhindert werden könnte: der Bau eines Kanals von 1.350 Kilometern Länge, um einen Teil des Wassers des Ubangi und der meisten seiner Zuflüsse umzuleiten. Aber das Projekt ist fast so alt wie die *Lake Chad Basin*-Kommission, die 1964 gebildet wurde. Seither ist es weder den Partnerländern gelungen, die nötigen Mittel zur Finanzierung des Projekts aufzubringen – rund 6,5 Milliarden Dollar – noch haben die Anrainerstaaten ihren Beitrag zu einer Lösung aufgebracht. Zum Beispiel im Tschad haben die Konflikte zwischen Hirtennomaden und sesshaften Bauern zugenommen, und die Regierung hat keine andere Antwort darauf gefunden als die gleichen, strikt militärischen Antiterrorismusmaßnahmen wie im Kampf gegen Boko Haram. Seit die islamistische Bewegung im Jahr 2009 ihren erst auf lokaler, dann auf regionaler Ebene geführten „Heiligen Krieg" aufnahm, sind rund 20.000 Menschen getötet und 2,4 Millionen vertrieben worden. Rund sieben Millionen leiden Hunger in einem Umfeld, das immer prekärer geworden ist. Eine schleichende Umweltkatastrophe und der grausame Kampf für ein Kalifat kommen hier zusammen. In allen Anrainerstaaten gilt die Region in Ufernähe des Sees für die Zentralmacht als Peripherie der Peripherie. Der Nordosten Nigerias zum Beispiel, wo Boko Haram zuerst auftauchte, bildet das Schlusslicht unter den sieben offiziellen „Zonen" des Landes, egal welche Parameter man auch anlegen will, das BIP pro Kopf, die Kindersterblichkeit oder den Alphabetisierungsgrad. Weil öffentliche Schulen in ausreichender Zahl fehlen, gehen Millionen von jungen Menschen in die *madrasa*, wo sie Koranverse auswendig lernen und als *talibé* überleben, als Almosensammler.

Das „Leben des Weißen Mannes" leben

Um die Lücke zu schließen, die es vom Rest der Welt trennt, hat Afrika eine Flucht nach vorn in Etappen angetreten. Sie führt aus seinen Dörfern, Städten, Hauptstädten und Metropolen nach Paris, London, Brüssel, nach Lissabon, New York oder in die *„Chocolate City"* Guanghzou und in viele andere Städte und selbst Dörfer in Europa, in Amerika oder Asien. Angesichts des Umstands, dass im Süden der Sahara mehr noch als in anderen Teilen der Welt eine „nationale" Kultur eine Chimäre ist, handelt es sich im Grunde immer um die gleiche Reise – die Suche nach Handlungsmöglichkeiten, auch wenn das Goldene Vlies und die Art und Weise, wie es gefunden werden kann, sehr unterschiedlich sein mögen.[105]. Wenn der Migrant seine Familie in Richtung unbekannt verlässt, tauscht er die Wirklichkeit gegen das Unbekannte ein. Er entscheidet sich für die Hoffnung statt für den Status quo, der ihm durch fehlende Chancen, die alltägliche Routine und oft genug Langeweile schlimmer erscheinen wird als die Unsicherheit. Bei all diesen Entscheidungen geht es eher um eine andere Art zu leben als um ein simples ökonomisches Kalkül. Als mein Kollege Charles Piot, ein Anthropologe von der *Duke University*, jungen Männern in Kuwdwé im Norden Togos, wo er Feldforschung betrieb, vorschlug, er könne ihnen das

105 Vgl. Hertrich / Lesclingrand (2013)

Motorrad doch kaufen, das sie sich ansonsten durch monatelange Arbeit in den Plantagen von Nigeria verdienen müssten, sodass sie im Dorf bleiben könnten, um der Familie zu helfen, lehnten sie ab. Warum? „Das Abenteuer …" Das ist das Passwort der Migration. Junge Afrikaner verlassen ihr Dorf, ihre Stadt, ihren Kontinent, weil sie dem erdrückenden Gewöhnlichen entkommen wollen, weil sie sich etwas Besseres erhoffen und etwas Größeres sehen wollen; sie brechen auf, um „den Zipfel einer Chance zu erwischen". Sie wollen gewinnen, und sie akzeptieren, alles zu verlieren, Hauptsache aber im Einklang mit dem Rest der Welt, sozusagen in UTC-Zeit, angegeben in *Universal Time Coordinated.*

1) Die erste Etappe der afrikanischen Migrationsbewegung ist die Landflucht, die seit rund einem Jahrhundert anhält; man kann es auch den „Magnetismus der Stadt" nennen. Auffallend dabei ist, dass weder Abschied noch Ankunft für immer gelten. Die Jungen stellen natürlich die traditionelle Hierarchie – eine Altershierarchie – im Dorf in Frage, und sie brechen auf, um in der Stadt etwas „aus sich zu machen". Viele von ihnen werden aber nie eine brauchbare Wohnung oder einen guten Job finden. Kein Wunder, dass sie die Brücken nicht ganz abbrechen. Im Gegenteil: Die meisten und vor allem auch diejenigen, die in der Stadt doch Karriere machen und es zu Wohlstand bringen, kehren regelmäßig zurück und bauen im Dorf ein Haus als Beweis für ihren Erfolg; weit davon entfernt, ihre Ursprünge zu leugnen, lassen sie sie neu aufleben. Die alten Dorfvorsteher ihrerseits nehmen dann doch lieber selbst in die Hand, was sie nicht verhindern können – vielleicht ein Beleg für ihre Art von Weisheit. Alles in allem ist es besser für ihre Autorität, wenn die, die gehen wollen, das als Emissäre tun, mithin als Botschafter des eigenen Dorfes in der weiten Welt statt als Abtrünnige oder verlorene Söhne. Zumal das Rückfahrticket seinen Preis haben wird: ein „Geschenk" zugunsten des Dorfes, eine Poliklinik, finanziert durch einen ehemaligen „jungen Rebellen", eine Schule, die durch einen erfolgreichen Politiker zustande kommt, der Transfer von Geldern durch ehemalige Dorfbewohner im Ausland …

In seinem Buch über die afrikanische Jugend *The Outcast Majority* berichtet der Forscher Marc Sommers von seiner Begegnung mit einer nicht mehr ganz jungen Frau, die als einzige weibliche Person an einem Programm für rund 20 junge ausgemusterte Kämpfer in der Ituri-Provinz im Nordosten der Republik Kongo teilnahm. Ihre Anwesenheit wunderte ihn. In einer Pause sprach er die Frau auf Swahili an und erfuhr so, dass sie nie Mitglied einer bewaffneten Gruppe gewesen war. Sie war da für ihren Sohn, der hatte zur Waffe gegriffen. „Wo ist er jetzt?", fragte er sie. *„Mjini"*, war ihre Antwort, „in der Stadt." „Und was will er da?" *„Maisha ya kizungu"*, kam als Antwort, „das Leben der Weißen führen."[106] Man kann kaum besser als mit diesen wenigen Worten die Triebfeder afrikanischer Migration beschreiben, vorausgesetzt man versteht es nicht auf schlicht wörtliche Weise, als wollten Afrikaner die Europäer imitieren. Meine deutsche Mutter äußerte unablässig den Wunsch, sie wolle „leben wie Gott in Frankreich". Das beschrieb für sie das größte Glück – auch wenn sie weder an Gott glaubte noch frankophil war.

Afrikanische Völkerwanderung gab es schon lange bevor „die Weißen" südlich der Sahara auftauchten. Es scheint sogar so, dass im präkolonialen Afrika so etwas wie ein „Wanderleben" nicht nur Vorrecht der Nomaden war, sondern, wenn man solche Verallgemeinerung für einen ganzen Kontinent wagen will, eher die Regel als die Ausnahme. Das ließ Grenzen im Sinne von Demarkationslinien, die ständig neu bestimmt und zwischen „unseren Leuten" und „den anderen" neu verhandelt werden mussten, weniger starr erscheinen als die heutigen Schlagbäume. Wie dem auch sei, auf diesen frühen Migrationsbewegungen fußt oft die heutige Migration. Waren die Malier bei den ersten Migrantenwellen, die in den 1970er Jahren in Frankreich eintrafen, nicht überrepräsentiert? Der Grund liegt in ihrer langen Migrationserfahrung in Westafrika, insbesondere aus dem

---

106 Sommers (2015), Position 1835–1840

Südosten Malis zu den Erdnussfeldern im Senegal. Die Sache war ihnen also vertraut, nur gingen sie diesmal etwas weiter. Die Folge ist ein klassisches Beispiel von Migrationsketten, nachdem die ersten Malier in Paris in den 70er-Jahren Arbeit als Straßenfeger gefunden hatten. Heute lebt ein Drittel der malischen Bevölkerung im Ausland, in den allermeisten Fällen immer noch in Westafrika, und Mali steht damit weiter ganz oben in der Hitliste der Länder, die Arbeitskräfte exportieren. Unbestrittener Spitzenreiter sind hier allerdings die Kapverden, einem Archipel von Vulkaninseln vor der Küste von Mauretanien und Senegal, gänzlich ohne natürliche Ressourcen. Die Diaspora dieser früheren portugiesischen Kolonie wird auf 700.000 Menschen geschätzt, während im Land selbst weniger als 600.000 Menschen leben.

Wenn man vom Dorf in die Stadt zieht und mehr noch, wenn man sich von heute auf morgen in der Hauptstadt wiederfindet, dann ist das ein radikaler Szenenwechsel, eine Art vollständiger Neustart fast aller alltäglichen Gewohnheiten und Verhaltenscodes. Zu Beginn der Landflucht, also vor der Unabhängigkeit, ließen sich die noch nicht so zahlreichen Neuankömmlinge in den gemischten Vierteln unweit der „weißen Stadt" nieder. Dieses europäische Stadtzentrum wurde oft auch „Plateau" genannt, weil es höher gelegen und weit ab der malariaverseuchten Tümpel und Sümpfe erbaut worden war. In Abidjan zum Beispiel war die „weiße Stadt" umringt von Vierteln wie Treichville oder Marcory, in denen kleine Häuser um große Höfe herum gebaut wurden, und hier entstand eine ganz neue kosmopolitische Lebensweise allein dadurch, dass man Tag für Tag in enger Nachbarschaft lebte. Aber sobald die ersten Wellen sich zu einer ganzen Flut entwickelten, konnten diese Viertel die vielen neu Eintreffenden nicht mehr aufnehmen, und die jetzt Ankommenden bleiben in Satellitenstädten „unter sich" – wie die Bétés und andere aus dem Westen der Elfenbeinküste in Yopougon, oder die Dioulas und mit ihnen andere aus dem Norden. Diese Schachbrett-Urbanisierung erklärt möglicherweise das Paradox, dass die afrikanische Stadt gleichzeitig ein

Nährboden von Urbanität ist – einem großartigen Gemisch aus Sprachen, Sitten und Bräuchen, von der Art sich zu kleiden bis zur Küche – und eine Brutstätte ethnischer Identität, die viel tiefer geht als das reflexhafte Misstrauen des Dorfbewohners gegenüber Unbekannten.

Eine „vernünftige Zahl" von Neuankömmlingen, der „richtige Rhythmus" bei Migrationswellen, auch die „Aufnahme-fähigkeit" oder „Toleranzschwelle" – all das sind hilflose Wunsch-begriffe beim Reden über Migration. Abstrakt gesehen gibt es irgendwann eine Art Gleichgewicht, das zu einer Win-win-Situation führt sowohl für die Dörfer, um nicht entvölkert zu werden, als auch für die Städte, um nicht überrannt zu werden: Die Argonauten können in ein richtig lebendiges Dorf zurück-kehren, womöglich mit dem Goldenen Vlies, und in den Städten werden Brücken gebaut, die nicht dazu dienen, Obdachlose hier hausen zu lassen. In der Wirklichkeit allerdings erweist sich eine Regulierung jedes Mal, wenn man sie durchzusetzen versucht, als unmöglich. „Die Rückkehr aufs Land" ist eine alte Leier in Afrika, noch älter als die euro-afrikanische „Entwicklungspart-nerschaft", aber genauso abgedroschen. Träume lassen sich nicht regulieren. Im Jahr 1983 gab es gegen Ende der langen Herrschaft von Julius Nyerere in Tansania die Kampagne *Nguvu Kazi* – „harte Arbeit" –, um junge, arbeitslose Städter in die Dörfer zurückzulocken – sie wurde zu einem totalen Reinfall. Weder in Khartum noch in Harare brachte der Einsatz von Bull-dozern, die riesige Slums zerstörten, die Bewohner dazu, in die Hütten in ihren Dörfern zurückzukehren. Kehren junge Städter getrieben von Hunger und Elend tatsächlich aufs Land zurück, und das geschieht selten genug, erbringen sie den Beweis, dass ihre Dörfern nicht mehr ihr „Zuhause" sind. Vor allem in Sierra Leone haben sich solche Rückkehrer als „verwöhnte Brut" erwiesen, schlimmer noch als der legendäre Moussa Wo. In Massen schlossen sie sich dem Aufstand der *Revolutionary United Front (RUF)* an, um ihre Mitbürger für den eigenen Misserfolg zahlen zu lassen, indem sie sie routinemäßig mit der Machete amputierten. Im Januar 1999 massakrierten sie in der

Hauptstadt Freetown viele Menschen oder verbrannten sie bei lebendigem Leibe in ihren Häusern im Verlauf eines Rachefeldzugs, der als *„Operation No Living Thing"* bekannt wurde.

Das Repertoire der Ablehnung

Die zweite Etappe der afrikanischen Migration, über die Provinzzentren oder die Hauptstadt des eigenen Landes hinaus, führt in die Metropolen der Region, nach Abidjan, Lagos, Nairobi oder Johannesburg. Zum ersten Mal überschreitet der Migrant nun eine internationale Grenze, und sofort stellen sich ihm all die Fragen, die mit seinem Migrantenstatus einhergehen. Der Wechsel des Landes wird nicht nur zu einer Erfahrung der Fremde – die eigene Position als Außenseiter, das Ungewohnte, die Desorientierung –, sondern auch eine juristische Angelegenheit. In einem falsch verstandenen „Panafrikanismus" neigen Beobachter dazu, die legalen Folgen und das Gefühl von Fremde zu unterschätzen, als müsste man sich „unter Schwarzen in Schwarzafrika" ganz „natürlich" verstehen und allen die Rechte einräumen, die den eigenen Staatsbürgern vorbehalten sind. Oft geht bei diesen „Panafrikanisten" damit die Tendenz einher, außerhalb Afrikas jede Opposition gegen eine Einreise von Afrikanern als Rassismus zu werten. Dabei sind südlich der Sahara auch ohne Rassismus die Register, die bei der Ablehnung von Fremden – oder einer größeren Zahl von Fremden – gezogen werden, die gleichen wie anderswo: Sie führen von begründeter Ablehnung bis zur mörderischen Menschenjagd und decken die ganze Breite demonstrativer Feindseligkeit ab.

Die widersprüchlichen Erfahrungen südlich der Sahara sind hilfreich, wenn man die Verbindung verstehen will, die zwischen den Rechten und dem Schutz, die Migranten gewährt werden, auf der einen Seite und der Überwachung der Grenzen sowie der Integrationspolitik auf der anderen Seite besteht. Grenzkontrollen sind fast überall in Subsahara-Afrika ein Problem – wegen der großen Landflächen vieler Staaten und wegen der weitverbreiteten Korruption bei den Grenzschützern. In Nigeria hat nach dem Ende des Erdölbooms die Ausweisung mehrerer Hunderttausend Fremder in zwei großen Wellen in den Jahren 1983 und 1985 das System „bereinigt". Seither reguliert sich ihre Zahl weitgehen von selbst, weil Einwanderer leichte Beute für Erpressung und Willkür bei den Beamten sind. Ein Gegenbeispiel ist die Elfenbeinküste während der mehr als dreißig Jahre langen Herrschaft von Félix Houphouët-Boigny. Einwanderer aus ganz Westafrika wurden von ihm ausdrücklich willkommen geheißen, um das Land aufzubauen. Ihnen wurden Rechte zugestanden, die denen der Einheimischen kaum nachstanden, sogar das Wahlrecht. Damit das hätte funktionieren können, hätte das System eine effektive Grenzpolizei gebraucht und eine Verwaltung, die in der Lage gewesen wäre, Schritt für Schritt den Integrationsweg zu definieren und zu überwachen, der aus einem Einwanderer unter bestimmten Bedingungen einen Bürger der Elfenbeinküste macht – nach einer gewissen Frist mit einer permanenten Aufenthaltsgenehmigung zum Beispiel oder als Ehepartner eines Einheimischen. Weil aber solche Voraussetzungen fehlten, lockte das „Wunder" der Elfenbeinküste innerhalb von vier Jahren zwischen 1976 und 1980 rund 1,3 Millionen Einwanderer in ein Land, das damals sieben Millionen Einwohner hatte. Im Jahr 1998 lebten 16 Millionen Menschen in der Elfenbeinküste, von denen 26 Prozent bei einer Volkszählung als „Ausländer" erfasst wurden. Letztlich sagte das nicht allzu viel aus, weil die Kategorie zu einem Sammelsurium wurde, das nicht unterschied zwischen Inhabern einer vorläufigen oder permanenten Aufenthaltsberechtigung oder Einwanderern der ersten, zweiten oder gar dritten Generation. Politisch gesehen aber wurde das Schlagwort von „einem Viertel Fremden" zu einer Splitterbombe, als das Land in der unsicheren Zeit nach Houphouët in den 1990er Jahren in eine Wirtschaftskrise geriet. Die Folgen sind bekannt: Der giftige Zwist um die *„Ivoirité"* – was genau soll das sein und wer gehört dazu? – führte zum Bürgerkrieg.

Die Krise der Elfenbeinküste geriet zum Bumerang in den Nachbarländern, die bis dato Arbeitskräfte in das Land exportiert hatten, allen voran Burkina Faso. Fast 1,5 Millionen seiner Staatsangehörigen lebten in der Elfenbeinküste. Mehrere Hunderttausend *Burkinabés*, die zwischen alle Fronten gerieten, entschieden sich zur Rückkehr „nach Hause". Für viele von ihnen aber, die oft seit vielen Jahren in der Elfenbeinküste lebten oder gar dort geboren waren, galt Burkina Faso längst nicht mehr als Vaterland. Und das ließen die *tenga*, „diejenigen, die in ihrem Geburtsland geblieben waren", die *kosweogo* auch spüren, also „die, die im Ausland lebten". Im Jahr 2002 brachten die Behörden von Burkina Faso ihre Bürger aus der Elfenbeinküste im Zuge der Operation *Bayiri*, der „Rückkehr ins Vaterland", in Sicherheit. Aber sechs Jahre später, nach den Krawallen wegen „der Arroganz, der Angeberei und dem kriminellen Verhalten"[107] der ins Land zurückgeholten Mitbürger in Ouagadougou und Bobo Dioulasso, änderte sich der Ton radikal. Mit großen Werbekampagnen versuchte man nun auf Plakaten und in TV-Spots, die *tenga* mit dem Slogan zu beruhigen, dass man es sich schon „verdienen muss, ein *Burkinabé* zu sein".

Jeremy Harding stellte 2000 die Frage, ob die „Anziehungskraft", die Südafrika auf den Rest des Kontinents ausübt, nicht erklärt, „warum schlussendlich so wenige Hände aus der Subsahara sich an die Fallgitter" der Festung Europa klammern. Seither allerdings hat die „Regenbogennation" reichlich an Anziehungskraft verloren. Die Zahl der Ausweisungen schnellte Anfang des Jahrzehnts in die Höhe – bis 2005 wurden allein rund 150.000 Simbabwer abgeschoben.[108] Nach 2008 nahm in vielen sudafrikanischen Townships die Gewalt gegen Immigranten zu, immer wieder wurde Jagd auf sie gemacht. Und seit 2018 gilt nach langer Debatte nun ein neues Einwanderungsgesetz. Viel unterscheidet es nun nicht mehr von der Verschär-

---

107 Beucher (2009), S. 100
108 Hiropoulos (2017), S. 1

fung der Zugangsregeln, die viele für Europa im Sinn haben, angefangen damit, dass Einwanderer mit lange geltendem Aufenthaltsrecht nicht mehr automatisch eingebürgert werden, bis hin zu einem Punktesystem, durch das die Einwanderer je nach Qualifikation ausgelesen werden. Nur dass man in Europa eine solche Reform nicht *Clean Sweep*, nennen würde, also je nach Geschmack in etwa: „Reiner Tisch" oder „Klar Schiff"…

Dass der herrschende ANC es für zwingend hielt, afrikanische Einwanderer vor die Tür zu setzen, untermauert die These Hardings, nach der Südafrika lange als Auffangbecken der überbordenden Migration auf dem Kontinent diente und die Einwanderung schließlich nicht mehr unter Kontrolle hatte. Die letzten offiziellen Zahlen gehen auf das Jahr 2011 zurück, denen zufolge sich möglichweise „eine halbe bis eine Million klandestine Einwanderer" zu den 2,2 Millionen Ausländern gesellten, die legal im Land leben. Seither dürften „eine Millionen Simbabwer" und eine unbekannte Zahl anderer Nationalitäten hinzugekommen sein. Sicher ist sich da niemand.[109] Aber wenn man auch alle Kategorien von Ausländern, einschließlich der Illegalen, zusammennähme und dabei auf geschätzte zwei bis drei Millionen Menschen käme, dann wäre das für ein Land mit 57 Millionen Einwohnern immer noch eine relativ überschaubare Zahl.[110]

Die letzte Etappe führt den afrikanischen Migranten aus seinem Kontinent heraus.

Also muss er weitere Hindernisse überwinden, zu allererst einmal ein Meer. Aber bevor wir uns dieser neuen Etappe zuwenden – der Reise, die man als die „Prüfung" bezeichnen könnte, nach dem „Abschied" und vor der „Integration" in eine neue Gemeinschaft im fremden Land –, tragen wir zunächst einmal zusammen, was uns die bisherigen Etappen an Einsichten gebracht haben. Zunächst einmal Pseudo-Abschiede und

109 Vgl. https://africacheck.org/reports/how-many-zimbabweans-live-in-south-africa-the-numbers-are-unreliable/
110 Hiropoulos (2017), S. 1

keine endgültige Ankunft, denn meist bleibt es für den Migranten zwischen Dorf und Stadt oder zwischen dem Heimatland und dem wichtigsten Land der Region bei einem Hin und Her. Ein jedes Mal scheint der Migrant mit dem französischen Musiker und Theatermann Jean Tardieu sagen zu wollen: „Wenn ich aufbreche, ohne mich umzudrehen, werde ich mich bald aus dem Blick verlieren." Die beiden Orte, die durch den Migranten so verbunden werden, sind damit einem doppelten Stresstest ausgesetzt: Der eine entsteht durch die Spannung zwischen dem anhaltenden Gefühl von Zugehörigkeit und seiner Hysterese – eine Art verspäteter Wirkung nach der Ursache: Der Migrant bleibt, nachdem er aufgebrochen ist, stets an seine „Ursprünge" gebunden, aber er klammert sich auch an das Land, das ihn aufgenommen hat, wie an einen Rettungsring. Der andere Stresstest ergibt sich durch die zahlreichen Transfers zwischen Ausgangs- und Zielpunkt der Migration, also dem Austausch von Nachrichten, Normen und Werten und nicht zuletzt Geld. Die Polarität zwischen den zurückbleibenden Eltern und dem Migranten, zwischen gemeinsamer Vergangenheit und getrennter Gegenwart und Zukunft führt oft zu einem Kurzschluss, der gewaltsame Entladungen verursachen kann. Aber oft überwiegt eine unentschiedene Ambivalenz: Der Migrant und diejenigen, die ihm den Aufbruch ermöglicht haben oder ihn sozusagen mit einer Mission fortgeschickt haben, bespielen die ganze Bandbreite verwirrender Gefühle und sich überschneidender Interessen. Das gemeinsame Ziel ist es, neue Türen zu öffnen, ohne einen Weg zurück zu verschließen. Wenn der Migrant sich gezwungen sieht, sich zu entscheiden, dann legt das Beispiel der jugendlichen Rebellen aus dem Süd-Sudan, die wir in einem der vorherigen Kapitel beschrieben haben, die Annahme nahe, dass das *Zuhause* über die *hakuma*, über die äußere Sphäre, obsiegt. Für den gescheiterten Pionier gilt: „Der Spatz in der Hand ist besser als die Taube auf dem Dach".

Wer macht sich nach Europa auf? Im Jahr 1957 veröffentlichte der franko-tunesische Schriftsteller Albert Memmi das Buch *„Portrait du colonisé. Précédé du Portrait du colonisateur"* (mit einem Vorwort von Jean-Paul-Sartre – deutsch: „Der Kolonisator und der Kolonisierte: zwei Porträts"). Er wollte damit einen Perspektivwechsel, einen Blick auf den jeweils anderen ermöglichen, bevor die Entkolonialisierung den frisch in die Unabhängigkeit Entlassenen letztendlich für immer von seinen entkräfteten, früheren Kolonialherren entfremdete. Ein vergleichbares „Spiegel-Porträt" ist kein einfaches Unterfangen in einem Moment, wo sich der alte Kontinent in den Augen einer rasant wachsenden Zahl von Afrikanern, die ein neues Leben in Europa aufbauen wollen, gerade neu entdeckt. Sicher, die Einwanderer werden jung sein. Und was immer ihre Religion sein mag, sie wird nicht mehr nur privat oder in einem abgezirkelten Bereich für den Gottesdienst praktiziert werden, sondern sie wird auch im öffentlichen Raum ihre Art zu leben prägen. Wegen des Dschihad steht der Islam in Europa unter Beobachtung. Aber der Essay *Le Nouveau Pouvoir* („Die neue Macht") von Régis Debray aus dem Jahr 2017 und die dadurch ausgelöste Debatte hat die Aufmerksamkeit auf den parallel verlaufenden Triumphmarsch der „neoprotestantischen Pfingstler" in den Banlieues in Frankreich gelenkt. Nicht dass der evangelikale Protestantismus, von dem es nebenbei bemerkt eine Menge Spielarten gibt, einem christlichen Terrorismus gleichzusetzen wäre. Dennoch zeigt sich Frankreich, die „erstgeborene Tochter der Kirche" seit Chlodwig I. im Jahr 496 zum Katholizismus übertrat, in religiösen Angelegenheiten etwas unsicher. Jedes Mal, wenn *wiedergeborenene* Christen missionieren, wird das schnell als „Amerikanisierung" wahrgenommen, und die Zunahme an Tempeln der *Born-Again* stellt für die französische Gesellschaft weit mehr als eine spirituelle Herausforderung dar. Das wird deutlich an der Reaktion von Olivier Abel, Professor für Evangelische Theologie an der Universität von Montpellier. In einem

Beitrag für *Le Monde* vom 30. August 2017 mutmaßt er, es gebe „einen tiefen kulturellen Bruch zwischen dem europäischen Protestantismus und dem amerikanischen, globalisierten Protestantismus, der über die alten Kolonien, Afrika, Lateinamerika und bald selbst China zu uns zurückkommt. (…) In naher Zukunft schon wird Afrika stark neo-protestantisch geprägt sein. Kinshasa, die größte frankophone Stadt der Welt und größer als Paris, ist mehrheitlich protestantisch. Die Franzosen haben keine Vorstellung von der demografischen, neo-protestantischen Zeitbombe, die auf sie wartet. Es liegt enorm viel Arbeit vor uns, eine Akkulturation in erfolgreiche Bahnen zu leiten, und dazu gehören die Schulbildung, die Musik und alle darstellenden Künste, aber auch die Theologie, die bei uns bereits als erledigt galt."

Afrikanische Migranten, die aus der Welt südlich der Sahara kommen, werden früh gelernt haben, sich an widrige Umstände ebenso wie an Andersartigkeit anzupassen – drei Viertel von ihnen haben zu Hause nicht die Nationalsprache „ihrer" Länder gesprochen, dieser ethnischen, religiösen und kulturellen Flickenteppiche, die die Kolonisatoren zusammengefügt hatten. Es ist vor allem diese alltägliche Erfahrung, die sie den Europäern im Tausch für ihr Stück vom Wohlstandskuchen anbieten werden: ihre Fähigkeit, umzugehen mit einer „Gleichzeitigkeit, die anderswo ein Nacheinander war", ein selbstgebastelter Multikulturalismus mit all seinem Einfallsreichtum. Dafür gibt es viele Namen in Afrika: auf Swahili *jua kali* – die „heiße Sonne" – in den frankophonen Ländern das „systéme D" oder „article 15", in Ghana *kalabule* oder *kanju* im Südwesten Nigerias auf Yoruba … Dayo Olopade ist Autorin eines lesenswerten Buches aus dem Jahr 2014 mit dem Titel *The Bright Continent. Breaking Rules and Making Change in Modern Africa*. Sie stammt aus Nigeria, ist in den USA aufgewachsen, hat ihren Abschluss in Yale gemacht und übersetzt all diese Ausdrücke mit einer Formel: „Mehr Darwin als Degas".[111] Will heißen: „In der Kultur geht es

---

111 Olopade (2014), S. 22

weniger um subjektive Schönheit als um praktische Lösungen und darum, viel mehr mit viel weniger zu erreichen". Wenn das der Input afrikanischer Migranten für Europa wäre, dann würde das allerdings die Weltsicht der Europäer um einiges verändern. Jean-François Bayart seinerseits betont vor allem die harte Prüfung, die man zu bestehen hat, um es bis Europa zu schaffen. Er schätzt, „dass die harte Erfahrung dieser Reise, die durch immer häufigere Polizeikontrollen ständig gefährlicher wird, wahrscheinlich eine neue Form von Subjektivität prägt – sie ist zu einer epischen Reise geworden, die Strategien von List und Täuschung erfordert, um das Kalkül des Gegners zu durchkreuzen. Dadurch entsteht eine Kultur der Klandestinität, mit einer ganz eigenen Art sich durchzuschlagen, die sich in Zukunft auch für andere Zwecke nutzen ließe."[112]

Ob das mit Gewohnheiten einhergeht, die sie im eigenen Land oder auf dem harten Weg, den sie zurückgelegt haben, angenommen haben – wie will man die jungen Afrikaner dafür tadeln, ihr Land verlassen zu haben, um „groß" zu werden?[113] Sie ergreifen ihre Chance. Da sie allerdings mit allen Mitteln aus ihren Ländern fort wollen, statt dort ihrer Unzufriedenheit Ausdruck zu geben und sich für eine Verbesserung einzusetzen, drückt das etwas aus über ihre Gesellschaften, das man zur Kenntnis nehmen sollte: Diese sind nicht nur dysfunktional, wenn es um Fragen des Bruttoinlandsprodukts, der Beschäftigung oder der Sozialsysteme geht, sie sind auch unfähig, Hoffnung zu erwecken, dem Streben nach Glück Raum zu geben. Wenn es richtig ist, wie Puschkin sagt, dass „das Unglück eine gute Schule ist, das Glück aber die bessere Universität", besitzen dann afrikanischen Migranten das richtige Diplom für ein Leben in Europa? Mir scheint, sie bringen nicht nur die Probleme ihrer Gesellschaften mit, sondern auch den Willen, sie in einem zukunftsträchtigeren Kontext zu lösen – in welchem Größen-

112 Bayart (2010), S. 138–139
113 Schmitz (2008), S. 8

verhältnis, das kann ich nicht sagen. Wie wir schon unterstrichen haben, fühlen sie sich im Einklang mit einer Modernität des American way of life, die aus der ständigen Veränderung der Lebensformen ihre einzige Tradition macht. Die jungen Afrikaner bringen nach Europa zurück, was Europa der Welt vermacht hat: „das Übel des Unbegrenzten". So hat Emile Durkheim umschrieben, was er als „Anomie"[114] verstand, nämlich das Fehlen von gemeinsamen Normen und Werten in einer Gesellschaft und die Zerrüttung sozialer Bindungen wegen der Unvereinbarkeit individuellen Handelns und gesellschaftlicher Standards. Wenn es zu viele konkurrierende Wertesysteme in einer Gesellschaft gibt, dann gibt es keine Werte mehr, die für alle gelten. „Das Übel des Unbegrenzten" drückt die Schattenseiten der Globalisierung gut aus: Es gibt keine Beschränkung mehr, aber immer noch Grenzen; die Bedürfnisse sind global, aber ihre Befriedigung bleibt lokal; der einzige von allen geteilte Verhaltenskodex ist die universelle Kodifizierung. Eher „globalisiert" als „globalisierend", leidet Afrika mehr als andere Teile der Welt daran, dem Unbegrenzten ausgesetzt zu sein.

Armut im weiteren Sinne eines Mangels an Möglichkeiten und dem Überfluss an verpassten Gelegenheiten ist ein täglicher Abnützungskrieg. Die Afrikaner, die sich entscheiden, nach Europa aufzubrechen, lassen die Arme hängen. Aber sie strecken nicht die Waffen, sie entkommen. Wer könnte ihre Erwartungen und oft Illusionen nachvollziehen, einmal angenommen, sie laufen zusammen? Ich schließe nicht aus, dass „das bessere Leben", von dem Migranten oft reden, vielleicht nichts anderes ist als „eine Lebensweise wie in der Dritten Welt auf einem europäischen Lebensstandart" (in den Worten der französischen Bevölkerungswissenschaftlerin Michèle Tribalat). Gleichzeitig halte ich aber fest, dass Yaguine Koita und Fodé Tiunkara, die beiden Jungen aus Guinea, die 1999 im Fahrwerk eines Flugzeugs, das

---

114 Durkheim äußerte sich dazu 1893 in dem Text *De la division du travail social (Über soziale Arbeitsteilung)* und entwickelt das Konzept fünf Jahre später weiter in *Le Suicide.*

nach Brüssel unterwegs war, erfroren sind, in dem Brief, den man bei ihnen fand, von ihrem Wunsch schrieben, etwas zu lernen („wir haben zu viele Schulen, aber einen riesigen Mangel an Erziehung und Bildung"). Wie dem auch sei, die schlimmste Antwort, die man den afrikanischen Migranten geben kann, ist „die Politik des Mitleids" (Hannah Arendt). Bevor wir darauf im nächsten Kapitel zurückkommen – im Kontext der „Migrations-begegnung" ein Jahrhundert nach der „kolonialen Begegnung" zwischen Europa und Afrika –, sollten wir uns die große „Prü-fung" genauer anschauen, die die Migranten auf dem Weg in den alten Kontinent durchlaufen müssen.

Erinnern wir zunächst daran, dass die „unerwünschten Gäste" von heute – *The Uninvited* – die geladenen Gäste von gestern sind. Bis zur Ölkrise von 1973 hat Europa, koste es, was es wolle, bilaterale Vereinbarungen abgeschlossen, um Arbeits-kräfte anzulocken, die sogenannten „Gastarbeiter", die dringend für das eigene Wachstum gebraucht wurden. Es lohnt sich auch, daran zu erinnern, dass auch außerhalb dieser Anwerbungen Menschen aus dem südlichen Afrika ohne Visa-Einschränkun-gen nach Europa kamen. Das war nicht nur ein „nachkolonialer Bonus" wie in Frankreich bis 1986, das war auch in anderen Ländern gang und gäbe, so etwa in Italien bis 1990 für Senega-lesen. Im Nachhinein kann man sich fragen, ob diese Laissez-faire-Politik mit dem weniger streng kontrollierten Grenzüber-tritt, die sicherlich auch zum Missbrauch einlud, nicht vielleicht eine Autoregulierung des Migrationsflusses in Abhängigkeit von Angebot und Nachfrage auf dem Arbeitsmarkt und von der Konjunktur im Allgemeinen eher gewährleistet hat. Visa-Ein-schränkungen und strengere Einreisekontrollen dagegen haben nicht nur zu einem völligen Zusammenbruchs des Systems im Sommer 2015 geführt, vor allem haben sie die Tür für eine be-grenzte Rückkehr ins Heimatland versperrt, weil man ja Angst haben muss, später nicht mehr eingelassen zu werden. Heute bleibt der Migrant, auch wenn es ihm schlecht geht, in Europa. Die Lösung liegt sicherlich nicht in einer neuen Politik der offe-nen Tür, die zu einer „Invasion" Europas führen würde – das

Schreckgespenst populistischer Bewegungen quer durch den Kontinent, die Einwanderung *aus Prinzip* ablehnen. Aber neue Formen einer Art „Kreismigration" – mit Mehrfach-Visa oder sogar Aufenthaltsgenehmigungen für zwei oder drei Jahre, die nach einem nationalen Quotensystem vergeben würden, wobei ein neuer afrikanischer Migrant eingelassen wird, wenn einer seiner Mitbürger zuvor ausgereist ist – könnten die Selbstregulierungseffekte des Arbeitsmarktes nützen und zusätzlich die Gestaltung der Migrationsströme zu einer *gemeinsamen* Aufgabe von Europa und Afrika machen.

Derweil bleibt das Mittelmeer das Testgelände für die Beziehungen zwischen Afrika und Europa. Für Europäer, die sich schwerlich vorstellen können, was es wirklich heißt, „mit einem Dollar am Tag zu leben", sind die unzähligen Pfade durch die Sahara, die bis zu ihrem *Mare nostrum* führen, zweifellos nicht zu überschauen. Der Versuch, den „*ralleyistes*" – den Migranten also, die die Sahara auf solchen Pfaden durchqueren – zu folgen, würde Journalisten unkalkulierbaren Risiken aussetzen, nicht zuletzt das, von den Dschihadisten als Geisel genommen zu werden. Die Risiken für die Migranten selbst sind daher auch von ihnen kaum angemessen zu gewichten. Die Internationale Organisation für Migration IOM schätzte nach einer Untersuchung der Jahre 1996 bis 2013, dass in der Zeit „mindestens 1790 Migranten bei dem Versuch, die Sahara zu durchqueren, ums Leben gekommen sind",[115] also im Durchschnitt etwa einhundert pro Jahr. Wie auch immer die genaue Zahl sein mag, eine breitere Öffentlichkeit in Europa erhält von der kriminellen Logistik bei dieser Durchquerung der Sahara nur selten Kenntnis. Es gibt dabei „Jäger", die die Migranten zu „Ghettos" treiben, womit improvisierte Unterkünfte gemeint sind, wo sie gesammelt werden und auf ihre Abreise warten; dann gibt es „Fixer" auf Mofas, die die Konvois wie ein Mückenschwarm begleiten und die Polizisten an den diversen Straßensperren bestechen,

115 IOM, 2014, S. 12

um den Weg für ihre menschliche Ladung freizumachen. In Agadez, dem „Tor zur Wüste" im Nordosten des Niger, bilden rund 70 „Ghettos" eine ziemlich eigentümliche Hotel-Infrastruktur für rund 10.000 Migranten pro Monat auf ihrem Weg nach Libyen. Im ehemaligen Land Ghaddafis dienen sogenannte *gidambishi* – „Kredithäuser" – als Gefangenen- und Folterzentren für diejenigen Migranten, die keinen Pfennig mehr haben. Ihre Photos, die sie in erbärmlichem Zustand zeigen, ausgehungert und von Schlägen entstellt, werden auf Facebook gepostet, um so von den Angehörigen im Heimatland ein Lösegeld für ihre Freilassung zu erpressen.[116] Wenn sie nicht auf „Sklavenmärkten" verkauft werden, wie es CNN im November 2017 aufgedeckt hat. Warum wählen die Migranten trotz dieser Misshandlungen und obwohl schon 400.000, wenn nicht gar eine Million von ihnen in Libyen festsitzen, nicht den Weg über Algerien? „Die Strecke über Arlit [in Niger] nach Algerien ist die gefährlichere Route", konnte man einem Bericht der *Africa-Frontex Intelligence Community* aus dem Jahr 2016 entnehmen, „und wird meist nur von den ärmsten Migranten genommen".[117]

Das Mittelmeer ist für die Medien zum Fokus eines „Kriegsspiels" (Jeremy Harding) geworden, an dem Migranten, Schleuser, Grenzwachen und Hilfsorganisationen beteiligt sind. Der juristische, logistische, politische und Sicherheitsrahmen dafür ist ständiger Veränderung unterworfen. Einige Beispiele: 2005 gründete die Europäische Union zur Sicherung der Gemeinschaftsgrenzen die Agentur Frontex mit Sitz in Warschau; 2010, also ein Jahr vor seinem Fall, verlangte Oberst Gaddafi von der EU einen Beitrag von fünf Milliarden Euro jährlich, um die Migranten davon abzuhalten, das Mittelmeer zu überqueren; sonst, so drohte er „wird Europa morgen nicht mehr europäisch sein"; am 18. März 2016 – nach dem Rekordzufluss im Vorjahr – stimmt die EU der Zahlung von sechs Milliarden Euro (in zwei

116 Vgl. Jérôme Tubiana, *LRB* vom 15. Juni 2017, S. 14
117 FRONTEX (2016), S. 14

Raten) an die Türkei zu, damit sie die schätzungsweise drei Millionen syrischen Flüchtlinge daran hindert, die Ägäis zu überqueren, und sie stattdessen auf türkischem Boden festhält; nach dem Muster dieser Vereinbarung – finanzielle Hilfe im Tausch gegen Polizeieinsätze – hat die EU seit 2016 mit fünf afrikanischen Ländern, nämlich Äthiopien, Nigeria, Niger, Mali und Senegal, sogenannte „Flüchtlingskonventionen" ausgehandelt, um die menschlichen Wanderdünen am Horn von Afrika und in der Sahelzone aufzuhalten. Diese Strategie zielt auf etwas, das Jean-Christophe Rufin schon kurz nach dem Fall der Berliner Mauer – mit einer analytischen Klarheit, die an Hellseherei grenzt – in seinem Buch *L'Empire et les nouveaux barbares* von 1991 vorausgesagt hatte: nämlich den Bau eines neues *Limes* wie bei den alten Römern, eines vorgerückten Walls zur Verteidigung der europäischen Zivilisation. Nur dieses Mal besteht der Wall aus Geld.

Es sind oft die besten Absichten, die die Wirklichkeit verschleiern, wie eine Träne, die den Blick trübt. Das Foto des kleinen dreijährigen, syrischen Jungen Aylan Kurdi, ertrunken und am 2. September 2015 an einen türkischen Strand gespült, lässt niemanden kalt. Es wurde zu einer ikonographischen Darstellung für das Sterben auf dem Weg nach Europa. Hätte es aber die gleichen Gefühle ausgelöst, wenn dem Betrachter bekannt gewesen wäre, dass Aylans Familie in einem relativ sicheren Land lebte, der Türkei, wo sein Vater einen festen Job hatte? Oder dass die Familie nach Kanada, nicht nach Europa, auswandern wollte, aber dafür kein Visum bekommen hatte? Um das Drama richtig einzuordnen, sollte man nicht vielleicht darauf hinweisen, dass in dem Jahr, als Aylan starb, das Risiko, bei der Überfahrt über das Mittelmeer mit einem Seelenverkäufer unterzugehen, bei 0,37 Prozent lag? Das zeigt eine einfache Dreisatzrechnung: Im Jahr 2015 haben 1.015.078 Migranten europäisches Ufer erreicht, während 3.771 Migranten „auf See verloren oder als vermisst gemeldet" wurden. Im gleichen Jahr lag das Risiko für eine Frau in Südsudan, bei der Entbindung zu sterben, nach Zahlen der Weltbank bei 1,7 Prozent – es ist der schlimmste Ort, um ein Kind auf die Welt zu bringen.[118] Die Mütter in Südsudan gingen folglich ein Risiko ein, das viereinhalb Mal höher war als das eines Migranten, im *Mare nostrum* umzukommen, das als „Friedhof unter freiem Himmel" bezeichnet wurde, als „Schande Europas" und gar als Ort eines „stillen Völkermords".[119]

Außerhalb eines bekannten Kontexts ist es nie einfach, eine Gefahr richtig einzuschätzen. Erst recht ist es für Freunde des „Vorsichtsprinzips" schwierig, sich eine Vorstellung davon zu machen, welche Risiken Afrikaner in ihrem Alltag eingehen. Wenn westliche Journalisten und ihr Publikum nur manchmal daran denken würden, bevor sie wieder die vorgestanzten Formeln anbringen von den Migranten, „die dem Tod trotzen", um der „Hölle" Afrikas zu entkommen (was übrigens dann in anderen Reportagen als der „kommende Kontinent" gefeiert wird). Hier also ein paar Zahlen zum Risiko, das mit der Überfahrt über das Mittelmeer in den letzten Jahren verbunden war, und zum Vergleich ein paar Angaben aus Europa als Orientierungshilfe: Im Jahr 2015 war das Risiko, im Mittelmeer umzukommen (mit 0,37 Prozent) geringer als in Frankreich das Risiko für eine Person, die älter als 45 Jahre war, einen Schlaganfall zu erleiden (0,45 Prozent); im Jahr 2016 haben 363.000 Migranten das *Mare nostrum* überquert, und dabei sind 4.576 ertrunken oder gelten als vermisst, das heißt 1,3 Prozent – das entspricht dem doppelten Risiko, nach einem chirurgischen Eingriff in einem industrialisierten Land zu sterben – oder auch dem doppelten Risiko, unter einer einfachen Anästhesie im Süden der Sahara zu sterben; in den Monaten Januar bis August 2017 haben 126.000 Migranten das Mittelmeer überquert, und 2.428 von ihnen wurden als vermisst gemeldet, also mit 1,92 Prozent etwas weniger als die Todesrate nach Herzoperationen in Westeuropa (zwei Prozent).

118 Vgl. http://data.worldbank.org/indicator/SH.STA.MMRT. Insgesamt lag im südlichen Afrika das Risiko im Kindbett zu sterben, 2015 bei 0,99 Prozent.
119 Brunel (2014), Position 2420

Jemand, der einen Angehörigen bei einem Flugzeugabsturz verliert, wird keinen Trost in dem Gedanken finden, dass ein Passagier statistisch gesehen jeden Tag über 123.000 Jahre lang in ein Flugzeug steigen könnte, bevor er bei einem Absturz stirbt. Genauso wenig ändern die erwähnten Risikoeinschätzungen etwas an dem tragischen Tod des kleinen Aylan Kurdi und all der anderen, die im Mittelmeer ertrunken sind. Allerdings muss man das Offensichtliche zur Kenntnis nehmen: Die afrikanischen Migranten gehen ein kalkuliertes Risiko ein, um nach Europa zu gelangen – ganz ähnlich dem Risiko, das sie normalerweise in dem Alltag eingehen, den sie hinter sich lassen wollen.

Auch wenn das Risiko zum Glück begrenzt ist, fragt man sich natürlich, warum es weiter ansteigt, wo doch die Blicke der ganzen Welt auf das Mittelmeer gerichtet sind und die Hilfseinsätze besser werden. Antwort: Die humanitäre Hilfe ist zu gut! Tatsächlich nähern sich die Rettungsschiffe immer mehr den libyschen Gewässern, und wenn dort Schiffbrüchige in Gefahr geraten, zögern die Helfer nicht, in libysches Hoheitsgebiet einzudringen, um Migranten in Sicherheit zu bringen.[120] Obgleich die Schlepper eine immer größere Zahl von Migranten auf immer unsichereren Booten losschicken (meist Schlauchboote von neun Meter Länge, in China hergestellt, auf denen sich 130 Menschen drängen). Im Tausch gegen einen Preisabschlag für die Überfahrt wird einer der Passagiere mit der „Navigation" beauftragt und damit, Hilfe zu rufen, wenn internationale Gewässer erreicht sind. Dafür überlässt man ihm einen Kompass und ein Satellitentelefon, Marke Thuraya. In der Vergangenheit wurde ein anderer Passagier, der dann ebenfalls für weniger Geld mitfahren konnte, als „Kapitän" ausgewählt und musste den Außenbordmotor bedienen. Da die Preise für diese Motoren aber in die Höhe geschossen sind (im Sommer 2017

120 *The New York Times* vom 14. Juni 2017: https://www.nytimes.com/interactive/2017/06/14/world/europe/migrant-rescue-efforts-deadly.html

lagen sie in Libyen bei über 8.000 Euro), gilt es nun, die Außenbordmotoren wieder zurückzubekommen. Die Schleuser geleiten die Migranten deshalb bis an die Grenze der nationalen Hoheitsgewässer und verschwinden dann mit dem Motor auf einem anderen Boot, während sie ihre Kunden dem Schicksal überlassen – das heißt einer Übernahme der Ladung durch die Hilfsorganisationen … Die ihre Aufgabe gut erfüllen, und vielleicht zu gut – also das Risiko vergrößern, dass die Migranten immer weniger darauf achten, wie seetüchtig die Boote sind, die die Schlepper bereitstellen. Im Laufe der ersten sechs Monate des Jahres 2017 wurden so rund 93.000 Migranten in Sicherheit gebracht und nach Italien transportiert, das heißt fast drei Viertel aller, die in diesem Zeitraum das Meer überqueren wollten.[121]

Seit dem Sommer 2017 hat sich die Lage im Mittelmeer noch einmal verändert. Die „humanitäre Falle", die Schlepper verleitete, ihre ohnehin schon sehr niedrigen Sicherheitsstandards weiter zu senken und die Migranten eher auf schwimmende Gummiinseln als auf fahrbereite Boote zu locken, und die – möglicherweise wichtiger für eine wachsende Anti-Einwanderer-Stimmung in Italien, wenn nicht überhaupt in der EU – einen ständigen Zufluss von Migranten aus Afrika nach Europa aufrecht hielt, ist weitgehend aufgelöst. Schon vor dem Regierungswechsel in Rom hatte sich Italien mit den libyschen Warlords geeinigt und die libysche Küstenwache weiter aufgerüstet. Seitdem die Anti-Einwanderungskoalition in Italien 2018 an die Macht kam, wurde Schiffen der Hilfsorganisationen der Zugang zu italienischen Häfen verwehrt. Darüber hinaus wurde das Schicksal von Zehntausenden von Migranten, die 2015 nach Europa kamen und seither quer durch den Kontinent irren, zum politischen Spielmaterial für die EU-Ländern, die sich über „Sekundärflüchtlinge" streiten – ein höflicher Begriff für die schlichte Weigerung, noch einen weiteren Migranten im eigenen

---

121 Jason Horowitz, *The New York Times* vom 21. Juli 2017 („For Right-Wing Italian Youth, A Mission to Disrupt Migration"): https://www.nytimes.com/2017/07/21/world/europe/for-right-wing-italian-youth-a-mission-to-disrupt-migration.html

Land zu akzeptieren, um sie stattdessen bei den Nachbarn abzuladen. Auch wenn diese sich noch entwickelnden Nachrichtengeschichten für die Zukunft Europas und Afrikas von großer Bedeutung sein mögen, sind sie hier nur insofern von Belang, als sie – leider – die Hauptaussage dieses Buches bestätigen: Weder Europa noch Afrika haben das Ausmaß der Herausforderungen erfasst, die vor ihnen liegen. Beide Kontinente sind auf den „Zusammenstoß mit der Migration" in einem ungeheuer viel größeren Maßstab nicht vorbereitet.

Für eine kritische Masse Afrikaner, deren Lebensbedingungen mittlerweile eher frustrierend als zum Verzweifeln sind, hat sich ihr Kontinent in einen Wartesaal verwandelt. Wie viele von ihnen werden sich von jetzt an bis zum Jahr 2050 nach Europa auf den Weg machen? An die 150 Millionen, wie wir gesehen haben, wenn Afrika dem Beispiel Mexikos beim Weg aus der absoluten Armut heraus folgt. Aber dabei handelt es sich lediglich um eine Annahme, die auf einem historischen Präzedenzfall fußt. Die einzige Gewissheit für den Moment ist die, dass sich eine gigantische „Migrationsbegegnung" zwischen Afrika und Europa anbahnt. Abhängig von den Umständen wird dieser Zusammenstoß zu einer mehr oder weniger großen Wette auf die „Diversität" werden – einem Schlüsselwort, das man gründlich hinterfragen sollte. Der Begriff entzweit die Geister: Die Gegner solcher Vielfalt werden oft der Fremdenfeindlichkeit, wenn nicht gar des Rassismus bezichtigt; die Partisanen der Vielfalt werden oft verdächtigt, die nationale Identität schwächen zu wollen, oder für die, die allergisch gegen diesen Begriff sind: das, was einen Staat im Inneren zusammenhält, wo ansonsten die Staatsangehörigkeit auf einen Mietvertrag reduziert würde.

Die Migration aus Afrika ähnelt einem Springbrunnen mit mehreren überlaufenden Becken. Die Landflucht hat hunderte Millionen von Menschen aus den Dörfern in die Städte gespült, ohne aber die Dörfer menschenleer zurückzulassen – derart kräftig ist das Bevölkerungswachstum; viele der ehemaligen Dorfbewohner haben sich in den Hauptstädten – inzwischen „makrozephale" Riesenkörper – oder in anderen Megacitys niedergelassen; auf der Suche nach besseren Chancen haben manche von ihnen ihren Weg fortgesetzt, Grenzen überschritten und sich in einem Nachbarland eingerichtet, oft in der Metropole der Region; und schließlich – dabei entsteht nach und nach ein Netzwerk von Schleusern – verlässt eine wachsende Zahl von Migranten ihren Kontinent, meist, aber nicht ausschließlich Richtung Europa.[122] Sofern sie dort einen Job finden, werden sie zu hilfreichen „Kopf-" oder „Handarbeitern" in den Augen von Arbeitgebern, Politikern oder Fachleuten, die die Vielfalt als demografische Notwendigkeit sehen. In dieser Optik sind das junge Afrika und der alte Kontinent wie für einander gemacht. Die Jugendblase dort kann die Rentnerblase hier ausgleichen. Schlicht gesagt: Die Afrikaner können als „Rentenfutter" für ein Europa dienen, das im Austausch einen Ausweg für Junioren bieten kann, die zu Hause nicht zum Zuge kommen.

Soll man „die Afrikaner" nach Europa lassen? Oder muss man sie an den Grenzen „aufhalten" oder wenigstens – *horresco referns* – filtern? Würde der alte Kontinent einen Zusammenbruch seines Rentensystems überleben? Oder muss er akzeptieren, dass ein Viertel der Einwohner Europas im Jahr 2050 junge „Afrikaner" sein werden, wenn er seine Sozialsysteme auch nur auf einem Mindeststandard halten will?[123] Die Diskussion um Einwanderung ist immer schon mit Leidenschaft

---

122 Auch die Migration aus Afrika in die USA, wenngleich zahlenmäßig geringer, ist in den letzten Jahren stark genug angestiegen, um Aufmerksamkeit auf sich zu ziehen. In der Ausgabe vom 1. September 2014 berichtete etwa die *New York Times* (,Influx of African Immigrants Shifting National and New York Demographics'), zehn Prozent der Bewohner der Bronx in New York seien Afrikaner. Die Zahl afrikanischer Einwanderer im ganzen Land stieg dem Bericht zufolge zwischen 2000 und 2011 um 39 Prozent, und die Zeitung fügte hinzu: „In diesem einen Jahrzehnt kamen verlässlichen Schätzungen zufolge also mehr schwarze Afrikaner auf eigene Initiative ins Land als in drei Jahrhunderten Sklavenhandel direkt von Afrika nach Nordamerika importiert wurden" – nämlich rund 400.000 Menschen. Einer Studie des *Pew Research Center* zufolge wuchs die Zahl der Afrikaner in den USA von 80.000 im Jahr 1970 auf 881.000 im Jahr 2000 und 2,1 Millionen 2015. Zwischen 2000 und 2013 nahm die Migration aus Afrika in die USA um 41 Prozent zu, stärker als bei jeder anderen Gruppe. Im Jahr 2016 machten Afrikaner 37 Prozent aller Asylsuchenden in den USA aus.

123 Nach der bereits erwähnten UN-Studie (UN Population Division, 2000, S. 90) wären 79,4 Millionen Einwanderer im Laufe von 45 Jahren erforderlich, um in Europa die Arbeitsbevölkerung auf dem Niveau von 1995 halten zu können. In diesem Szenario wären im Jahr 2050 in Europa 25,7 Prozent der Bevölkerung Einwanderer der ersten oder zweiten Generation.

geführt worden, und das wird wahrscheinlich in Zukunft zunehmen. Jedes Wort zählt dabei, oft mehr wegen seiner unterschwelligen Bedeutungen als in seinem eigentlichen Sinne. Daher rühren die zahllosen, allein den jeweiligen Absichten geltenden inquisitorischen Verfahren, die die Argumentation ersetzen. Die einen fürchten permanent, ihre „Seele" zu verlieren, die anderen wollen vor allem beweisen, dass sie eine haben. Nur bei seltenen Gelegenheiten wird diese Fehde durch einen Ausbruch von Menschlichkeit unterbrochen. Das war zum Beispiel am 28. Mai 2018 so, als Mamoudou Gassama, ein 22 Jahre alter illegaler Einwanderer aus Mali einen Vierjährigen rettete, der an einem Balkon in Paris hing.[124] Blitzschnell hatte Gassama an der Fassade die fünf Stockwerke des Hauses überwunden und den Kleinen in Sicherheit gezogen. Das Video der Rettungsaktion ging viral. Woraufhin der *sans-papier* – der Einwanderer ohne Papiere – von Präsident Macron in den Elysée Palast eingeladen wurde. Macron bot ihm als Belohnung für seine Tat die französische Staatsbürgerschaft und einen Job bei der Pariser Feuerwehr an.

In diesem Kapitel möchte ich dazu beitragen, die Debatte um die Einwanderung von Afrikanern nach Europa zu „entmoralisieren". Es geht nicht darum, zwischen Gut und Böse zu entscheiden, sondern das Gemeinwesen im Interesse seiner Bürgerinnen und Bürger zu regieren. Migrationsbewegungen sind so alt wie die Welt, und sie werden kaum aufhören. Ihre Zunahme zwischen Afrika und Europa erfordert ein Umdenken, um einen möglichst breiten Konsens bei der Einwanderungs*politik* zu erreichen. Man muss den Migrationsdruck zur Kenntnis nehmen und von dieser Realität ausgehen, um zu einer Entscheidung zu kommen: Welche Migranten soll man aufnehmen, wie viele und zu welchen Bedingungen? Dabei scheinen mir zwei prinzipielle Voraussetzungen wesentlich. Auf der einen

124 Vgl. etwa https://www.nytimes.com/2018/05/28/world/europe/paris-migrant-hero-spiderman.html

Seite darf man den Sinn für Humanität nicht verlieren, die man angeblich im Kampf gegen eine „Invasion" verteidigt. Auf der anderen Seite darf man seinen ganz realen Mitbürger nicht opfern zugunsten einer scheinbar universell geltenden Abstraktion, nämlich „den" Einwanderer, den man sich wie ein „Mann ohne Eigenschaften" vorstellt. In Sachen Einwanderung scheint mir blauäugige Menschenliebe nicht weniger gefährlich als nationalistische Egoismen und jedweder Blut-und-Boden-Kult.

Man soll die Rechnung nicht ohne den Wirt machen

Ich gehe von folgender Voraussetzung aus: Wir alle nehmen an der großen Bevölkerungsumschichtung teil, die derzeit im Gang ist – sei es als Migranten, als diejenigen also, „die woanders hingehen", sei es als „Gastgeber", als diejenigen also, die „Fremde aufnehmen" (wir sind im Lateinischen alle *hospes*, das Wort, das sowohl den „Wirt" als auch den „Gast" bezeichnet, auch den fremden Gast, wenn er nicht als *hostis* – als „Feind" – kommt). Die Migranten sind die Pioniere eines neuen Lebens anderswo. Sie verlassen einen Ort und lassen sich am Ende einer Reise, für die Passierscheine nötig sind oder die als Odyssee im Untergrund verläuft, an einem anderen Ort nieder, der ihnen vorteilhafter erscheint. Ich habe anfangs der Einfachheit halber von einer aktiven und einer passiven Rolle bei der Globalisierung gesprochen. Aber das ist nicht ganz richtig. Denn sowohl die „Globalisierer" als auch die „Globalisierten" haben beide die Möglichkeit zu agieren, je nach Bewegungsspielraum, auch wenn der nicht der gleiche ist. Zum Beispiel haben sich afrikanische Nutzer das Mobiltelefon auf tausendfache Weise sehr kreativ zu eigen gemacht; dennoch beherrschen sie die neue Kommunikationstechnologie in einem ganz engen Sinn nicht: Sie wurde importiert und wird immer noch im Wesentlichen außerhalb ihres Kontinents weiterentwickelt. Präziser müßte ich mithin sagen: Die Möglichkeit zu agieren, ist auf der Welt ungleich verteilt, so ungleich wie der Reichtum.

Zu dieser Ungleichheit kommt noch eine weitere hinzu, und sie hat mit der Verteilung der „Weltzeit" zu tun. So nannte der Historiker Fernand Braudel die gegenwärtige Zeit, die „Gegenwärtigkeit" oder „Gleichzeitigkeit", wenn man so will. Sie verlangt vom Einwanderer genauso wie von seinem Gastgeber, dass sie ständig die Uhr neu stellen. Das ist prinzipiell belastend. Der Migrant durchquert nicht nur den Raum, sondern auch die Zeit. Er ist nicht nur woanders, er hat es auch mit der Zeitverschiebung zu tun; er muss sich auf die Ortszeit einstellen, die selten nur die Zukunft ist, die er ersehnt hat. Der Gastgeber seinerseits muss sich auf eine neue Zeitlichkeit einstellen, die wie ein Einbrecher in seinen gewohnten Rahmen eindringt. Wenn der Einwanderer aus einem südlichen Land kommt, erinnert ihn diese Zeitlichkeit oft an seine eigene Vergangenheit, bis auf eine irritierende Nuance, den „kleinen Unterschied", der – wenn man Freud folgt – den Narzismus provoziert und zum Wahnsinn führen kann. Der Gastgeber verändert sein Lebensumfeld, ohne sich bewegt zu haben, allein durch die Anwesenheit eines Fremden, der sein Nachbar geworden ist, ohne aber an dessen „Weltzeit" teilzuhaben. Es kann leicht passieren, dass er eines Tages plötzlich in seinem Viertel stehen bleibt, weil er wie vom Blitz getroffen merkt, dass er im eigenen Land ein Fremder geworden ist. Ist er wütend, wird er sagen, dass er „überrannt" wurde.

Die Ankunft eines Fremden kann stören und seine Anwesenheit eine Belästigung sein. Das Gegenteil zu behaupten scheint mir nicht nur idealistische Schöntuerei, sondern auch gefährlich im Blick auf „die langwierige Arbeit der Aufnahme und Hilfe" zu sein, und was das an „Arbeit am Selbst und am Anderen bedeutet" – der algerische Schriftsteller Kamel Daoud spricht davon und warnt vor einem „Engelsgehabe, das töten kann".[125] Weder der Fremde noch der Gastgeber sind von vornherein der „Gute"

---

125 Vgl. http://www.lemonde.fr/idees/article/2016/01/31/cologne-lieu-de-fantasmes_ 4856694_3232.html

oder der „Böse", „sympathisch" oder „egoistisch". Sie finden sich beide in einer Situation wieder, die man erst einmal verstehen muss, und das unter Bedingungen, die für den einen anders sind als für den anderen. Die Hilfeleistung für eine Person in Gefahr zu unterlassen, ist ein Vergehen, vorausgesetzt – *ultra posse nemo obligatur* – man kann Hilfe leisten, ohne sich selbst in Gefahr zu bringen. Abgesehen von diesem Grenzfall ist Gleichgültigkeit als solche nicht sträflich, genauso wie die Versammlungsfreiheit keinen Sinn hätte, wenn sie nicht auch die Freiheit umfassen würde, sich *nicht* zu versammeln. Was die Forderung anbelangt, man müsse den Ländern des Südens helfen, sollte man untersuchen – und wir werden das tun –, ob einer besseren Verteilung des Wohlstands auf der Welt damit gedient ist, wenn man im Norden Abtrünnige aus scheiternden Gesellschaften, und das sind Migranten, aufnimmt. Wie auch immer die Antwort ausfällt, die Sorgen um eine gerechte internationale Verteilung sollte nicht verwechselt werden mit einer Öffnung der Grenzen als Maßnahme eines planetarischen Ausgleichs. Es ist kein Widerspruch, wenn man für das eine und gegen das andere ist.

„Wer die Rechnung ohne den Wirt macht, muss zweimal rechnen", das gilt auch für die Kosten der Einwanderung. Akzeptieren wir also, ohne vor dem Altar der Autochthonen auf die Knie zu fallen, dass der Gastgeber im eigenen Land in seinem Recht ist – sonst hätte es keinerlei Sinn, die Staatsbürgerschaft eines Landes zu bekommen. Zum Bürger gehört das Stadtrecht. Man kann sich wünschen, ja sogar voraussagen, dass die Idee des Staates mit seinen Grenzen sich überlebt und Nationalitäten obsolet werden. Für den Moment aber dient der Pass als Zutrittskarte für einen „Club", die seinen Mitgliedern bestimmte Rechte im Gegenzug für bestimmte Pflichten garantiert. Die Art und Weise, wie eine nationale Gemeinschaft sich als solche definiert, ob über Blutsbande oder einen frei ausgehandelten Gesellschaftsvertrag, ob mit oder ohne Staatsreligion, all das tut in diesem Zusammenhang nichts zur Sache. Denn man kann einem Gemeinwesen nicht vorschreiben, was es als „Gemeinsames" ansehen will, vor allem nicht im Antragsformular, mit dem man dem Club beitreten will. Man tritt einem Club nicht bei, indem man von seinen Regeln freigestellt wird; die kann man erst dann umgestalten, wenn man denn Mitglied geworden ist. In extremen Fällen – wie dem des nationalistischen Schriftstellers Maurice Barrès aus Frankreich, der 1888 in seinem Buch *Sous l'oeil des barbares* verkündete: „Ich verteidige meinen Friedhof. Alle meine anderen Positionen habe ich geräumt" – gibt es keine andere Möglichkeit außer der, dass sich das belagerte Ich sein eigenes Grab gräbt.

Von Dayo Olopade stammt der Satz, dass „die Kartographie der afrikanischen Diaspora heute die seitenverkehrte Kartographie des Kolonialismus ist".[126] Man versteht, was sie meint. Es bedeutet allerdings, dass man nicht nur den Sklavenhandel und die daraus resultierenden Realitäten, wie den „Schwarzen Atlantik" (die afrikanischen Diaspora als Kulturraum) vergisst, sondern auch, dass man aus dem Postkolonialismus eine „Parenthese" macht, die für immer offen bleibt. Nun hat aber der Kolonialismus nicht länger als achtzig Jahre südlich der Sahara geherrscht und er wird den Kontinent nicht *ad infinitum* prägen, es sei denn, man will die Geschichte Afrikas vorher und nachher ausblenden. Sicherlich verbindet heute eine größere „Vertrautheit" die Nigerianer oder Südafrikaner mit Großbritannien, die Senegalesen oder Zentralafrikaner mit Frankreich, die Angolaner oder Mosambikaner mit Portugal und die Bewohner der Demokratischen Republik Kongo mit Belgien, mit *lola*, dem „Himmel" auf Lingala. Aber die postkoloniale Vertrautheit bringt auch innere Verletzungen mit sich. Seit einem halben Jahrhundert haben viele Ex-Kolonien ihre Antennen neu ausgerichtet: Kinshasa zum Beispiel drehte seine in Richtung Frankreich und USA; Kigali hatte sogar die Zeit, sie erst nach Paris, dann nach Washington und London auszurichten, auch wenn das bedeutete, die Amtssprache zu ändern. Außerhalb Afrikas würde niemand behaupten, dass die Vietnamesen als postkoloniale Subjekte heute noch den Eifelturm als Nabel der Welt betrachten.

126 Olopade (2014), S. 83

Ich weiß sehr wohl, dass die Beziehungen zwischen Frankreich und seinen früheren Kolonien südlich der Sahara in mehrfacher Hinsicht eine Ausnahme darstellen. Vor allem wegen einer kolonialen Assimilierungspolitik, dem heimlichen Einverständnis zwischen den französischen und afrikanischen Eliten und einer Verlängerung der französischen Kontrolle weit über die Unabhängigkeit hinaus, auch dank des Status als eine Art geopolitischer Subunternehmer der „freien Welt" während des Kalten Krieges. Aber Französisch-Afrika und sein krimineller Avatar namens *„Françafrique"* sind zu Zerrspiegeln geworden. Sie spiegeln nicht mehr die Realität wider, sondern dienen dazu, die Ex-Metropole und ihre früheren Besitzungen ihrer wechselseitigen Bedeutung zu versichern, wenn auch im Reich der Intrigen. Doch das postkoloniale Atlantis wird von der Brandung junger Generationen vom Süden der Sahara überflutet. Die Migranten jagen ihren Hoffnungen *überall* auf der Welt nach. Das italienische Genua ist heute „afrikanischer" als die meisten Häfen Frankreichs oder Großbritanniens, der Anteil von Studenten aus der Subsahara in Montreal ist höher als in Paris oder London, und die Sudanesen, die sich in Atlanta, der Stadt von CNN und Coca-Cola niedergelassen haben, haben ihren Norden auch nicht mehr verloren als die Äthiopier oder Eritreer in Washington D. C. ihren. In der inzwischen globalen Reise nach Jerusalem ist „Postkolonialität" eine alte Leier im Vergleich zu den viel schmissigeren Melodien der Globalisierung. Wenn die koloniale Karte immer noch zieht, so liegt das vor allem an der vor langer Zeit in den ehemaligen Metropolen entstandenen Diaspora, die immer noch als Empfangsschalter für die Neuankömmlinge dient. Diese Art der Ketten-Migration ruft bisweilen das Gespenst eines „umgekehrten Kolonialismus" in Gestalt einer „Rache"-Migration herbei. Von den Ufern aus betrachtet, von denen sie aufgebrochen sind, kann man die „heimkehrenden Karavellen" leicht für Kriegsschiffe halten.

„Nous étions au fond de l'Afrique / Gardiens jaloux de nos couleurs, / Quand, sous un soleil magnifique, / A retenti ce cri vainqueur: / En avant! En avant! En avant!" Das Lied ist in

Frankreich bekannt, es gehört zum Standardrepertoire französischer Militärmärsche und zur Liedsammlung der Bodentruppen. Als Soldaten aus Mali 2013 an der Parade zum 14. Juli teilnahmen, marschierten sie zum Klang dieser Melodie über die Champs-Élysées. Man sollte aber wenigstens den Refrain des Liedes kennen: *„C'est nous les Africains / Qui revenons de loin, / Nous venons des colonies / Pour sauver la Patrie"* (oder in einer Variante, *„Pour défendre le pays"*[127]). Mit diesem *Chant des Africains* auf den Lippen nahm die französische *„Armée B"* unter dem Kommando von General Jean de Lattre de Tassigny an der Seite der amerikanischen 7. Armee ab dem 15. August 1944 an der Landung in der Provence teil. Die Hälfte der „französischen" Soldaten waren Untertanen aus den afrikanischen Kolonien, vor allem aus dem Maghreb, die andere Hälfte war „europäischer Herkunft" – neun von zehn von ihnen waren Siedler, die ebenfalls aus Afrika kamen und wieder vor allem aus Nordafrika. Das Codewort der Operation – *Anvil Dragoon* (oder „Amboss-Dragoner") – spiegelt die Situation dieser Afrikaner jeder Couleur recht gut wieder: Sie befanden sich zwischen Hammer und Amboss, so wie es den deutschen Truppen durch die parallele alliierte Landung in der Normandie und in der Provence ergehen sollte. Churchill wollte die deutschen Truppen eigentlich in Mitteleuropa in die Zange nehmen, um vor den Sowjets in Berlin anzukommen. Er bestand schließlich darauf, dass wenigstens das Codewort für die Landung in Frankreich daran erinnern sollte, dass man ihn zum Handeln gezwungen hatte – das englische Verb *to dragoon* bedeutet „zwangsrekrutieren".

Das *Mare nostrum*, das Meer, das sich Afrika, Europa und der Nahe Osten teilen, ist nicht nur ein Meer von Erinnerungen oder in unseren Tagen ein Meer, das man auf irgendwelchen

---

127 Auf Deutsch etwa: „Wir sind es, wir Afrikaner / Die einen langen Weg zurückgelegt haben / Wir kommen aus den Kolonien / Um das Vaterland zu retten" (bzw. „Um das Land zu verteidigen"). Und die Textzeile weiter oben: „Wir waren unten in Afrika / Wachen, eifersüchtig auf unsere Fahnen, / Als, unter einer wunderbaren Sonne, / dieser siegreiche Ruf ertönte: / Vorwärts! Vorwärts! Vorwärts!"

Seelenverkäufern überqueren muss. Es ist auch eine gigantische Reede für die Geisterschiffe der kollektiven Bilderwelt. An den gleichen Stränden zwischen Nizza und Toulouse, an denen die Soldaten aus den Kolonien anlandeten, um „ihr" Mutterland zu befreien, hat der Schriftsteller Jean Raspail 1973 – dem Jahr der Ölkrise, die das Ende von 30 Jahren Aufschwung markierte und dem Ruf nach Einwanderern als Arbeitskraft vorausging – eine Million der „Ärmsten der Armen" aus Indien anlanden lassen, die Frankreich überschwemmen und letztendlich die ganze westliche Zivilisation davontragen würden. Das war sein Roman mit dem Titel *Le Camp des saints*[128], der sich in vielfältiger Weise auf die *Apokalypse* des Heiligen Johannes bezog. Ich erwähne das Buch hier nicht, um die Polemik wieder aufleben zu lassen, die es seinerzeit auslöste und durch Neuauflagen weiterhin auslöst, und auch nicht, um Versteckspiel zu treiben mit dieser Allegorie und der Wirklichkeit.[129] In meinen Augen hat der Roman nicht deshalb etwas Prophetisches, weil eine Million Migranten 2015 das Mittelmeer überquert haben. Aber *Le Camp des saints* erweckt das Schreckensbild einer „Barbareninvasion" wieder zum Leben, und das ist auch seine Absicht, ganz ähnlich wie *Unterwerfung*, der Roman von Michel Houellebecq über eine Machtübernahme durch „moderate" Islamisten in Frankreich, die Bilderwelt der muselmanischen Eroberung wieder auffrischt. In beiden Fällen erschreckt die Zukunft umso mehr, als sie einen historischen Revisionismus mit einem Futur II verbindet: Der Leser wird in eine Welt versetzt, in der Karl Martel zu Tode geprügelt werden wird und Europa, heimgesucht von Attila und seinen Hunnen, auf den Katalaunischen Feldern untergegangen sein wird …

---

128 Erschien vollständig auf Deutsch unter dem Titel *Das Heerlager der Heiligen* erst 2015

129 Das 1975 erschienene *The Camp of The Saints* ist offenbar auch eine ständige Quelle für Steve Bannon, Ex-Berater von US-Präsident Donald Trump und Vordenker einer *„alt-right"*, einer sogenannten alternativen Rechten nicht nur in den USA.

Im Jahr 1850 zählte Europa – ohne Russland – rund 200 Millionen Einwohner. An der Schwelle des Ersten Weltkriegs, 1914, waren es alles in allem 100 Millionen mehr. Die beiden Daten markieren ungefähr den Anfang und das Ende des demografischen Wandels in Europa. Während dieses Zeitraums haben rund 60 Millionen Europäer ihren Kontinent verlassen, 43 Millionen in Richtung USA, elf Millionen nach Lateinamerika, 3,5 Millionen nach Australien und eine Million nach Südafrika. Nach dem Zweiten Weltkrieg gab es dann eine massive Migrationsbewegung von Südeuropa nach Norden, sodass heute zum Beispiel in Frankreich rund 3,5 Millionen Einwohner in der ersten oder zweiten Generation einen portugiesischen, italienischen oder spanischen Hintergrund haben. Warum sollte nun Afrika nicht „das Recht" haben, seinen Bevölkerungsdruck mithilfe des Ventils Migration zu regulieren? Ist Europa, das seine überbordende Bevölkerung einst in aller Welt verteilte, nicht scheinheilig, wenn es heute genau das verweigert, was es gestern selbst so praktiziert hat?

In der Welt, so wie sie ist, gibt es das Recht nicht, sich niederzulassen, wo man will, oder, was auf dasselbe hinausliefe, man ist abhängig vom Recht des Stärkeren. Die Forderung nach einer universellen Bewegungsfreiheit verweist oft auf den „freien Kapital- und Warenverkehr", diesem Liebling der Globalisierung. Aber auch diese Freiheit existiert nicht. Um sich davon zu überzeugen, reicht es, ein Paket oder eine Überweisung ins Ausland zu schicken; auch dieser Verkehr ist streng reguliert. Im Übrigen versuchen Einwanderer heute wie gestern, die Tür hinter sich gut zu verschließen, auf dass nicht noch mehr kommen und sie nötigen, ihren neuen Wohlstand mit ihnen zu teilen.[130] Jenseits solcher De-facto-Hindernisse geht das Argument vom euro-

---

130 Vgl. etwa: https://www.washingtonpost.com/news/worldviews/wp/2016/02/27/ why-many-migrants-in-germany-are-opposed-to-the-refugee-influx/?utm_ term=.59184247fa2f über die Teilnahme von früheren Einwanderern bei Demonstrationen gegen Einwanderer in Deutschland.

päischen Präzedenzfall ins Leere. Denn es mag vielleicht nicht „gerecht" sein, dass Kontinente sich der Herausforderung der Migration zu unterschiedlichen, mehr oder weniger günstigen Bedingungen stellen. Aber ist es „gerecht", dass Länder heute die Umwelt mit derselben Nachlässigkeit verschmutzen wie die Vorreiter der Industrialisierung? In Wahrheit sind die Herausforderungen nicht mehr dieselben, sobald die Umstände sich ändern – das ist der Sinn von Geschichte. Afrika kann die Phase der Festnetze überspringen und gleich zum Mobiltelefon übergehen. Und ist das „ungerecht", weil andere Kontinente vorher eine teure Infrastruktur aufbauen mussten? Auch nicht mehr, als Afrika verpflichten zu wollen, wie mir der frühere Präsident der Elfenbeinküste Laurent Gbagbo einmal sagte, „seine Französische Revolution unter Aufsicht von Amnesty International" zu machen – eine Verpflichtung, die es 1789 nicht gab. Afrika wird folglich auch seinen demografischen Wandel in einer stärker abgeschotteten Welt bewältigen müssen und letztlich vor allem seine Nachlässigkeit in Bezug auf die Geburtenkontrolle zu verantworten haben, dem nächstliegenden „Rezept", um den Wohlstand pro Kopf der Bevölkerung zu steigern. Kampagnen zur Sensibilisierung wie in Bangladesch („Eine weniger zahlreiche Familie ist eine glücklichere Familie") oder in Jamaika („Zwei Kinder sind besser als zu viele Kinder") gab es südlich der Sahara kaum. Lange vor 2015, dem Jahr der Rekordmigration, als ihre Verteidigungslinien nachgaben, hegte die Europäische Union Zweifel an der eigenen Fähigkeit, den Migranten aus dem Süden den Zugang auf ihr Territorium zu verweigern. In einem ganz begrenzten Bereich um Ceuta und Melilla, die beiden spanischen Enklaven in Marokko, hatte die Union eine harte Haltung getestet. Für eine Summe von 30 Millionen Euro hatte sie 2003 dort sieben Meter hohe Stahlzäune errichten lassen. Seit 2006 aber wurden die Bilder von Migranten, die sich an diese Zäune – die auch noch an den Eisernen Vorhang erinnerten – klammern wie an eine allerletzte Hoffnung, zum Symbol für eine „Festung Europa", die den Verdammten dieser Erde verschlossen bleibt. Im strengen wie im übertragenen Sinne wurde die Eskalation am Stahlzaun zu einem unkalkulierbaren Risiko. Um die Mutigsten davon abzuhalten, das Hindernis schwimmend zu umgehen, feuerten im Februar 2014 spanische Grenzschützer Gummigeschosse auf die Köpfe im Wasser. Es gab mindestens 15 Tote.[131] Außerdem hatte Europa nachgerechnet: Die anhaltende Jagd auf Klandestine im Schengenraum, die dauerhafte Inhaftierung von rund 140.000 Menschen, die auf eine Entscheidung warteten, die Gerichtsverfahren, Berufung auf Berufung, und schließlich die Charterflüge für eine Rückführung, all das kostete eine Menge. Um alle illegalen Immigranten zurückzuführen, hätte allein Großbritannien nach Berechnungen des *National Audit Office* neun Milliarden Euro aufbringen und die Rückführungsfliegerei über Jahre aufrechterhalten müssen.[132] Im Vergleich erscheinen die drei Milliarden Euro, die 2016 an die Türkei gingen und auch noch die angekündigte weitere Tranche in gleicher Höhe, um damit rund 2,5 Millionen Migranten auf türkischem Boden festzusetzen, wie ein gutes Geschäft geradezu zum „Freundschaftspreis". Das gilt vor allem in Abwesenheit einer schlechten Presse wegen der Verletzung von Menschenrechten – zweifellos weniger, weil es keine Verletzungen gab, sondern eher, weil Zeugen fehlten, die sie vermeldet hätten. Seit 2015 hat die EU ihre finanziellen Anstrengungen verdoppelt, mit denen die Polizeistaaten an ihrer südlichen Flanke subventioniert werden, um sich so mit einem schützenden neuen *Limes* zu umgeben. Sie ist dabei nicht allzu sorgsam, was ihre „Partner" anbelangt, das gilt für Recep Tayyip Erdoğan wie für die Warlords in Libyen, das zudem noch ein Land ist, das nicht einmal die Flüchtlingskonvention von 1951 unterzeichnet hat. Für die Präsidentin von „Ärzte ohne Grenzen" (MSF International) Joanne Liu „ist die aktuelle Lage in Libyen das Resultat einer Reihe von Faktoren: dem Ende von Gaddafi, dem Nebeneinander von drei Regierungen, der Multiplikation

131 *International New York Times,* vom 28. Februar 2014: ‚*Migrants Besiege Gateway to Europe.'*
132 Harding (2012), Position 1189–1192

der Milizen, dem Fehlen staatlicher Gesetze ... Das alles hat zu einem weit verzweigten räuberischen System geführt, das sich vor allem gegen die Verzweifeltsten richtet. Derweil tragen die Mitglieder der EU, darunter auch Frankreich, durch ihre aktuelle Politik nur dazu bei, dieses kriminelle Netzwerk aufrechtzuerhalten. Nehmen wir zum Beispiel die Finanzmittel, die die EU in die Hand nimmt: Mehr als 90 Millionen Euro wurden im April dafür eingesetzt, Libyen dabei zu helfen, das Migrationsproblem anzugehen. Aber man weiß, dass es keine Kontrolle über die Verwendung dieser Gelder gibt. Ende Juli sind 46 Millionen Euro für den Aufbau einer libyschen Küstenwache freigegeben worden. Und die wird nun dazu ausgebildet, Flüchtlinge in diese erbärmliche Umgebung in Libyen zurückzubringen."[133]

Auf den ersten Blick scheint sich diese Strategie Europas – das Löcher in einem Damm, der droht nachzugeben, mit Geldsäcken stopfen will – von der der USA nicht weniger zu unterscheiden als ein Geldautomat von einer Militärbasis. Amerika hat sich in der Tat für eine Militarisierung seiner Grenze zu Mexiko entschieden, die mit 3.145 Kilometern Länge und rund 350 Millionen legalen Reisenden im Jahr, die am häufigsten überquerte Grenze der Welt ist. Diese Entscheidung liegt weit vor der Wahl von Donald Trump, der dann noch modisches Beiwerk – eine „Mauer" – und allerlei Beschimpfungen in Richtung der Mexikaner („Kriminelle", „Vergewaltiger") drauf-

---

133 Interview in *Le Monde* vom 15. September 2017. Ebenso in *Le Monde* vom 23. September 2017 erklärte Vincent Cochetel, der Sondergesandte des UNHCR für das zentrale Mittelmeer, „die europäischen Regierungen müssen mit der Illusion Schluss machen, man könne mit diesem Land arbeiten. Unsere Rolle als UNHCR ist leider sehr beschränkt. Selbst wenn wir in den offiziellen Gefängnissen präsent sind, wo 7.000 bis 9.000 Migranten und Asylsuchende festgehalten werden, bei einer Gesamtzahl von insgesamt 390.000. Andere erleiden unmenschliche Behandlung in Haftlagern, die von Schleusern betrieben werden. In den ‚offiziellen' Gefängnissen dürfen wir derzeit nur mit Menschen dieser sieben Nationalitäten sprechen: Iraker, Palästinenser, Somalier, Syrer, Äthiopier, wenn sie Oromo sind, Sudanesen aus Darfur und Eritreer. Das heißt, bisher haben wir noch mit keinem Südsudanesen, Malier, Jemeniten etc. gesprochen."

gesetzt hat.[134] George W. Bush hatte 2006 im Zuge des *Secure Fence Act* einen tausend Kilometer langen elektronisch überwachten, doppelten Maschendrahtzaun bauen lassen, der 1,75 Milliarden Dollar kostete. Als 2010 wegen der exorbitanten Kosten dieser Ansatz nicht weiter verfolgt wurde, investierte Barack Obama 600 Millionen Dollar in Wachpersonal. Die Zahl der Agenten im Streifendienst stieg auf über 20.000, so viele wie noch nie. Ergänzend kam 2005 die Operation *Streamline* hinzu und brachte die Mühlen der Justiz in Gang – seither wird jeder illegale Einwanderer, der gefasst wird, automatisch vor Gericht gebracht; 99 Prozent von ihnen werden nach Massenprozessen verurteilt. Der Nutzen dieser Palette von Maßnahmen ist nicht unmittelbar evident. Selbst die US-Behörden geben an, dass von den 200.000 Immigranten pro Jahr, denen es gelingt, die Grenze heimlich zu überqueren, weniger als die Hälfte – nämlich rund 85.000 – illegal in den USA bleiben. Die anderen kehren nach Mexiko zurück, und genauso würden es zweifellos auch die meisten ihrer seit Jahren illegal im Land lebenden Mitbürger halten – im Jahr 2016 waren es 5,8 Millionen, die Zahl ist seit zehn Jahren rückläufig –, wenn man ihnen einen Rückweg nicht mit immer unüberwindbareren Hindernissen verbauen würde …

Das Amerika Trumps hält sich ganz fälschlicherweise für eine belagerte Festung, angesichts der Tatsache, dass der Migrationsdruck von Mexiko nachlässt. Außerdem führt der Umstand, dass in den USA ein effektives System sozialer Sicherung fehlt, zu einer Art „Autoregulierung" der Migrationsflüsse; ohne Arbeit oder familiäre Unterstützung ist es schwer, über die Runden zu kommen. In der EU liegt der Fall ganz anders. Obgleich ihre Einwohner nur sieben Prozent der Weltbevölkerung stellen, steht sie für die Hälfte aller Mittel, die weltweit für die soziale Sicherung ausgegeben werden, und bildet so einen sozialen Schutzraum, der nur sehr schwer abzu-

---

134 Laut Reece Jones, dem Autor des Buches *Violent Borders: Refugees and the Right to Move*, von 2016 hatten bis 1990 nur 15 Länder Maschendrahtzäune an ihren Außengrenzen errichtet; bis 2016 war diese Zahl auf 70 gestiegen.

sichern ist: Die Grenzen der Union sind 9.000 Kilometer lang, und ihre Küsten, die überwacht werden müssen, erstrecken sich über 42.000 Kilometer, soviel wie eine Erdumkreisung am Äquator. Angesichts dieser Unterschiede sind die Strategien der Europäer und der Amerikaner alles in allem gar nicht so gegensätzlich: Europa sucht Schutz hinter einem Bollwerk aus Geld, indem es seine Anrainerstaaten dafür bezahlt, als Auffanglager bereitzustehen; Donald Trump will eine „Mauer" an der Grenze zu Mexiko bauen und dem Nachbarn die Rechnung dafür schicken.

„Ganz alleine kegeln"

Zwischen der Neuen und der Alten Welt herrscht immer noch eine familiäre Atmosphäre, die an die Zeiten erinnert, als praktisch jeder Europäer einen „Onkel in Amerika" hatte. Aber der Eindruck trügt, und das war auch so schon lange vor der Abschaffung der Einwanderungsquoten nach Nationalität im Jahr 1965, als von zehn Neuankömmlingen in den USA neun aus Europa stammten – seither hat sich das Verhältnis umgedreht. Als Beweis könnte man eine Schlüsselszene aus *Der große Gatsby* anführen, dem Bestseller von Francis Scott Fitzgerald von 1925, wo der Held sagt: „Was soll das heißen, man kann die Vergangenheit nicht wiederholen? Natürlich kann man das!" Generationen von Amerikanern, die diesen Satz lasen, haben sofort begriffen, dass dieser Gatsby unrettbar verloren war; umgekehrt gehen die Europäer gestern wie heute über diesen Satz hinweg und warten darauf, dass die Intrige weitergeht und die Sache wieder spannend wird. Für sie ist die Geschichte ein Rad, das sich dreht. Für die Amerikaner, die die „schöpferische Zerstörung" durch den Fortschritt verinnerlicht haben, ist die Geschichte eine Dampfwalze, die Platz macht für das Neue.

Daran sollte man denken, wenn man liest, was ansonsten nur eine Binsenwahrheit wäre: dass nämlich die USA ein Einwanderungsland sind. Ja, natürlich, aber nicht mehr dasselbe!

Amerika, wo heute fünf Prozent der Weltbevölkerung leben, versammelt innerhalb seiner Grenze viermal mehr Einwanderer als andere Zielländer.[135] Alles ist hier für die Neuankömmlinge vorbereitet, vom Schalter am Flughafen, über den vorgezeichneten Weg der Einbürgerung bis zu den ESL-Klassen (ESL: *English as a Second Language*) in jeder Schule. Das soll nicht heißen, dass Donald Trump der erste Politiker ist, der mit dieser Willkommenstradition bricht. Er hat viele Vorgänger. Ein anderer Populist zum Beispiel, Thomas Watson, der erst in das Angeordnetenhaus und dann in den Senat gewählt wurde, geiferte 1910 gegen „die gefährlichsten und korruptesten Horden aus der Alten Welt, die uns überfallen" – für ihn „der Abschaum der Erde".[136] Watson meinte Juden und Katholiken, Polen, Italiener und andere Einwanderer vom Mittelmeer, einschließlich derer, die die seinerzeit das Land beherrschenden WASPs *(White Anglo-Saxon Protestants)* als zu „braungebrannt" ansahen. Das war lange bevor das WASP-Establishment sich bereit fand, eine erweiterte Version der Weißen, die sogenannten „Kaukasier", zu akzeptieren – eine Fantasietypologie, die auf der Ausmessung eines einzelnen Schädels basierte, sich aber schließlich weit genug fassen ließ, um sicherzustellen, dass die Weißen ihre numerische Überlegenheit das gesamte 20. Jahrhundert hindurch aufrecht erhalten konnten. Die Privilegien der Weißen schlossen nicht nur Schwarze aus. Bis 1952 konnten im Ausland geborene Asiaten – damals die am wenigsten qualifizierte und am stärksten ausgebeutete Gruppe unter den eingewanderten Arbeitskräften – keine US-Bürger werden.

Das Jahr 1965 war ein Wendepunkt nicht nur für die Afroamerikaner und ihre Bürgerrechte, sondern auch – und das ist

---

135 Taylor (2014), Position 786–789. Ich verdanke dem Autor die meisten Daten zur Einwanderung hier. Vgl. auch Ted Widmer, *„The Immigration Dividend"*, in der *International New York Times*, vom 7. Oktober 2015 und in der Ausgabe vom 20./22. Februar 2016, David Brooks, *„A little reality on Immigration"*.
136 Ebd. Position 2012–2014

natürlich kein Zufall – für alle Farbigen, die in die USA kamen. Präsident Lyndon B. Johnson unterzeichnete am Fuße der Freiheitsstatue den *Immigration and Nationality Act*, der die Einschränkungen für die Einwanderung von Nicht-Weißen in die USA aufhob, die auf der Nationalität beruhenden Einwanderungskriterien abschaffte und sie durch ein System ersetzte, das auf berufliche Fähigkeiten und die Familiensituation zielte. Seither haben rund 60 Millionen neue Einwanderer die USA zu ihrer zweiten Heimat gemacht (es sind 78 Millionen, wenn man die illegalen Einwanderer und deren Nachkommen mitzählt). Drei Viertel von ihnen kamen aus Südamerika oder Asien, und die *Asian-Americans* haben ihre Revanche bekommen: Sie stellen inzwischen 6,4 Prozent der Gesamtbevölkerung, bei ihnen gibt es die größte Zahl gemischter Ehen, sie sind am besten ausgebildet und am wohlhabendsten, deutlich über den „Weißen", deren mittleres Haushaltseinkommen sie 2015 um 25 Prozent übertrafen. In Silicon Valley sind mehr als die Hälfte der IT-Jobs mit Asiaten oder *Asian-Americans* besetzt.

Die wichtigsten Statistiken des *neuen* Einwandererlands USA kann man mit wenigen Stichworten zusammenfassen: Jedes Jahr werden rund vier Millionen Amerikaner geboren, etwa zweieinhalb Millionen sterben, und rund eine Millionen Einwanderer kommen dazu. Seit 2008 stellen die Asiaten die Mehrheit dieser Einwanderer, auch wenn die Lateinamerikaner, und hier vor allem Mexikaner, weiterhin den Löwenanteil der bereits im Land lebenden Einwanderer ausmachen, die nun langsam älter werden; der Zustrom hier geht seit 2005 zurück; selbst von den Illegalen leben zwei Drittel seit mehr als zehn Jahren in den USA. Was aber deutlich schwieriger zu beschreiben ist – und das liegt an Kontroversen über unterschiedliche Forschungsmethoden –, sind die Charakteristika der amerikanischen Gesellschaft nach zwei Jahrhunderten Einwanderung. Derzeit gleicht das Einwanderungsprofil einem Stundenglas: breit sowohl unten – mit vielen gering qualifizierten Arbeitskräften – als auch oben – sehr gut ausgebildete

Einwanderer aus aller Welt –, aber schmal in der Mitte. Fachleute sind sich darin einig, dass die von auswärts kommenden Arbeiter die Löhne in vielen Wirtschaftszweigen niedrig halten, vor allem in der Landwirtschaft, im Fast-Food- und im Service-Sektor. Sie sind sich auch darin einig, dass die Besten und Klügsten auf der Welt, von denen es viele in die USA zieht, der US-Wirtschaft bei ihrer beständigen Erneuerung helfen und ihre Innovationsfähigkeit stärken. Seit 1990 und damit seit dem Beginn der digitalen Revolution wurde ein Viertel der am schnellsten wachsenden US-Firmen von Einwanderern gegründet. Wenn es aber um die neuen Parameter des Zusammenlebens geht, dann ist es mit dem Konsens unter den Experten nicht weit her, auch wenn die meisten von ihnen glauben, dass die Theorie der Schmelztiegel-Assimilation überholt ist und die Zukunft des Landes stattdessen als multiethnisches und multikulturelles Mosaik zu sehen ist. Einer der besten Indikatoren für diese Wendung vom Schmelztiegel hin zum Mosaik ist die niedrige Einbürgerungsrate bei neuen Einwanderern in die USA, die um 50 Prozent schwankt und damit unter den Werten für Westeuropa und weit entfernt von denen in Kanada und Australien liegt. Immer mehr Ausländer kommen allein deshalb in die USA, weil das Land gut funktioniert, und nicht, weil sie an diesem einzigartigen sozialen Experiment teilhaben wollen, das Offenheit gegenüber dem Rest der Welt mit einer starken nationalen Identität verbindet und dem unerschütterlichen Glauben an die „Außergewöhnlichkeit" Amerikas. Sollten wir also aus all dem folgern, dass Amerika weniger außergewöhnlich ist, weil andere Länder seinem Beispiel folgen oder eher das Gegenteil, dass nämlich dem „amerikanischen Modell" die Luft ausgegangen ist?

Die Arbeiten des Harvard-Politologen Robert Putnam zur Migrationsforschung haben eine lebhafte Debatte ausgelöst. In einem Artikel von 1995, dem fünf Jahre später sein Bestseller *Bowling Alone: The Collapse and Revival of American Community* folgte, legt er anhand einer Flut von Statistiken dar, dass sich das „Sozialkapital" in den Vereinigten Staaten seit den 1960er Jahren

im freien Fall befindet.[137] Putnam zufolge besteht dieses Sozialkapital aus dem *bonding capital,* und damit ist alles gemeint, was
uns durch natürliche Ähnlichkeit oder Lebenssituation mit denen
verbindet, die uns auf die eine oder andere Art nahe sind, und
dem *bridging capital,* das uns Brücken bauen lässt zu denjenigen, bei denen das nicht *a priori* der Fall ist. Einfach ausgedrückt,
stellt er fest, je sicherer wir uns in der eigenen Kultur und mit
unseresgleichen fühlen, umso leichter öffnen wir uns Fremden
und einem anderen Lebensstil gegenüber. Ohne einen sicheren
und stabilen Ausgangspunkt, von dem Brücken geschlagen
werden können, setzt eine *„hunkering down"-*Haltung ein, eine
Rückzugshaltung nicht nur gegenüber weniger vertrauten Mitgliedern der Gesellschaft, sondern der Gesellschaft als ganzer
gegenüber. Es ist dann so, als würde jedes gegenseitige Vertrauen
plötzlich verpuffen.

Putnam ist weit davon entfernt, sich gegen „Diversität" zu
wenden. In einem Buch, das er 2003 veröffentliche – *Better
Together* (der Titel hat offenbar Hillary Clinton bei ihrem Prä-
sidentschaftswahlkampf zu dem Slogan *Stronger Together* an-
geregt) –, und auch auf seiner gleichnamigen Webseite, betont
er immer wieder die Bedeutung von Bürgerengagement und
sozialen Bindungen. Putnam wurde sogar kritisiert, weil er angeblich die Veröffentlichung seiner Forschungsergebnisse aus
Furcht, allzu weit rechts stehende Konservative könnten sie
vereinnahmen, hinausgezögert hat: Er kam nämlich zu dem
Schluss, dass die Bewohner eines Viertels sich umso weniger
vertrauen, je vielfältiger die Bevölkerung zusammengesetzt ist.
Der Autor räumte aber lediglich ein, er hätte mit der Publika-
tion gewartet, bis er auch Vorschläge vorlegen konnte, die diese
negativen Auswirkungen von Diversität kompensieren könn-

---

137 In einem mit anderen gemeinsam verfassten Artikel von 2010 revidierte Putnam
seine anfängliche Analyse zum Teil. Er bemerkte, dass die Post-9/11-Generation
sich wieder sozial engagierte, auch um eine Wiederwahl Barack Obamas zu
unterstützen. Putnam setzt sich jedenfalls weiter energisch für mehr ,*social
capital*' ein – Vgl. Sander und Putnam (2010).

ten; es sei schließlich „unverantwortlich, die Ergebnisse ohne diese Vorschläge zu publizieren".[138]

Angenommen der Kern der These Putnams – dass b*ridging capital* von *bonding capital* abhängt – ließe sich durch weitere empirische Arbeiten untermauern, dürfte das die Politiker wahrscheinlich sehr darin bestärken, eine neues Gleichgewicht in Sachen Einwanderung zu suchen. Ohne Einwanderung werden tief verwurzelte Gewohnheiten kaum in Frage gestellt; bei zuviel Einwanderung mögen sich alteingesessene Einwohner plötzlich „fremd" fühlen, die Brücken, die sie gebaut haben, einreißen und sich wieder in ihre Höhlen zurückziehen. Trumps Wahlsieg scheint darauf hinzuweisen, dass das bei einer großen Anzahl von Amerikanern bereits der Fall ist.

Die Antithese zu den USA ist Japan, historisch ein „abgeschlossenes Land", das zwei Jahrhunderte lang, von 1639 bis 1854, die Verbindung zur Welt abschnitt.[139] Auf amerikanischer Seite heißt es *E pluribus unum* – „aus vielen eines"; auf japanischer Seite gibt es eine Prämie auf den nationalen Zusammenhalt, auf ethnische und kulturelle Uniformität. Im Jahr 2015 waren nur 1,5 Prozent der japanischen Bevölkerung in einem anderen Land geboren – verglichen mit 13,3 Prozent in Amerika. Im gleichen Jahr erhielten in Japan nur 27 Menschen einen offiziellen Flüchtlingsstatus, auch wenn das Land der viertgrößte Geber für den UN-Hochkommissar für Flüchtlinge ist.[140] Im Jahr 2016 wurden ausnahmsweise 600 koreanische Flüchtlinge

---

138 *Financial Times* vom 8. Oktober 2006 (John Lloyd, *„ Study paints bleak picture of ethnic diversity "*)

139 Man sollte sich aber davor hüten, diese „Isolationspolitik" – *sakoku* – als reine Ablehnung der äußeren Welt zu charakterisieren. Sie war auch eine Antwort auf energische innenpolitische Forderungen, insbesondere die Bestrebungen des *shogun* des Tokugawa Clans, die Vasallen des *shogun* von der Quelle ihres Reichtums fernzuhalten. Nicht ganz befriedigend sind auch Erklärungen, die auf Interpretationen wie eine xenophobe Tradition oder die streng formalisierte strukturelle Unterscheidung zwischen innen und außen – *uchi* und *soto* – in der japanischen Kultur setzen.

140 *International New York Times* vom 9. Feburar 2017 (*„ In Japan no angry populism"*)

in Japan aufgenommen. Nach den Meinungsumfragen und der öffentliche Debatte zu urteilen bleibt Einwanderung ein Nicht-Thema – wenn man einmal von Pflegekräften aus Vietnam, Indonesien und den Philippinen absieht (wobei die Bemühungen, sie durch Roboter zu ersetzen, für die japanische Hi-Tech-Industrie Vorrang zu haben scheinen). Und das, obwohl es eine ganze Litanei von Gründen gäbe, die anderswo eine massive Aufnahme von Ausländern angeraten erscheinen lassen würden, um die Bevölkerung des Landes zu verjüngen und zu vergrößern: die extrem niedrige Geburtenrate in Japan, die 2005 mit 1,26 Kindern für jede Frau im gebärfähigen Alter einen absoluten Tiefpunkt erreichte (weit unter der Bevölkerungs-ersatzrate von 2,1), und damit das Risiko, dass die Bevölkerung Japans von 128 Millionen im Jahr 2010 auf 87 Millionen im Jahr 2060 sinkt, wobei dann in etwas weniger als 40 Jahren vier von zehn Japanern älter als 65 Jahre wären. Schon im Jahr 2050 werden hundert arbeitende Japaner für 96 nicht arbeitende Japaner aufkommen müssen – 72 davon alte Menschen, 24 Kinder. Im Vergleicht dazu werden in den Vereinigten Staaten im Jahr 2050 hundert arbeitende Erwachsene nur 74 nicht arbei-tende Menschen zu versorgen haben, die Hälfte davon Rentner, die andere Kinder.

Japan scheint die These zu bestätigen, dass das *bonding capital* – die emotionale Bindung zwischen ähnlichen Menschen – in Mitleidenschaft gezogen wird, wenn das *bridging capital* – die Fähigkeit, Menschen zu erreichen, die *a priori* anders sind – knapper wird.[141] Es sollte nicht überraschen, dass Hoff-nung – *kibo* – in einer Gesellschaft mit einer rapide alternden Bevölkerung und einer Wirtschaft, die seit Jahrzehnten unter Stagflation leidet, ein seltener Rohstoff wird. Dagegen ist in Japan das Phänomen von jungen Leuten, die sich in der Dunkel-heit ihrer Zimmer einschließen, die Tür nur noch öffnen, um

---

141 Ich mache mir hier die Analyse meiner Kollegin und Freundin an der Duke Uni-versity, der Anthropologin Anne Alison, zu eigen: *Precarious Japan*, 2013.

das Tablett fürs Essen durchzulassen, und selten anders als über den mit der Cyberwelt verbundenen Bildschirm kommunizieren, derart verbreitet, dass es dafür einen eigenen Begriff gibt: *hikikomori*, „Gesellschaftsverweigerer". Japans Gesellschaft ist kopflastig. Seine Rentner sind privilegiert, dank des früheren Systems des „lebenslangen Jobs", und sie sind die am stärksten umworbenen Wähler, allein weil sie immer zahlreicher werden. Diese Alten spielen eine weit größere Rolle als der jüngere Teil der Bevölkerung, wo 38 Prozent keinerlei Sicherheit durch einen festen Job haben. Fast ein Drittel aller Japaner – 31 Prozent – lebt allein, darunter viele wohlhabende ältere Frauen, die nie geheiratet haben. Diese überzeugten Junggesellinnen haben das 2007 erschienene Buch der feministischen Soziologin Chizuko Ueno, *A Guide for the Single Person – Life after Retirement*, zum Bestseller gemacht: Sie haben es verschlungen. Wenn man das zeitgenössische Japan mit nur zwei Wörtern charakterisieren sollte, dann wären das *ohitorisama* – deutsch etwa: „alles alleine machen" – und *muen shakai* – deutsch so viel wie eine „bindungslose Gesellschaft". Wir sind wieder bei *Bowling alone* – wie kann man ganz allein kegeln?

Japan und die USA sind weder der Himmel auf Erden noch die Hölle, weil sie so ganz gegenläufige Wege in Sachen Bevölkerungsvielfalt eingeschlagen haben. Sie markieren lediglich die extremen Enden eines Kontinuums, in dem jedes nationale Gemeinwesen sein eigenes Gleichgewicht finden muss. Diese Entscheidung hängt genauso von äußeren Umständen ab, wie individuelle Entscheidungen zwischen einer uneingeschränkten Geselligkeit und kompletter Einsamkeit nur höchst selten gänzlich frei getroffen werden. Aber in keinem Fall kann eine dritte Seite hier entscheiden oder bestimmen. Dass rassische, religiöse, ideologische oder überhaupt jede Art von „Reinheit" ein gefährlicher Traum ist, das hat uns die Historie auf brutale Weise gelehrt. Aber umgekehrt ist auch Diversität kein Allheilmittel. Sie ist eher ein verwirrendes Sammelsurium, eine lange Liste ganz unterschiedlicher Wünsche für eine bessere Gesellschaft, und jeder trägt ein, was ihm besonders am Herzen liegt und was in seinem besten Interesse liegen mag – eine breite Sammlung: der Hautfarben, Gender-Vorlieben, soziale Herkunft, religiöse Glaubensrichtungen, sprachliche Vielfalt und so weiter – praktisch endlos und kopfüber ein Drang hin zu immer weiter verfeinerter „Unterschiedlichkeit". Statt als Tor zum Universellen zu dienen, steht diese Art von Diversität in Gefahr, kaum mehr als ein oberflächlicher Synkretismus zu bleiben – à la *United Colors of Benetton* –, der die physischen Unterschiede auf Kosten der weniger sichtbaren, aber nicht weniger wichtigen Unterscheidungen zwischen den Menschen favorisiert. Und sie hält einen davon ab, die Tiefen der eigenen Kultur auszuloten, sodass man auch eine andere mehr als nur oberflächlich verstehen lernt. Für Putnam muss Diversität fest in beidem verankert sein, in der Ähnlichkeit und im Unterschied. Andernfalls nimmt das Vertrauen untereinander Schaden, und das kann nur durch die Durchsetzung des Rechts ausgeglichen werden, wenn es darum geht, einen gewissen Standard in sozialen Beziehungen aufrechtzuerhalten – was dann nur teilweise und unzureichend gelingen kann. Die „Verrechtlichung" einer Gesellschaft kommt der Anerkennung einer Anomie gleich: Es gibt keine gemeinsamen Normen und Werte mehr, mit deren Hilfe Konflikte zwischen ihren Mitgliedern gelöst werden könnten. Im Übrigen leidet der Kult der Diversität unter einer logischen Inkonsistenz: Wenn Diversität ein derart positiver Wert an sich wäre, warum versuchen wir dann ständig, die Unterschiede zwischen uns durch Kontaktfreudigkeit, Offenheit gegenüber Anderen, Streitkultur, Debatten und andere Formen sozialen Austauschs zu verringern?

Zerschlagt die Versicherungstabellen

Um 1900 machten die Europäer ein Viertel der Weltbevölkerung aus; heute sind es sieben Prozent, und im Jahr 2050 werden sie noch einen Anteil von 4,5 Prozent haben, und fast ein Drittel von ihnen wird dann älter als 65 sein. Dann wird Europa als die

„Alte Welt" eine treffende demografische Feststellung sein. Zunächst proportional und schließlich auch in absoluten Zahlen schrumpft die europäische Bevölkerung; parallel dazu wird sie „grauhaarig"; Länder wie Deutschland oder Italien sind in diesem Sinne bereits schlohweiß. Das Zahlenverhältnis zwischen der erwerbstätigen Bevölkerung, die Sozialabgaben zahlt, und den jungen und alten Menschen, die davon profitieren, verschlechtert sich in Europa rapide. Das hat gewaltige Folgen für ein System der sozialen Sicherung, das auf der Solidarität zwischen den Generationen beruht. Wenn die Entwicklung in Europa mit der bisherigen Geschwindigkeit weitergeht, dann wird die Abhängigkeitsrate zwischen 2000 und 2050 von vier aktiven Beschäftigten für eine von ihnen abhängige Person auf zwei Aktive für einen zu Versorgenden steigen. Im Vergleich dazu wird sich südlich der Sahara dieses Verhältnis ständig verbessern, jedenfalls auf dem Papier. Zum Beispiel wird es 2050 in Niger 19 Erwachsene im arbeitsfähigen Alter für eine zu versorgende Person geben, eine unglaubliche „demografische Dividende" – vorausgesetzt das Land erfreut sich dann einer Vollbeschäftigung. Allerdings gibt es, wie wir gesehen haben, eine große Lücke, oder besser gesagt einen Abgrund zwischen der Zahl der Jobangebote auf dem nigerischen Arbeitsmarkt und der Zahl der Arbeitssuchenden. Derzeit müsste Subsahara-Afrika als Ganzes jedes Jahr 22 Millionen neue Jobs schaffen, um genug Arbeit allein für die Berufsanfänger bereitzustellen. Die Region ist derart weit weg von diesem Ziel, dass die Ufer Europas allemal näher erscheinen.

Demografen erstellen sozusagen die Versicherungstabellen für ihre Gesellschaft – sie sind Experten, die Gesundheitsrisiken, mögliche Unfälle und Naturkatastrophen für die globalen Risikoberechnungen der Versicherungsunternehmen bewerten. Sie sind Wahrsager, die aber statt Knöchelchen zu werfen, Daten auf einem Blatt ausbreiten. Und wie alle Propheten ringen sie mit dem, was sie vorhersagen, und schwanken zwischen der Befriedigung, es richtig vorhergesehen zu haben, und dem Schrecken vor einem Schicksal, das sie hätten abwenden wollen. Das gilt selbst für Alfred Sauvy, dem Vater der modernen Bevölkerungskunde in Frankreich, der in einer Studie aus dem Jahr 1946 den Einwanderungsbedarf Frankreichs abschätzte. Wenn das Land ein „strukturelles Gleichgewicht" zwischen Arbeitenden und zu Versorgenden erreichen sollte, so sein Ansatz, dann fehlten Frankreich rund 5,3 Millionen Menschen – ein Zuwachs von 13 Prozent für ein Land, das seinerzeit nur 40 Millionen Einwohner hatte. Sauvy starb 1990 und erlebte es nicht mehr, dass Frankreich dieses Niveau erreichte – es war 2005 … –, das er zum Ende des Zweiten Weltkriegs benannt hatte. Mit anderen Worten, eine gewisse Vorsicht ist angebracht, wenn es um die aufdringliche Eloquenz von Zahlen geht. Hier noch ein anderes Beispiel: In Afrika wird sich die Zahl der arbeitsfähigen Menschen in den kommenden 40 Jahren verfünffachen, während sie in Europa im gleichen Zeitraum um ein Drittel zurückgehen wird. Präsentiert man die Sache solcherart aufbereitet im direkten Vergleich, suggeriert das, die demografische Asymmetrie zwischen den beiden Kontinenten sei doch eigentlich eine Chance, die es zu nützen gilt – die beiden Probleme können mit *einer* Lösung beiseite geräumt werden. Aber weit davon entfernt, eine ausgemachte Sache zu sein, ist völlig offen, ob das junge Afrika und der alte Kontinent sich überhaupt gegenseitig aus der Patsche helfen können.

In Frankreich geht die Vorstellung, der „Export" von Arbeitskraft aus Afrika könne zu einer „Entwicklungspartnerschaft" für Afrika *und* Europa werden, auf den Dezember 1997 zurück. Sie wurde zum ersten Mal in einem Bericht dargelegt, den Sami Naïr für das französische Außenministerium verfasst hatte. Auf europäischer Ebene wurde ein Plan, der als „Konvergenz-Szenario" bekannt ist, für die Zeit von 2010 bis 2060 erarbeitet. „Konvergenz" zielt darauf, den erwarteten Verlust von rund 70 Millionen Einwohnern im kommenden halben Jahrhundert auszugleichen und die Bevölkerung der EU auf die Zahl von 517 Millionen im Jahr 2060 zu bringen, bei 501 Millionen im Jahr 2010. Um das zu erreichen, müsste die EU dem Plan zufolge 68 Millionen Einwanderer aufnehmen, also 1,72 Millionen pro Jahr – eine Zahl, die deutlich über dem bisherigen Rekordhoch aus dem Jahr 2015 liegt, als 1,256 Millionen Migranten in Europa eintrafen. Was das auf menschlicher Ebene sowohl für die Migranten als auch für diejenigen, die sie aufnehmen müssten, bedeuten würde, behandelt die Studie nicht. Ihre einzige Sorge gilt der Entvölkerung Europas, allen voran Deutschland, Italien und Spanien, die den Berechnungen zufolge jeweils um 24 Millionen, 15 Millionen und acht Millionen Einwohner schrumpfen dürften, das entspräche 29 Prozent, 25 Prozent beziehungsweise 18 Prozent ihrer jeweiligen Bevölkerung. Das einzige Gegenmittel, das die Studie vorschlägt, ist mehr Einwanderung. Logischerweise dürften diese Einwanderer aus Afrika kommen, der demografisch gesehen dynamischsten Weltregion und Europas Nachbar.

Auch UN-Bevölkerungsexperten haben in einer Studie aus dem Jahr 2000, die den Titel trägt *Replacement Migration: Is it a Solution to Declining and Ageing Populations?*, mehrere hypothetische Szenarien entworfen. Sie konnten nicht wissen, dass der französische Schriftsteller Renaud Camus, der glaubt, muslimische Migranten seien dabei, Europa zur Kolonie zu machen, sein Buch aus dem Jahr 2011 *Le Grand Remplacement* oder *The Great Replacement* nennen würde. Im Unterschied zu Camus waren die UN-Demografen nicht an identitärer Machtpolitik, sondern an datengestützten Projektionen für die demographische Zukunft dieser Welt interessiert. Sie berechneten, dass Europa für den Fall, dass es einfach nur die Bevölkerungszahl von 1995 allein durch Einwanderung hätte halten wollen, bis 2050 im Jahr durchschnittlich 949.000 Migranten aufnehmen müsste, also jährlich rund 100.000 mehr als im Verlauf der 1990er Jahre, als die Einwanderung durchschnittlich bei 857.000 pro Jahr lag. Um die Arbeitsbevölkerung auf einem stabilen Stand zu halten, hätte die EU rund 1,6 Millionen Ausländer pro Jahr zulassen müssen, also fast doppelt soviel, wie jährlich in den 1990er Jahren kamen (und rund 400.000 mehr als 2015 eintrafen). Das würde der Studie zufolge dazu führen, dass die Bevölkerung der Europäischen Union des Jahres 2050 zu zwei Dritteln aus Afrikanern oder den Kindern von Afrikanern bestehen würde. Wenn schließlich die EU das gleiche Verhältnis zwischen aktiver Arbeitsbevölkerung und zu versorgender Bevölkerung wie im Jahr 1990 beibehalten wollte, dann hätte sie 14 Millionen Einwanderer pro Jahr hereinlassen müssen: „Dieses Szenario ist offensichtlich unrealistisch; deshalb kann Einwanderung die Alterung der Gesellschaft nicht verhindern", so die Schlussfolgerung der UN-Forscher. Sie wandten sich neben der Migration folglich auch anderen Variablen zu wie etwa dem Rentenalter. Diesen Berechnungen zufolge müsste Frankreich – für den Fall, dass die Einwanderung auf 30.000 pro Jahr begrenzt wird – das Rentenalter gleichzeitig auf 69 anheben, um die Abhängigkeitsrate bei drei erwachsenen Beschäftigten pro zu Versorgendem zu halten, was in etwa auf halber Strecke zwischen der Abhängigkeitsrate von 1990 (4,3) und der damals für 2015 erwarteten (nämlich 2) lag, unter der Annahme, dass keine anderen korrigierenden Maßnahmen ergriffen werden.

So viel zu den „demografischen Zwängen", denen der alte Kontinent unterliegt, und die im Urteil vieler Fachleute und europäischer Politiker eine massive Zuwanderung nach Europa überlebenswichtig machen. Aber diese Zwänge bestehen ja nur, falls und wenn Alternativen nicht in Betracht gezogen werden. Und der Fall afrikanischer Migranten ist *überhaupt keine* Alternative, und das aus einem zwingenden Grund: Ihre Ankunft in Europa ändert wenig bis gar nichts an der erwähnten Abhängigkeitsrate auf dem alten Kontinent. Selbstverständlich integrieren sich afrikanische Erwachsene in die Arbeitsbevölkerung und helfen, durch ihre Sozialbeiträge das europäische Rentensystem zu finanzieren. Wenn man aber die Größe ihrer Familien in Rechnung stellt, die in der Regel über der europäischen Norm liegt, werden diese Gewinne wieder aufgehoben durch Kindergarten- und Schulkosten und die medizinische Versorgung ihrer Kinder. „Wenn man sowohl Kinder als auch Eltern in Betracht zieht, dann gibt es keinen Grund für die Annahme, dass Migranten auch nur zeitweilig die Abhängigkeitsrate verbessern", schreibt

Paul Collier.[142] Die sogenannten „demografischen Zwänge" sind alles in allem eine Falschmeldung. Wie wir bereits gesehen haben, trägt die Kosten für die Integration von Arbeitsmigranten, die ja nicht allein Arbeiter sind, der Steuerzahler, während der wirtschaftliche Gewinn durch die Arbeit des Migranten in den Taschen des Arbeitgebers verbleibt – die Kosten werden mithin vergesellschaftet, die Gewinne privatisiert. Darüber hinaus werden mögliche Alternativen zur Einwanderung wie etwa Werbung für größere Familien und deren Unterstützung selten mit dem nötigen Nachdruck verfolgt. Im übrigen würde etwa in Deutschland selbst die massive Zuwanderung, die in dem europäischen Konvergenz-Szenario durchgespielt wurde, den zu erwartenden dramatischen Bevölkerungsrückgang nicht ausgleichen können. Im Jahr 2060 dürfte Deutschland trotz der Aufnahme von 86 Millionen Ausländern in Europa 15 Millionen Einwohner weniger haben als im Jahr 2010, während in Frankreich mit seiner höheren Zuwanderung die Bevölkerung wachsen würde, wenngleich auch nur um fünf Prozent. Wie kann man also a priori die Annahme rechtfertigen, es wäre besser, eine größere Zahl von Migranten in die europäischen Gesellschaften zu integrieren, als den Europäern Anreize zu bieten, mehr Kinder zu bekommen?[143]

Europäische Politiker haben lange gezögert, in Sachen Einwanderung auf den Anschein von Unvermeidlichkeit zu verzichten. Sie haben es vielmehr vorgezogen, die gesellschaftlichen Kosten der Einwanderung zu verschleiern, statt zu einer effektiveren, wenngleich politisch riskanteren Lösung angesichts der alternden Bevölkerung zu greifen: nämlich die demo-

142 Die Kosten für einen Minderjährigen sind geringer als die für einen Rentner, der Faktor liegt Experten zufolge irgendwo zwischen eins und zwei (vor allem wegen der höheren Kosten für die Gesundheitsversorgung des älteren Menschen). Allerdings erhöht sich die Rechnung wieder durch die Einwanderung aus Afrika, wegen der Zahl der minderjährigen Einwanderer und auch wegen ihres größeren Bedarfs an Unterstützung bei der Integration der Aufnahmegesellschaft.
143 Collier (2015), S. 125.

grafische Dividende, die mit der steigenden Langlebigkeit einhergeht, unter allen zu verteilen und nicht nur an die Rentner, die diesen Bonus bisher für sich allein haben. Der beste Weg, um die Abhängigkeitsrate in einem alternden Europa zu verbessern und das Fortbestehen eines Netzes sozialer Sicherung zu garantieren, das seinesgleichen in der Welt sucht, liegt darin, die Gewinne an Lebenserwartung, die sich im Laufe des vergangenen Jahrhunderts angehäuft haben, produktiver für alle zu machen. Und die sind beträchtlich: Weltweit ist die durchschnittliche Lebenserwartung, die vor zwei Jahrhunderten 30 Jahre betrug, auf 70 Jahre im Jahr 2015 gestiegen – 68 für Männer und 72 für Frauen –, und im Jahr 2060 dürfte sie bei 85 Jahren liegen. Japan und Frankreich waren 2017 hier mit durchschnittlich 79 Jahren bei den Männern und 86 Jahren bei den Frauen Spitzenreiter in der Welt. Man sollte sich dabei daran erinnern, dass man Anfang des letzten Jahrhunderts in Europa und Amerika nur hoffen konnte, 50 Jahre alt zu werden. Mittlerweile liegt im Laufe nur einer Generation die Lebenserwartung europäischer oder amerikanischer Kinder fünf oder sechs Jahre höher als die ihrer Eltern. Und die Lebensdauer steigt weiter: Auf mittlere Sicht ist selbst vorstellbar, 120 Jahre und älter zu werden.[144] In einem solchen Kontext muss der Ruhestand von Grund auf neu gedacht werden. Diese gewonnenen Jahre können nicht länger ausschließlich genützt werden, um ein Leben im beschaulichen Ruhestand auf Kosten des Rests der Gesellschaft zu verlängern. Rentner sind ja oft selbst die Ersten, die etwas daran auszusetzen haben, Jahrzehnte mit Nichtstun sozu-

144 Im Oktober 2015 startete Japan ein ambitioniertes Programm zur Erhöhung der Geburtenrate im Land, was als „nationale Priorität" bezeichnet wurde. Es wurde ein neues Ministerium gegründet und mit der Aufgabe betraut, „eine Gesellschaft aufzubauen, in der 100 Millionen Menschen aktiv sein können". Das Ziel war nicht allein eine einfache Steigerung der Geburtenrate von 1,4 Kindern pro Frau in gebärfähigem Alter (wie in Deutschland) auf 1,8 (also deutlich näher an den 1,93 in Frankreich). Auch eine Steigerung der Zahl von Frauen auf dem Arbeitsmarkt gehörte zu den Zielen sowie ein Anstieg der Beschäftigungsrate bei der rasch wachsenden Gruppe von Menschen, die annähernd 65 Jahre alt sind.

sagen außerhalb der Gesellschaft zu verbringen. Für viele von ihnen ist es zum wahren, wenn nicht ultimativen Privileg geworden, aktiv und nützlich für andere bleiben zu können.

Obacht vor dem „Transfer"

Ich sollte etwas ausräumen, was sonst möglicherweise zu einem doppelten Missverständnis führen könnte: Egal was passiert, die massenhafte Migration wird weder ihre *raison d'etre* als demografisches Überlaufventil für Afrika verlieren noch ihre Dringlichkeit für Europa, das aus naheliegenden Gründen natürlich nicht ignorieren kann, was sich südlich des Mittelmeers abspielt. Es gibt eine Menge afrikanische Sprichwörter, die Variationen zu der Sentenz von Horaz bieten: *nam tua res agitur, paries cum proximus ardet*, „Es ist auch dein Problem, wenn das Haus deines Nachbarn brennt". Bisher haben wir nur die europäische Perspektive betrachtet. Was aber kann Afrika sich erhoffen von einer Auswanderung in großem Maßstab, und was wird es möglicherweise verlieren? Zu der Frage gehört die Antwort auf eine bereits früher gestellte Frage – wer genau kommt da eigentlich mit wem zusammen bei der „Migrationsbegegnung" zwischen Afrika und Europa? Die Frage ist weniger einfach zu beantworten, als es zunächst scheinen mag, und das nicht nur, weil eine Antwort vermutlich von genauer Planung ebenso geprägt sein wird wie vom Zufall – die Wege der Auswanderer sind nicht gradlinig. Zumal für uns „der Migrant" ja ein allgemeiner Begriff ist, der den Flüchtling ebenso umfasst wie den Asylsuchenden oder den Wirtschaftsflüchtling, den legalen wie den illegalen. Was immer die Motive des Migranten sind, sie werden oft wenig zu tun haben mit dem Weg, den er schließlich einschlagen wird, oder damit, wie sein Leben aussehen wird, sobald er Europa einmal erreicht hat. Wird der Migrant versuchen, sich in sein Gastland zu integrieren? Einige Teile seiner Kultur erhalten und andere von der neuen Kultur um ihn herum übernehmen? Wird er genauso leben wie zu Hause und so zu einem Gastarbeiter oder Kulturseparatisten werden? Oder wird er seine Kultur und seinen Glauben, Elemente seiner bisherigen Existenz, die er für unveränderbar und unerschütterlich hält, im neuen Land propagieren wollen? Oft hat der Migrant keine Vorstellung davon, was er tun wird, wenn er in dem neuen Land ankommt. Erst indem er mit seinen neuen Nachbarn verkehrt und eine Reihe von Entweder-oder-Entscheidungen gefällt hat, werden sich langsam die Konturen seines neuen Lebens abzeichnen. Der Nebel wird in diesem Prozess noch schwerer zu lichten sein, wenn seine neuen Nachbarn anonym bleiben. Wer nämlich ist eigentlich da, auf der anderen Seite, um ihn willkommen zu heißen? Die „Ortsansässigen"? Die EU bevorzugt diesen Begriff, aber er schließt auch andere Einwanderer ein, die bereits im Land leben, die Diaspora. Andere Begriffe wie die „Eingeborenen" oder, obgleich ein kräftiges Bild, die „Eingewurzelten" sind in der öffentlichen Auseinandersetzung nicht weniger umstritten als die Idee einer ganzen Reihe von afrikanischen Migranten, die glauben, sie lebten jetzt „beim weißen Mann"– eine Vorstellung, die sich nach Jahren transnationaler Migration nicht erst bei ihrer Ankunft als falsch erweist. Um den Ariadne-Faden für den Ausweg aus diesem Begriffslabyrinth zu finden, hat Michèle Tribalat, Forscherin am französischen Institut für Demographische Studien (INED), das Neuwort „Quadrat-Einheimische" vorgeschlagen – also zum Beispiel eine Person in Frankreich, deren Eltern und Großeltern ebenfalls bereits Franzosen waren. Aber ihr Arbeitgeber zieht ebenso wie das nationale Statistikinstitut INSEE den nicht sehr genauen Begriff „Mehrheitsbevölkerung" vor. Oder sie sprechen von dieser gespenstergleichen zweifach negativen Figur, die dem Einwanderer gegenübersteht, als „weder Einwanderer noch Nachfahre eines Einwanderers". Die Unbeholfenheit ist hier mit den Händen zu greifen. Hier wird nicht nur die Rechnung ohne den Wirt gemacht, der Wirt hat nicht mal einen Namen – der Migrant hat kein identifizierbares Gegenüber. Die Gastkultur wird wie bei Escher zu einem Tollhaus voller Türen, die sich ins Nichts öffnen, und Treppen, die nirgendwohin führen. Kaum verwunderlich, dass die Migranten darin eher nicht wohnen wollen. In meinen Augen wäre das Problem leicht zu lösen, wenn die Staatsbürgerschaft und der ihr zugrunde liegende Gesellschaftskontrakt entscheidend wären, statt irgendeines anderen Unterscheidungsmerkmals – wie Hautfarbe, ethnische Herkunft, Religion, Eltern oder Großeltern. Der Einwanderer muss nur eine gemeinsame Basis mit den *Bürgern* seines Gastlandes finden, und das ist jeder, der einen Pass besitzt und das Recht hat zu wählen. Ihnen obliegt es zu entscheiden, wer und zu welchen Bedingungen in ihren „Club" aufgenommen wird. Ist das nicht das einzige, was zählt?

Die zunehmende Süd-Nord-Migration führt zu einem zunehmenden Geldtransfer in die entgegengesetzte Richtung: Nach Daten der Weltbank haben im Jahr 2017 Migranten aus den Ländern südlich der Sahara 38 Milliarden Dollar zurück in ihre Heimatländer überwiesen; dem stehen 45 Milliarden Dollar an ausländischen Direktinvestitionen und 25 Milliarden Dollar an Entwicklungshilfe für die Region gegenüber. Aber diese Überweisungen durch die Migranten werden leicht unterschätzt, weil die zahlreichen kleineren Transfers von durchschnittlich rund 200 Dollar in den internationalen Statistiken gar nicht erfasst sind. Sie laufen oft über informelle Kanäle. Die Schwierigkeit, diese Auslandsüberweisungen nachzuvollziehen, hat zumindest zum Teil auch mit den von Land zu Land ganz unterschiedlichen Mustern dieser Transfers zu tun, was wiederum mit familieninternen kulturellen Normen zusammenhängt, aber auch damit, wo ein Einwanderer lebt. Senegalesen, die in Spanien leben, würden zum Beispiel als Transfer-Weltmeister durchgehen, weil sie die Hälfte ihrer Einkünfte nach Hause überweisen; Ghanaer in Italien dagegen teilen mit ihren daheim gebliebenen Familien im Durchschnitt „nur" rund ein Viertel ihrer Einkünfte.[145]

---

145 Collier (2013), S. 206

In jedem Fall ist die finanzielle Unterstützung, die Subsahara-Afrika von seinen Argonauten im Ausland erhält, fraglos sehr wichtig. Aber sie ist nicht von ungetrübtem Nutzen. Zunächst einmal, weil die Einwanderer, die einen bedeutenden Teil ihrer Einkünfte nach Afrika schicken, damit für sich und ihre Familien, einschließlich der in Europa geborenen Kinder, zwangsläufig die Chancen einschränken, ganz in ihre Gastländer integriert zu werden. Es gibt so schlicht nicht genug Geld für die Kinder, damit sie bei ihren Gleichaltrigen mithalten können, für Nachhilfeunterricht, Privatschulen oder Freizeitaktivitäten, und auch weniger Geld für die Miete oder für ein Auto. Zum Zweiten ist das Geld, das da nach Hause geschickt wird, nur selten eine produktive Investition. Im besten Fall werden damit Schulgebühren bezahlt, Arztkosten beglichen oder es wird eingesetzt, um ein Haus zu bauen. Oft genug aber muss das Geld herhalten, um am Monatsende klarzukommen, wenn es nicht aus dem Fenster geworfen wird, um faule Verwandte auszuhalten oder demonstrativ Wohlstand zur Schau zu stellen. In jedem Fall aber werden so die sozialen Unterschiede in Dörfern und Nachbarschaften vertieft zwischen denen, die Verwandte im Ausland haben, und allen anderen, die oft neidisch versucht sind, einen der eigenen Verwandten ins Ausland zu schicken, um auf Augenhöhe mit den anderen zu kommen. Und schließlich wird drittens *Die Zahlungsanweisung – The Money Order,* so der Titel eines 1968 verfilmten Romans des verstorbenen senegalesischen Autors und Regisseurs Ousmane Sembène – von einem anderen „Transfer" begleitet, der nicht weniger wichtig ist, dem aber selten Beachtung geschenkt wird. Bis Ende des 20. Jahrhunderts gab es in der Regel nur einmal im Jahr einen kurzen Besuch des Migranten zu Hause, meist im Sommer, dazu übers Jahr verteilt ein paar Briefe und Postkarten und seltene Telefonate zu Anlässen wie Hochzeiten, Beerdigungen oder dem Ende des Ramadan. Heute gibt es E-mail, Skype, Viber und WhatsApp; dank WiFi, durch das die Kommunikation praktisch kostenlos ist, gibt es heute einen mehr oder weniger ununterbrochenen Kontakt des Migranten mit seinem Heimatland. Die Intensivierung des Austauschs hilft bei der Verbreitung, aber auch Personalisierung der Flut von Nachrichten, Geschichten und Bildern, die über Radio und Fernsehen, via Internet oder Satellit gesendet werden. Familienmitglieder auf beiden Seiten werden dauernd gebeten, diese oder jene Nachricht verständlicher zu machen oder einen persönlichen Eindruck von diesem oder jenem Geschehen zu liefern. So kommt es zum ständigen Austausch von Ideen, das Ganze wird eine vergleichende Sozialforschung, die niemals ein Ende findet. „Die Emigration nach Europa hat dazu geführt, dass in den Maghreb sexuelle und familiäre Modellvorstellungen wieder zurückgekehrt sind, die zuvor den demografischen Wandel beschleunigt haben; anders als in Ägypten, wo die Migration in Richtung der Golfstaaten konservative und natalistische Vorstellungen verstärkt haben", schreibt Jean-François Bayart. „In den afrikanischen Ländern südlich der Sahara wird der Austausch von Sichtweisen zwischen den Herkunftsgesellschaften und den Gesellschaften der Gastländer ähnliche Auswirkungen auf Verwandtschaftsbeziehungen, eheliche Beziehungen, Rollenmodelle, die traditionelle Unterwerfung der Jüngeren unter die Älteren oder der Frau unter den Mann, aber auch die Beziehungen zwischen Unfreien und Freien haben."[146]

Was solcherart „nach hinten losgeht", wie Bayart weiter vermerkt, trifft nicht nur in einer Richtung. In Afrika akzeptierte Vorstellungen, bei denen es um politische oder elterliche Autorität, religiöse Freiheit oder Homosexualität gehen mag, laufen Gefahr, im europäischen Kontext genauso unangebracht zu erscheinen wie Normvorstellung aus der anderen Richtung im afrikanischen Kontext. Wo aber diese europäischen Vorstellungen in Afrika eine Zukunft ankündigen mögen, die manchmal wünschenswert und manchmal abscheulich erscheinen kann, dürften umgekehrt die Botschaften aus Afrika in Europa meist eher als wenig willkommenes Echo aus der Vergangenheit ankommen. Was immer zum Beispiel die Gründe für die Homo-

---

146 Bayart (2010), S. 139

phobie in Afrika sein mögen (zu denen auch die Dämonisierung der „Sodomie" durch westliche Missionare zählt), die Tatsache, dass die Kriminalisierung der Beziehungen von Menschen des gleichen Geschlechts in Afrika heute auf große Zustimmung in der Bevölkerung stößt, kollidiert mit der Toleranz gegenüber der Homosexualität in Europa. In 34 afrikanischen Länder wird Homosexualität strafrechtlich verfolgt, wobei die Strafen von drei Monaten bis zu zwei Jahren Haft in Burundi über 14 oder 15 Jahre in Kenia und Äthiopien bis zur möglichen lebenslangen Haft in Uganda und Tansania und sogar der Todesstrafe in Mauretanien, in den zwölf nördlichen Staaten Nigerias, im Sudan und dem südlichen Teil von Somalia unter der Kontrolle der islamistischen Bewegung *al-Shabaab* reichen.

Ressentiments, durch den Winter verschärft

Was als die letzte Chance für die Bedürftigsten ohne jegliche Hoffnung gilt, befördert ironischerweise den *brain drain* afrikanischer Talente. Das ist nicht das geringste Paradox der „Migrationsbegegnung" zwischen Afrika und Europa, und es ist keine zu vernachlässigende Begleiterscheinung. So arbeitet beispielsweise ein gutes Drittel aller afrikanischen Ärzte nicht in Afrika, sondern in den OECD-Ländern, dem Club der Reichen. Und das, obwohl das Zahlenverhältnis von Arzt und Patienten südlich der Sahara bei etwa eins zu 9.000 liegt, in Extremfällen wie dem Südsudan sogar bei eins zu 90.000 – das ist dreißig oder sogar dreihundert Mal niedriger als in der Gesundheitsversorgung Frankreichs oder Englands. Allgemein wird geschätzt, dass in den letzten dreißig Jahren ein Drittel bis die Hälfte der Afrikaner mit Hochschulabschluss ihr Land verlassen hat oder nach Ende des Studiums im Ausland nicht in die Heimat zurückgekehrt ist, sondern lieber in einem Land im Norden arbeitet. Einige Forscher wollen diese Abwanderung von Spitzenkräften – den *brain drain* – als Profitquelle – *brain gain* – für die afrikanischen Länder bewertet sehen. Ihre Begründung: Der fertige Student wird viel Geld nach Hause schicken; sein Beispiel wird seine Landsleute ermutigen, auch in die Ausbildung ihrer Kinder zu investieren und damit einen vorbildhaften Kreislauf in Gang setzen. Ich bezweifle das.

Zunächst ist die akademische Bildung eines Absolventen für einen afrikanischen Staat sehr teuer; die Ausbildung eines Arztes kostete 2005 durchschnittlich 184.000 Dollar (oder 155.000 Euro).[147] Der Migrant müsste schon sehr großzügig sein, um eine solche Summe zurückzuzahlen, ganz zu schweigen davon, dass das Geld seinen Eltern und nicht der Staatskasse zugute käme. Zweitens kommt mir die Idee, Afrika in einen Pool von Talenten für Europa umzuwandeln wie ein ziemlich seltsames Entwicklungsideal vor, umso weniger nachhaltig, als Afrika seinerseits auf ausländische Freiwillige und Entwicklungshelfer angewiesen ist, die kommen und sich einer Bevölkerung annehmen, die für eine internationale Karriere noch nicht ausreichend qualifiziert ist …

In der Tat scheint mir die Abwanderung der am besten ausgebildeten Bürger ein Nettoverlust für Afrika zu sein; sie sind die einzigen, die die Fähigkeiten, die Mittel und die Zeit hätten, die nötig sind, um ihre Länder voranzubringen. Dieser Verlust ist auch zutiefst demoralisierend: Die besser Qualifizierten glauben nicht an die Zukunft ihrer Heimat, sie suchen ihr Heil woanders.

Afrikanische Intellektuelle, die manchmal auf dem alten Kontinent leben, äußern sich oft sehr kritisch über die ehemaligen Kolonialmächte, über ihre Raubgier gestern und über ein blutleeres Europa heute, das im Begriff sei, zum Freilichtmuseum zu werden. Sei es nun richtig oder falsch, man kann verstehen, dass sie ihre ehemaligen Metropolen betrachten als „Gräber, die außen weiß angestrichen sind und schön aussehen; innen aber sind sie voll Knochen, Schmutz und Verwesung."[148]

147 Kohnert (2006), S. 3
148 Matthäus 23,27, wo es um die Scheinheiligen geht; die Stelle hat schon Joseph Conrad – *The Heart of Darkness* – inspiriert.

Achille Mbembé spricht von „dieser langweiligen Eisscholle, zu der Europa wird". Aber das ist in der Regel nicht das Europa, das Afrikaner von Afrika aus sehen. Es gilt nicht für die „aufstrebenden" Bewohner südlich der Sahara, denen die Erwartung auf ein besseres Leben Lust macht, Afrika zu verlassen. Aus ihrer Sicht ist Europa, zwanzigmal reicher pro Kopf als Subsahara-Afrika, ein strahlender Kontinent, in dem alles „perfekt in Ordnung" ist. Auch diesen Irrtum sollte man verstehen. Sie sind ja noch nicht angekommen.

Die afrikanische Diaspora in Europa gilt oft als bester Garant für mehr Solidarität zwischen den beiden Kontinenten. Es gibt mehrere Vorstellungen, die da zusammenkommen, darunter die einer großen „Distanz" zwischen beiden Seiten, die überbrückt werden müsse, und die von den Vermittlern, die diesen Austausch auf lange Sicht erleichtern würden. Dolmetscher sozusagen, die als Botschafter ihrer Herkunftsländer fungieren und gleichzeitig – so wird das natürlich nie gesagt – als "Scouts für eingeborene Angelegenheiten" für ein Europa, das sich historisch nie leicht getan hat, das *Zwielichtige Afrika* – wie das Hauptwerk von Georges Ballandier aus dem Jahr 1957 (auf deutsch 1959) heißt – zu verstehen. Das geht allerdings von der Idee aus, dass Europa sich nichts Besseres wünschen würde, als Afrika genauer zu verstehen, und dass diese Abgesandten Afrikas in Europa aufrichtige Vermittler wären. Das müsste sich erst einmal erweisen.

Es könnte genauso gut sein, dass Europa nur um „Vergebung" bittet – im wahrsten Sinne des Wortes –, da es sich für seine koloniale Vergangenheit schuldig fühlt, und dass die afrikanische Diaspora ein Interesse daran hat, genau dieses Unbehagen zu erhalten. Die Afrikaner, die es hinter die „feindlichen Linien" geschafft haben, würden sich damit vom Verdacht befreien, mit dem ehemaligen Kolonialherren einen Separatfrieden geschlossen zu haben und sich stattdessen als unentbehrliche Vermittler Sondervorteile sichern. Zu guter Letzt noch ist zwar die Diaspora aus Sicht der Afrikaner in Afrika ihr Brückenkopf in Europa, sie bedroht aber auch den Kontinent durch den „Sundiata-Effekt": Wie wir gesehen haben, kann das aus seinem Dorf vertriebene, vormals behinderte Kind als Imperialist zurückkehren. Das Beispiel der befreiten Sklaven aus Amerika, die in der ersten Hälfte des 19. Jahrhunderts nach Afrika zurückkehrten und Liberia kolonisierten, kann da nur als Warnung dienen.

Die Dimensionen der „afrikanischen Diaspora" sind nicht klar. Nach Angaben der Weltbank gibt es weltweit etwa 30 Millionen Migranten; nach Angaben der Afrikanischen Union aber, die sie alle als eine Art globale „schwarze Lobby" sieht, sind es 168 Millionen. Geht es in Europa um die Unterscheidung zwischen einem afrikanischen Einwanderer und einem Mitglied der afrikanischen Diaspora, impliziert das oft eine Rückgriff auf irgendeine Version der *„grievance identiy"*, die der afro-amerikanische Politologe Shelby Steele schwarzen Amerikanern zuschreibt, die ihr Leben in einer Opferrolle verbringen. (In Frankreich gibt es eine Splitterpartei für Anti-Rassismus und Entkolonialisierung, *„Les Indigènes de la République"*, bei der es ebenfalls um die Entstehung einer auf kolonialem Leiden basierenden Identität und den Rückzug einer Randbevölkerung in ein Ghetto geht). Bereits die behauptete doppelte Herkunft des afrikanischen Migranten – sowohl Nachbar, wenn nicht gar Mitbürger, als auch Aufklärer, wenn nicht Vorkämpfer seines Herkunftslandes – macht den alltäglichen Umgang miteinander nicht gerade einfach.

Und das noch viel weniger, wenn es etwa in Frankreich um „Postkolonialität" geht. Wenn sich ein *souchien*, ein weißer Alteingesessener dort einem schwarzen Mitbürger nähert und seine erste Frage ist, „Woher kommst du denn?", wird er wahrscheinlich auf offene Empörung stoßen: „Mann, willst du mir erzählen, man könne nicht im gleichen Atemzug französisch und schwarz sein?!" Und mit der Erwiderung hätte er völlig recht, schwarz und französisch schließen sich nun mal nicht aus (und das in der französischen Karibik seit 1848, wenngleich Guadeloupe und Martinique bis 1946 Kolonien waren). Richtig ist aber auch, dass es Mitte der 1920er Jahre nur 3.500 Afrikaner aus der Subsahara in Frankreich gab, Mitte der 1950er Jahre erst 15.000, dann Mitte der 1960er Jahre immer noch weniger als 30.000 und Mitte der 1970er Jahre, nach der großen Dürre in der Sahelzone, waren es etwa 65.000.[149] Der „Quadrat-Einheimische" hat daher verständliche Gründe zu glauben, dass Frankreich traditionell ein einfarbiges Land sei und auch dafür, die aus seiner Sicht schlichte Frage nach der Herkunft des anderen zu stellen. Aber natürlich liegt er auch völlig falsch, denn Frankreich hat sich verändert, und er muss sich mit seinem Land verändern – und schließlich gibt es im Kontext der Migration keine schlichten Fragen. Hätte er im Übrigen das „Schwarzsein" seines Mitbürgers übersehen, hätte man ihm womöglich auch das vorgehalten. „Willst du etwa meine afrikanischen Wurzeln in Frage stellen? Ich bin schwarz, siehst du das nicht?" Die postkoloniale Begegnung ist oft genug eine *lose-lose*-Situation.

Im Übrigen lösen die Weißen südlich der Sahara, zum Beispiel die 35.000 in Kenia, unter Afrikanern nicht weniger Fragen oder gar Unglauben aus. Das ist in Schwarzafrika auch nicht weiter verwunderlich.

Wir haben es wieder und wieder gesagt: Die koloniale Vergangenheit ist nur ein zusätzlich erschwerender Umstand bei der „Migrationsbegegnung". Es braucht sie nicht, damit sich Ressentiments entzünden. Der Anthropologe Arjun Appadurai, der in Indien geboren wurde, aber in den Vereinigten Staaten Karriere gemacht hat, stellte in seinem 2006 erschienenen Buch *Fear of Small Numbers: An Essay on the Geography of Anger* die Frage: „Wie kommt es, dass so viele Menschen uns genau für das hassen, was sie so verzweifelt zu erreichen suchen? Sie durchbrechen unsere Grenzen, sie wollen unsere Visa, sie nehmen das Flugzeug oder das Auto oder landen an unseren Küsten als Bootsflüchtlinge. Warum so viel Energie aufwenden, um ein Land zu erreichen, das man verachtet? (…) Was geht in einem Menschen vor, der unter Lebensgefahr das begehrt, was er dann

---

149 Gubert (2008), S. 45

ablehnt – die ,falsche', moralisch verwerfliche Lebensweise? (...) Traurigerweise sind Träumer und Hassende also nicht zwei unterschiedliche Gruppen, sondern oft dieselben Menschen. Auf einem sich globalisierenden Planeten will jeder Teil der ,besseren Welt' sein, aber eine bessere Welt ist nicht so einfach zu definieren: Für die leiblichen Bedürfnisse ist es der Westen, und das Herz schlägt irgendwo anders."[150] In einem seiner ersten Gedichte, *Le Portrait*, hat Léopold Sédar Senghor das alles in einer einzigen Zeile zusammengefasst: „Die Sturheit meiner Ressentiments / durch den Winter verschärft".

Europa wird durch seine „Politik des Mitleids" (Hannah Arendt) daran gehindert, die Ressentiments, die Europa hervorruft, und die tiefe Enttäuschung, die es verursachen kann, zu verstehen. Da der afrikanische Migrant der „Hölle" entflieht, muss Europa für ihn das Paradies sein. Einmal angekommen, ist er „gerettet" – es gibt so keinen Grund mehr, sich weitere Sorgen um ihn zu machen. So wird der Anteil des Scheiterns in der Migrationsbegegnung oft ignoriert. Der alte Kontinent hat in dieser Hinsicht ein kurzes Gedächtnis: Ein Drittel seiner eigenen Migranten, jener Millionen Menschen, die um die Jahrhundertwende in die Neue Welt gegangen sind, ist aus Amerika zurückgekehrt und hat den Traum von einem neuen und besseren Leben begraben.[151] Heute aber kehren nicht so viele afrikanische Migranten dauerhaft in ihre Herkunftsländer zurück: „Wir sind doch nicht von so weither gekommen, um dann keinen Erfolg zu haben."[152] Aber in vielen Gesprächen selbst

---

150 Appadurai (2006), S. 121/124

151 Das ist nur ein Annäherungswert, weil die definitive Ausreise aus den USA erst ab 1908 registriert wurde. Wir wissen aber, dass Frauen weniger häufig als Männer wieder zurückkehrten und dass der Anteil der Rückkehr je nach Nationalität variierte. Iren (mit sechs Prozent), Tschechen (acht Prozent) und Engländer (zehn Prozent) kehrten sehr viel seltener in die Heimat zurück als Ungarn (49 Prozent), Kroaten (60 Prozent) und Süditaliener (61 Prozent).

152 Ich habe dieses Zitat und das folgende mit freundlicher Erlaubnis von Charles Piot übernommen; sie stammen aus seinem bald erscheinenden Buch über die US-Visa-Lotterie.

bei den Erfolgreichen in der Diaspora gibt es oft diese langen Momente des Schweigens und dann diesen mit leiser Stimme formulierten Satz: „Es stimmt schon, dass ich hier gut lebe – aber lebe ich wirklich?" Dann, nach einer Stille, die zu beredt ist, als dass man sie unterbrechen könnte: „Ich hab's halt getan." Würde er oder sie es noch einmal tun? Diese Frage quält noch die nachfolgende Generation, die aufgewachsen ist, ohne dass ihnen ihre Eltern eine Antwort darauf gegeben hätten.

ZUKUNFTSSZENARIEN

Die massive Migration von Afrikanern nach Europa ist weder im Interesse des jungen Afrika noch in dem des alten Kontinents. Nur eine ausgesprochen selektive Aufnahme von wenigen „Handarbeitern" und vor allem „Kopfarbeitern" aus Afrika wird für Europa im Hinblick auf seinen überaus kompetitiven Arbeitsmarkt, der zudem noch empfindlich auf Prozesse der Automatisierung reagiert, von Vorteil sein – die Abnahme der aktiven Bevölkerung Europas wird letztendlich für den alten Kontinent wahrscheinlich eher einen Bonus als einen Malus darstellen. Afrika seinerseits hat mehr zu verlieren als zu gewinnen, wenn es seine jungen Leute „exportiert", als seien sie das Problem und nicht dessen Lösung – sie werden zum Schlüssel seines Erfolgs werden, wenn denn die Bedingungen auf dem Kontinent ihnen erlauben, „erwachsen" zu werden, das heißt produktiv und unabhängig, weil sie Lohnarbeit gefunden haben. In diesem Sinne liegt die Herausforderung für Afrika heute nicht in seiner übergroßen Fülle an Jugendlichen, sondern in dem Mangel an Erwachsenen. Wenn allerdings die Beseitigung all dieser Gründe einen *run* auf Europa verhindern könnte, hätte es nie eine Landflucht in Afrika gegeben. Denn in Ermangelung sowohl einer Grünen als auch einer Industriellen Revolution wurde der massive Zuzug der Bevölkerung aus den Dörfern in die Städte, die sich nicht zu Orten der Produktivität[153]

---

153 Die Weltbank (2017, S. 17) hebt hervor, dass „Afrika zwar städtischer wird, aber arm bleibt – in der Tat noch deutlich ärmer als andere Entwicklungsregionen mit einem vergleichbaren Urbanisierungsniveau". Der Urbanisierungsgrad Afrikas südlich der Sahara ist derzeit 37 Prozent bei einem Pro-Kopf-Einkommen von 1.000 Dollar. Lateinamerika und die Karibikstaaten haben dieses Niveau 1950 mit einem Pro-Kopf-Einkommen von 1.860 Dollar überschritten, der Nahe Osten und Nordafrika im Jahr 1968 bei einem Pro-Kopf-Einkommen von 1.806 Dollar, und Ostasien und die Pazifikstaaten erreichten es im Jahr 1994 bei 3.617 Dollar pro Kopf.

entwickelten, ein doppeltes Desaster für den Kontinent – eine *lose-lose*-Situation. Das ist nun so, wie es ist, aber nicht deshalb wird die Landflucht aufhören oder der *run* auf Europa nicht stattfinden. Die Logik dieser Situation ist zwingend. Derjenige, der aufbricht – ob er nun nur das Dorf verlässt oder den Kontinent –, entscheidet sich zwischen dem Bekannten und dem Unbekannten. Er flieht vor dem, was er nur zu gut kennt, und entscheidet sich für das Erhoffte, von dem er nicht ahnt, dass er es nicht wiedererkennen wird, wenn sein alter Traum zu seiner neuen Wirklichkeit geworden ist. Niemand kann das verhindern. Selbst wenn ein Bewohner der Diaspora oder ein „Bruder" seinen Stolz herunterschlucken würde und ihm einen Blick auf die Möglichkeit des Scheiterns am Ende seines Weges erlauben würde: Derjenige, der „weg" will, würde ihm kein Wort glauben. Jeder will selbst hingehen, um mit eigenen Augen zu sehen, wie es ist, um sich selbst ein Urteil bilden zu können. Jeder will es selbst erleben, um das Gefühl zu haben, wirklich zu leben.

Afrika, der immer noch arme Kontinent, wenn auch schon jetzt ein demografischer Milliardär und in dreißig Jahren ein Multimilliardär, klopft an die Türen Europas. Seine Bevölkerung ist nicht nur ungeheuer zahlreich, sondern auch die jüngste Bevölkerung der Welt. Zwischen dem Wendekreis des Krebses und dem Wendekreis des Steinbocks sind vier von zehn Afrikanern jünger als fünfzehn Jahre, und sieben von zehn jünger als dreißig. Das Gleichgewicht zwischen Vergangenheit und Zukunft ist dort mächtig in Richtung Zukunft verschoben. Eine wachsende Anzahl von Afrikanern hat die Mittel und die Weltsicht, um ein besseres Leben dort zu suchen, wo es verheißungsvoll aussieht. Sie träumen nicht mehr nur davon, sie können sich die Inszenierung rund um die Uhr ansehen, im Fernsehen wie im Internet. Sie haben an der Moderne teil als „Bildschirmbummler" (so wie unsere armen Vorfahren sich die Nase an Schaufenstern plattdrückten). Und irgendeiner ihrer Brüder oder Schwestern ist schon dort angekommen, wo die virtuelle Realität „echt" existiert. Die Wagemutigsten unter ihnen oder die Unternehmungsfreudigsten – manchmal auch die am wenigsten Gefestigten –

machen sich auf nach Europa. Die Migrationsbewegung steht vor einem Skalensprung. Aber die „Migrationsbegegnung" zwischen dem jungen Afrika und dem alten Kontinent muss nicht unvermeidlich eine Zwangsehe sein. Es gibt einen Spielraum für politische Entscheidungen, bei den Afrikanern wie bei den Europäern und im Idealfall in gemeinsamer Abstimmung. Die Herausforderung könnte sogar zur Chance für eine neue Nachbarbeziehung werden. Aber die Zeit vergeht, und die Vergangenheit gibt genug Anlass zu düsteren Vorahnungen. Die Versuchung, den alten Gewohnheiten zu folgen, wenn es um die Geburtenkontrolle in Afrika geht oder um den „Bedarf" an eingewanderten Arbeitskräften in Europa, kann dazu führen, dass aus dem Zufluss afrikanischer Migranten nach Europa ein „Ansturm" wird. Wann? Dann, wenn Afrika, vor allem das Afrika südlich der Sahara, wirklich über das Existenzminimum hinaus „aufstrebt". Das ist das Dilemma, vor dem wir stehen: Für die nächsten zwei Generationen werden die guten Nachrichten aus Afrika schlechte Nachrichten für Europa sein.

Die Obsession für „Typen und Szenen"

Ich will mit einigen Zukunftsszenarien schließen, um das Feld der Möglichkeiten zu sichten. Das erste Szenario – nennen wir es das „Eurafrika-Szenario" – geht von einem guten Empfang der afrikanischen Migranten in Europa aus, in der Hoffnung, dass der alte Kontinent durch sie jünger, vielfältiger und vielleicht auch dynamischer wird. Dieses Szenario wäre eine „Amerikanisierung" in dem großzügigen Sinn des Gedichts von Emma Lazarus, das in den Sockel der Freiheitsstatue eingraviert ist: „,Behaltet, o alte Lande, euren sagenumwobenen Prunk', ruft sie / Mit stummen Lippen. ‚Gebt mir eure Müden, eure Armen, / Eure geknechteten Massen, die frei zu atmen begehren, / Den elenden Unrat eurer gedrängten Küsten; / Schickt sie mir, die Heimatlosen, vom Sturme Getriebenen, / Hoch halt' ich mein Licht am gold'nen Tore!'" Dem Beispiel Amerikas folgend würde Europa seinen Status als Einwandererland ganz und gar annehmen und eine „breite Durchmischung" akzeptieren, die für Frankreich laut Hervé Le Bras schon heute Tatsache ist.[154] Damit wäre auch der Triumph eines humanistischen Universalismus besiegelt. Deutschland im Sommer 2015 kommt einem da in den Sinn. Als sie die Migranten mit offenen Armen empfingen und bereit schienen, ihr Land mit ihnen zu teilen, erlebten die Deutschen es als kollektiven Glücksmoment, ganz im Einklang mit ihren moralischen Prinzipien zu handeln, eine Art Epiphanie der „Gesinnungsethik".[155] Max Weber, auf den der Begriff zurückgeht, verglich diese innige Übereinstimmung mit der des Christen, der seine Pflichten erfüllt, und fügte hinzu: „Der Christ tut recht und stellt den Erfolg Gott anheim." Genau das machen auch die Hilfsorganisationen im Mittelmeer. Sie holen Migranten aus dem Meer, die nichts anderes wollen, als „anständig zu leben", auch wenn es bedeutet, dass sie ihr Leben in einer Art Erpressungsakt aufs Spiel setzen. Die NGOs erfüllen ihre Pflicht zur Hilfeleistung, indem sie die Migranten an den Küsten Italiens oder Spaniens in Sicherheit bringen. Was aber könnten sie dem Leitartikler antworten, der ihnen vorwirft, zwar die Mittel zusammenzubringen, um die Migranten „zu retten", aber in der eigenen Nächstenliebe auf halbem Wege stehenzubleiben, „ohne Arbeit, Unterkunft und Ausbildung für diese Unglücklichen zu organisieren und zu finanzieren, denen sie geholfen haben, nach Europa zu gelangen"[156]?

Verantwortungsethik ist laut Weber die politische Haltung par excellence und besteht darin, „dass man für die (vorausseh-

154 Interview auf *France Info* vom 20. November 2015: Hervé Le Bras verwies darauf, dass 2013 laut Angaben des Statistikamts Insee „40 Prozent der Neugeborenen [in Frankreich] ein Eltern- oder Großelternteil ausländischer Herkunft" hatten. http://geopolis.francetvinfo.fr/la-migration-dans-lhistoire-vue-par-le-demographe-herve-le-bras-86439

155 Vergl. Vahlefeld (2017); der Autor fragt sich wie viele deutsche Medien angesichts der Ereignisse, wieviel die freundliche Aufnahme der Migranten mit der deutschen Vergangenheitsbewältigung zu tun haben mag.

156 Renaud Girard, *Le Figaro* vom 4. Juli 2017 *(„L'immense enjeu des migrations")*.

baren) Folgen seines Handelns aufzukommen hat." Sie verpflichtet also, für das eigene Handeln – jenseits eines moralischen
Narzissmus – einschließlich aller absehbaren sich daraus erge-
benden Konsequenzen einzustehen. Bei diesem Licht besehen
würde ein „Eurafrika-Szenario" das Ende der sozialen Sicherung in Europa bedeuten, die auf einem Solidarpakt zwischen
den Generationen fußt. Ein Wohlfahrtsstaat ohne Grenzen ist
ein Widerspruch in sich, weil der inter-generationelle Vertrag
eines Geltungsbereichs bedarf. Darüber hinaus ist es eine Sache,
dazu aufzurufen, den Reichtum einer Gesellschaft mit anderen
aufzuteilen, wenn einem das am Herzen liegt; etwas anderes
aber ist es, die Fähigkeit einer Gesellschaft „aufzuteilen",
Reichtum *zu schaffen* – wenn das so einfach wäre, wäre die Entwicklungshilfe nicht der Misserfolg, der sie aber ist, und die
Migranten würden nicht aus ihren Ländern flüchten. Der
Sozialstaat verträgt sich nicht mit offenen Türen; daher gibt es
auch in den Vereinigten Staaten, dem Musterland der Immigration, keine soziale Absicherung, die diesen Namen verdient
hätte. Wenn der Sozialstaat über Bord geht, dann wird in Europa
nur der Rechtsstaat überleben, dieser alte Leviathan Hobbes'.
Er wird dann viel damit zu tun haben, „den Krieg aller gegen
alle" zu verhindern – in einer Gesellschaft, die an ein Sicher-
heitsnetz und gemeinsame Regeln gewöhnt war, mit denen sie
das *„bonding capital"* anhäufen könnte, das Robert Putnam so
wichtig ist. Es könnte sogar sein, dass man irgendwann den
Ländergrenzen nachtrauert, den sichtbaren Grenzzäunen und
Ausweiskontrollen. Denn die unangenehme Frage „Wer ist
wer?" verschwindet ja nicht mit ihnen. In einer sich globalisierenden Welt wird sie mehr und mehr privatisiert. In „Eurafrika"
werden die inneren Grenzwächter bei jedem Kontakt mit dem
Anderen rufen: „Halt! Wer da?" Diese ständige Grenzkontrolle
wird einen jeden nötigen, seine Identität unter Beweis zu stellen,
und dürfte – weil es dann einfacher wird – physische Merkmale
besonders betonen. Die Gesichtsform, die Farbe der Haut, Täto-
wierungen … die Biometrie kann dann so viel von der alten
Stammeskennzeichnung durch Ziernarben übernehmen. Die

liberale Demokratie, die auf unterschiedlichen Meinungen und wechselnden Mehrheiten beruht, wird durch *natürliche* Unterschiede, die dem Körper eingeschrieben sind, ihres Sinns entleert. Das, was in den USA, die Vorreiter auf diesem Gebiet sind, *identity politics* genannt wird, teilt mit dem Kolonialismus – diesem großen Zusammentreffen mit dem Anderen unter dem Vorzeichen der Ungleichheit – die Obsession für „Typen und Szenen".

Das zweite Szenario – die „Festung Europa" – ist uns bereits vertraut und scheint auf eine von vornherein verlorene Schlacht hinauszulaufen und das auch noch in schändlicher Mission. Bei genauerem Nachdenken aber hat dieses Szenario seine Berechtigung und seine Erfolgsaussichten. Zunächst einmal verkleinert es die breite Kluft zwischen juristischen Normen und moralischen Prinzipien auf der einen und der Realität moderner Migration auf der anderen Seite. „Zwischen den frühen 1970ern und den späten 1990er Jahren ist die Zahl der Asylanträge in den Ländern der heutigen EU um das Zwanzigfache gestiegen – von rund 15.000 pro Jahr auf mehr als 300.000."[157] Dieser Trend setzt sich seit der Jahrtausendwende ungebrochen fort: 2014, in dem Jahr vor der sogenannten „Flüchtlingskrise", lag die Zahl der Asylsuchenden in der EU bei 562.700; 2017, nach dem Höhepunkt der Migrationsbewegung, nennt Eurostat die Zahl von 650.000. Woran liegt dieser unglaubliche Anstieg? Ist die Welt in den vergangenen fünfzig Jahren tatsächlich so viel gefährlicher geworden, vor allem in den neuen Demokratien südlich der Sahara wie Senegal, Elfenbeinküste, Ghana, Nigeria oder Kenia? Laut Eurostat waren vier von fünf Asylsuchenden – 82 Prozent – jünger als fünfunddreißig, und zwei Drittel von ihnen waren Männer. Das ist nicht die Demografie der Rettungsboote ... Ebenfalls 2017 wurden 54 Prozent der Anträge in den achtundzwanzig EU-Staaten in erster Instanz abgelehnt –

157 Vgl. Frédéric Bobin und Jérôme Gautheret in *Le Monde* vom 15. September 2017 („Entre Libye et Italie, petits arrangements contre les migrants"), und Jason Horowitz in *New York Times* vom 4. August 2017 („Italy's ‚Lord of Spies' Takes On a Migration Crisis").

eine Zahl, hinter der sich riesige Unterschiede verbergen: von Irland (11 Prozent) an einem Ende bis Tschechien (88 Prozent) am anderen, dazwischen liegen Deutschland (50 Prozent), Großbritannien (69 Prozent) und Frankreich (71 Prozent). 2016, als es doppelt so viele Anträge gab, lag die Ablehnungsquote in Deutschland bei 91 Prozent – in Portugal, Kroatien, Estland und Litauen bei erschütternden 100 Prozent. Die Anerkennung des Rechts auf Asyl in der EU ist zum Glücksspiel geworden, abhängig vom Land, in dem der Antrag gestellt wird, und von der Gesamtzahl im jeweiligen Jahr. Aber es heißt auch, dass das Asylrecht missbraucht wird für Migration aus wirtschaftlichen Gründen. Diese nicht zu übersehende Tatsache wird häufig heruntergespielt mit gut gemeinten Appellen, man möge sich doch einmal „in die Haut dieser armen Menschen versetzen". So können dann die Verteidiger der „Festung Europa" überzeugend argumentieren, dass nur die rigorose Sicherung der Außengrenzen das Asylrecht ebenso rigoros schützen könne. Gegenwärtig lehnen die Gerichte des gesamten Kontinents hunderttausende Asylanträge ab, aber nur ein kleiner Teil der Migranten wird tatsächlich abgeschoben – die Rückführung ist eine große logistische und finanzielle Herausforderung und gelegentlich auch unmöglich, wenn sich die Heimatländer weigern, ihre Bürger zurückzunehmen. In der Folge wächst die allgemeine Ablehnung angesichts eines massiven Vertrauensbruchs: Immer mehr Europäer sträuben sich dagegen, Migranten, die sich den Eintritt erschleichen wollen, als Mitbürger willkommen zu heißen. Vielleicht ist es gar nicht mal so, dass sie nicht verstehen, warum die Migranten die Tore nach Europa einrennen. Aber welche Garantie gibt es, dass sich die Neuankömmlinge, nachdem sie sich den Zutritt auf betrügerische Weise verschafft haben, anschließend an die Regeln halten?

Auf der praktischen Ebene ist die „Festung Europa" vielleicht gar nicht so unhaltbar, wie es auf den ersten Blick aussehen mag. Die öffentliche Meinung und mit ihnen die Politiker machen schnell eine Kehrtwende, wenn ihre Großzügigkeit beginnt, den eigenen Interessen zu schaden. Wieder muss man da an

Deutschland denken, aber ebenso auch an Italien, das an vorderster Front in der Migrationsdebatte steht. Bereits bevor im Mai 2018 die migrationsfeindliche „Regierung des Wandels", ein Bündnis aus einer populistischen Bewegung und einer rechtsradikalen Partei, ihr Amt antrat, hatte Rom den Spielraum der NGOs auf dem Mittelmeer beschränkt. Gleichzeitig rüstete Italien die libysche Küstenwache (oder was als solche gelten soll) aus, setzte die eigene Kriegsmarine in Gang und begann – in Ermangelung einer legitimen Regierung mit Durchsetzungskraft im ganzen Land – einen „Dialog" mit den Warlords. Das Ergebnis war dramatisch: Im Sommer 2017 ging plötzlich der Zustrom von Migranten abrupt zurück, ähnlich wie an der Südostflanke Europas, die mit sechs Milliarden Euro für die Türkei abgedichtet worden war. Nimmt man dann noch die Aktionen der diversen Geheimdienste unterhalb des Radars dazu, wirkt der alte Kontinent weniger zahnlos als seine senile Karikatur. Mit der unausgesprochenen Zustimmung einer öffentlichen Meinung – viel zu froh über den Rückgang, als dass sie wirklich die Gründe dafür wissen will – verfügt Europa durchaus über die Mittel, seine Grenzen abzudichten. Schließlich ist Europa reich, und diejenigen, die versuchen hereinzuklettern, kommen aus armen Ländern, die man abfinden kann. Dessen ungeachtet und angesichts der massiven Entwurzelung, die dieses Buch vorzeichnet: Alle Versuche, die Migrationsbewegung aus Afrika *allein* mit Sicherheitsmaßnahmen aufzuhalten, sind zum Scheitern verurteilt.

„Geh' doch rüber!"

Ein drittes Szenario – die „Mafia-Drift" – speist sich aus zwei Quellen: der Naivität, mit der internationale Schleppernetzwerke bei der Betrachtung dessen, was oft genug auf Menschenhandel hinausläuft, außer Acht gelassen werden, und dem Risiko, dass afrikanische Menschenhändler gemeinsame Sache mit der organisierten Kriminalität in Europa machen oder aber sich

Krieg mit ihr liefern. Was den Menschenhandel betrifft, so kann man sich davon ein genaues Bild machen in einer der seltenen, tiefer gehenden Reportagen, der von Ben Traub in der *New York Times* vom 10. April 2017. Da kann man nachlesen: „Mehr als elftausend nigerianische Frauen sind im vergangenen Jahr nach Angaben der Internationalen Organisation für Migration IOM aus dem Mittelmeer gerettet worden. 80 Prozent von ihnen wurden Opfer sexueller Ausbeutung durch Menschenhändler. ‚Darunter sind Mädchen, die nicht älter als dreizehn, vierzehn oder fünfzehn Jahre sind‘, sagte mir ein Agent der IOM. ‚Italien ist dabei nur die Ankunftsstation. Von dort aus werden sie an Zuhälterinnen in ganz Europa verteilt und verkauft.‘"[158] Die Verflechtung zwischen Zuhältern und den „Schleusern", die oft genug als aus Solidarität um Hilfe bemühte Unterstützer dargestellt werden, ist nur der sichtbare Teil einer viel weitergehenden kriminellen Arbeitsteilung. Sie könnte sich gegen die afrikanischen Schleuser und vor allem gegen die Migranten wenden, wenn die europäische Unterwelt sich eines Tages einer extremen Rechten andienen sollte, die bei Wahlen nicht weiterkommt und den Marsch durch die demokratischen Institutionen aufgibt. Wie zu Zeiten der Entkolonialisierung könnten dann Terrorgruppen in Erscheinung treten, die – ähnlich wie die Organisation *La Main rouge* in den 1950er Jahren – Sabotageakte, Auftragsmorde oder wahllos Attentate ausführen. Extremistische Anhänger einer „Verteidigung" Europas dürften ihre Reihen auffüllen.

Ein viertes Szenario ist zwar vergleichsweise marginal, aber auch nicht ganz auszuschließen: die „Rückkehr zum Protektorat". Konfrontiert mit einer gewaltigen Migrationswelle könnte Europa auf alte Reflexe zurückgreifen, um „das Übel an der Wurzel auszumerzen". Diese Vorwärtsverteidigung könnte den Anfängen nach zu urteilen zwei unterschiedliche Formen

---

158 Vgl. „The Desperate Journey of a Trafficked Girl", https://www.newyorker.com/magazine/2017/04/10/the-desperate-journey-of-a-trafficked-girl

annehmen. Nach der Devise „teile und herrsche" könnte Europa mit den afrikanischen Regimen gemeinsame Sache machen, die sich bereit zeigen, für eine Gegenleistung den Zufluss einzudämmen. Das ist im Mittelmeerraum bei Marokko und Libyen bereits der Fall. Aber diese Strategie scheint auch in scheinbar harmlosen Begriffen durch wie etwa „gemeinsame Steuerung der Migrationsströme". Im Tausch gegen für ganz Europa geltende Visa für Geschäftsleute, Künstler und Vertreter der Machteliten und auch im Tausch gegen eine Entwicklungshilfe, die nicht mehr auf die Verwendung der Mittel schaut, würden die „kooperierenden" Länder zum europäischen Protektorat in doppeltem Sinne: Ihre Regime wären vor Einmischung von außen geschützt, während gleichzeitig ihre Souveränität in dem Moment eingeschränkt wäre, wenn es für die Verteidigung Europas nötig sein sollte. Darüber hinaus kann man sich die Frage stellen, wie weit die breite Unzufriedenheit, die sich in Afrika seit der Unabhängigkeit angestaut hat, in diesem Zusammenhang mobilisiert werden könnte, um einer noch offenerer, quasi-neo-kolonialen „Wiedererlangung der Kontrolle" den Weg zu bahnen.

Ein fünftes und letztes Szenario – eine Art „Sammelsurium-Politik" – ist vielleicht absolut betrachtet enttäuschend, aber umso kompatibler mit der Hü- und Hott-Funktionsweise moderner Demokratien. Sie besteht darin, alle genannten Optionen zu kombinieren, ohne aber bis zum Letzten zu gehen – „von jedem ein bisschen, aber ohne zu übertreiben". Es wäre genauso verkehrt, diese Hypothese auszuschließen, wie es verkehrt wäre, bei der scheinbaren „Nachgiebigkeit" der gewählten Machthaber Europas stehenzubleiben. Spanien mag da als Beispiel dienen. In dem Land, das historisch selbst Emigrationsland war und einen Babyboom in den 1960er und 70er Jahren erlebte, bis dann die Fruchtbarkeitsrate einbrach, lag 1990 der Anteil der Einwanderer bei 0,9 Prozent. Zwanzig Jahre später waren 14 Prozent der Bevölkerung laut Eurostat beziehungsweise 12 Prozent der spanischen Regierung zufolge ausländischer Herkunft, darunter etwa 800.000 Marokkaner. In diesem Land –

in dem der Satz „no hay moros en la costa", „Es gibt keine Mauren vor unseren Küsten", sprichwörtlich bedeutet: Es gibt keine Gefahr – kam es nicht zu einem Aufflammen von Fremdenfeindlichkeit, von der extremistische Parteien profitiert hätten. Spanien hat viel laviert, hat sich manchmal herumgedrückt, ist aber bislang eher gut über die Runden gekommen. Vor allem mit dem sogenannten Greco-Plan, der 2001 in Kraft trat, hat man sich zu innenpolitischen Kompromissen durchgerungen und auch die Zusammenarbeit mit Marokko, Mauretanien und dem Senegal verbessert.

Die beschlossenen Maßnahmen haben, auch „befördert" durch die brutale Wirtschaftskrise, Wirkung gezeigt. Ohne dass die Presse dem besondere Beachtung geschenkt hätte, verzeichnete im Jahr 2015 das europäische Land, das Afrika am nächsten liegt, nicht mehr als 13.000 Asylanträge – während die Gesamtzahl in Europa bei 1,3 Millionen lag. 2016 sank der Anteil der Ausländer auf spanischem Boden wieder unter die Marke von zehn Prozent. Er kann selbstverständlich wieder ansteigen – und wird es zweifellos tun, nicht nur weil die neue italienische Regierung die Häfen ihres Landes „dicht" gemacht hat, sondern auch, weil die Migrationsströme aus Subsahara-Afrika sich von Libyen zurück nach Marokko verlagern. Aber unter dem Strich scheint eine „flexible" Antwort auf den Einwanderungsdruck, die gleichzeitig auf den Aufbau *echten* Wohlstands in Afrika setzt, der Politik zu ähneln, die inzwischen dazu geführt hat, dass Mexikaner aus den USA in ihr Heimatland zurückkehren. Alles in allem reicht es, so gut es geht, über zwei oder drei Generationen „durchzuhalten". Wird das möglich sein beim *run* auf Europa?

Als ich Mitte der 70er-Jahre als Student nach Berlin kam, fand ich mich in einer Art Falle wieder zwischen zwei Generationen, die sich gegenseitig matt setzen wollten, meine Freunde an der Uni und deren Eltern. Die Älteren konterten jede Forderung nach einem radikalen Wandel mit der rituellen Formel: „Wenn es dir hier nicht passt, dann geh' doch nach drüben!" Gemeint war: auf die andere Seite der Mauer, in die DDR, in diesen Teil des kommunistischen Lagers. Außer der Mauer brauchte es auch noch den sogenannten Todesstreifen, um die eigene Bevölkerung zurückzuhalten – einen verminten Streifen Land zwischen zwei Stacheldrahtzäunen, der von Wachtürmen aus kontrolliert wurde. Wohl gemerkt hat sich aus meinem Bekanntenkreis niemand „drüben" niedergelassen, egal wie groß die Uneinigkeit zwischen jungen und weniger jungen Deutschen auch gewesen sein mochte. Das ist im heutigen Afrika ganz anders. Afrika ist von Hindernissen eingekreist, die die Europäer nützen, um die Bewohner des Kontinents davon abzuhalten, zu ihnen zu kommen – dem Stacheldraht von Ceuta und Melilla, einem Limes von Polizeistaaten, dem Mittelmeer, einer Mauer aus Geld ... Und die Alten ermuntern die Jüngeren oft genug, das Abenteuer zu wagen. „Schau dir an, wie es drüben ist." Und die jungen Afrikaner machen sich auf, koste es was es wolle, auch wenn sie nicht mehr als vage Vorstellungen davon haben, wie das Leben dort jenseits der Grenzen sein mag. Sie fühlen sich eingesperrt und fliehen, um sich zu befreien. Dabei machen sie sich falsche Vorstellungen und finden sich oft in einem unbewohnbaren „Aus-Land" wieder. Während der Arbeit an diesem Buch geriet mir manches Mal ein Afrika in den Sinn, das von all der Energie profitieren würde, die jetzt aufgewandt wird, um dem Kontinent den Rücken zu kehren. Wie würde dieses Afrika aussehen?

BIBLIOGRAFIE

[Zeitungsartikel, auf die in den Fußnoten des Buches verwiesen wird, sind hier nicht aufgeführt; Quellenangaben beziehen sich auf elektronische Ausgaben auf *Kindle*; wenn Quellen online verfügbar sind, wurde der Link angegeben.]

Africa in Fact (2014)
Zeitschrift der NGO „Africa Good Governance"
(August 2014, Nr. 25) *Going to Town*
(November 2014, Nr. 28) *Making up the Middle*

African Business (2015)
African Cities (Sondernummer Nr. 1, *The Shape of African Cities*, S. 8 – 16)

Afro-Barometer
(2008, Working Paper 100) *The Trans-Atlantic Slave Trade and the Evolution of Mistrust in Africa: An empirical investigation*
(2011, Working Paper 133) *Too Poor to Care? The Salience of AIDS in Africa*

Ajavi, J. F. Ade
L'Afrique au début du xixe siècle: problèmes et perspectives, in: Unesco: *Histoire générale de l'Afrique. VI. L'Afrique au xixe siècle jusque vers les années 1880*

Akpan, Uwem (2008)
Say You're One of Them

Alexander, Robin (2017)
Die Getriebenen: Merkel und die Flüchtlingspolitik: Report aus dem Innern der Macht

D'Almeida-Topor, Hélène / Coquery-Vidrovitch, Catherine /Goerg, Odile (1992)
Les jeunes en Afrique
Bd. 1 *(Évolution et rôle, xixe et xxe siècles)*
Bd. 2 *(La politique et la ville)*

Allison, Anne (2013)
Precarious Japan

Allison, Simon (2014)
„Counting Refugees in Conflict Situations", in: *Africa in Fact,* Nr. 21, S. 5 – 10

Argenti, Nicolas (2002)
Youth as a Resource, in: Alex de Waal / Nicolas Argenti, *Young Africa: Realizing the Rights of Children and Youth*

Ariès, Philippe (1960)
L'Enfant et la vie familiale sous l'Ancien Régime

Baldwin, James (1962)
„Letter from a Region in My Mind", in: *The New Yorker*, 17. November 1962

Bawer, Bruce (2002)
„Tolerating Intolerance. The challenge of fundamentalist Islam in Western Europe", in: *Partisan Review*, vol. 69, no 3

Bawer, Bruce (2006)
While Europe Slept: How Radical Islam is Destroying the West From Within

Bayart, Jean-François (2010)
„L'Afrique ‚cent ans après les indépendances': vers quel gouvernement politique?", in: *Politique africaine*, Nr. 119, S. 129–157

BBC (2015)
How Will A Population Boom Change Africa?, in: *The Inquiry*, 11. September 2015, http://www.bbc.com/news/world-africa-34188248

Betts, Alexander / Collier, Paul (2017)
Refuge: Transforming a Broken Refugee System

Beucher, Benoît (2009)
„La Naissance de la communauté nationale burkinabé, ou comment le Voltaïque devint un ‚Homme intègre'", in: *Sociétés politiques comparées, Revue européenne d'analyse des sociétés politiques*, Nr. 13

Birg, Herwig (2001)
Die demographische Zeitwende – Der Bevölkerungsrückgang in Deutschland und Europa

Birg, Herwig (2014)
Die alternde Republik und das Versagen der Politik. Eine demographische Prognose

Birg, Herwig (2016)
„Die Gretchenfrage der deutschen Demographiepolitik: Erneuerung der Gesellschaft durch Geburten im Inland oder durch Zuwanderung aus dem Ausland?", in: *Zeitschrift für Staats- und Europawissenschaften (ZSE)*, Nr. 3, Bd. 14, S. 351–377

Bourguignon, François (2012)
La Mondialisation de l'inégalité

Brunel, Sylvie (2014)
L'Afrique est-elle si bien partie?

Carey, Martha (2006)
„ Survival is Political". History, Violence, and the Contemporary Power Struggle in Sierra Leone, in *States of Violence: Politics, Youth, and Memory in Contemporary Africa*, S. 97 – 127

Césaire, Aimé (1935)
Négreries. Jeunesse noire et assimilation, in: *L'Étudiant noir*, März 1935

Charbit, Yves / Gaimard, Maryse (2015)
La Bombe démographique en question

Chasteland, Jean-Claude / Chesnais, Jean-Claude (2006)
„1935 – 2035: un siècle de ruptures démographiques", in: *Politique étrangère*, Nr. 4, S. 1003 – 1016

Central Intelligence Agency (2001)
Long-term Global Demographic Trends: Reshaping the Geopolitical Landscape, https://www.cia.gov/library/reports/general-reports-1/Demo_Trends_For_Web.pdf

Cincotta, Richard / Engelman, Robert / Anastasion, Daniele (2003)
The Security Demographic: Population and Civil Conflict After the Cold War

Cincotta, Richard (2008 – 2009)
Half a Chance: Youth Bulges and Transitions to Liberal Democracy, ESCP Report, no 13, https://www.wilsoncenter.org/sites/default/files/ECSPReport13_Cincotta.pdf

Collier, Paul (2009)
Wars, Guns, And Votes, Democracy in Dangerous Places

Collier, Paul (2013)
Exodus: How Migration is Changing Our World

Cooper, Frederick (2002)
Africa since 1940: The Past of the Presence. New Approaches to African History

Coquery-Vidrovitch, Catherine (1985)
Afrique noire. Permanences et ruptures

Debusman, Robert (1993)
„Santé et population sous l'effet de la colonisation en Afrique équatoriale",
in: *Matériaux pour l'histoire de notre temps*, Nr. 32 – 33, S. 40 – 46

Ehrlich, Paul (1968)
The Population Bomb

Ferenczi, Imre (1938)
„La Population blanche dans les colonies", in: *Les Annales de Géographie*,
Bd. 47, Nr. 267, S. 225 – 236

Ferguson, James (2006)
Global Shadows: Africa in the Neo-Liberal World Order

French, Patrick (2008)
The World Is What It Is: The Authorized Biography of V. S. Naipaul

Gifford, Paul (1998)
African Christianity: Its Public Role

Goldstone, Jack / Kaufmann, Eric / Duffy Toft, Monica (2011)
*Political Demography: How Population Changes Are Reshaping International
Security and National Politics*

Golaz, Valérie et al. (2012)
„Africa, A young but aging continent", in: *Population and Societies*, Nr. 491

Gubert, Flore (2008)
*„(In) coherence des politiques migratoires et de codéveloppement françaises.
Illustrations maliennes"*, in: *Politique africaine*, Nr. 109, S. 42 – 55

Gutmann, David (1988)
Age and Leadership: Cross-Cultural Observations, in: Angus McIntyre (Hrsg.),
Aging & Political Leadership, S. 89 – 101

Hardin, Rebecca (2011)
*„Concessionary Politics: Property, Patronage, and Political Rivalry in Central
African Forest"*, in: *Current Anthropology*, Bd. 52, S. 113 – 125

Harding, Jeremy (2000)
The Uninvited, in *London Review of Books*, vol. 22, no 3,
https://www.lrb.co.uk/v22/n03/jeremy-harding/the-uninvited

Harding, Jeremy (2012)
Border Vigils: Keeping Migrants Out of the Rich World

Hart, Keith (1973)
„Informal Income Opportunities and Urban Employment in Ghana",
in: *The Journal of Modern African Studies*, vol. 11, no 1, S. 61 – 89

Hatton, Timothy J. (2004)
Seeking Asylum in Europe, in: *Economic Policy*, Bd. 19, Nr. 38 (April), S. 5–51

Headrick, Rita (1994)
Colonialism, Health and Illness in French Equatorial Africa

Hertrich, Véronique / Lesclingand, Marie (2013)
„Adolescent Migration in Rural Africa as a Challenge to Gender and International Relationships: Evidence from Mali", in: *Annals* (Juli 2013), S. 175–188

Hochschild, Adam (1998)
Les Fantômes du roi Léopold. L'histoire d'un génocide oublié

International Crisis Group (2007)
La République centrafricaine. Anatomie d'un État fantôme

ICG (2015)
The Central Sahel: A Perfect Sandstorm, Africa Report 227

Internationale Organisation für Migration (2014)
Fatal Journeys. Tracking Lives Lost during Migration

Ismail, Olawale (2009)
„The Dialectics of ‚Junctions' and ‚Base': Youth, ‚Securo-Commerce' and the Crises of Order in Downtown Lagos ", in: *Security Dialogue*, vol. 40, no 4–5, S. 463–487

Jerven, Morten (2013)
Poor Numbers: How We Are Misled by African Development Statistics and What to Do About It

Karl, Kenneth (2000)
„The Informal Sector", in *The Courier*, vol. 178, S. 53–54

Kenyatta, Jomo (1938)
Facing Mount Kenya

Knight, Franklin W. (1996)
mit Beiträgen von Yusuf Talib und Philip D. Curtin, *La Diaspora africaine*, in: Unesco, *Histoire générale de l'Afrique. VI. L'Afrique au xixe siècle jusque vers les années 1880*

Kohnert, Dirk (2006)
Afrikanische Migranten vor der ‚Festung Europa', GIGA Focus, Nr. 12,
https://www.giga-hamburg.de/de/system/files/publications/gf_afrika0612.pdf

Laqueur, Walter (2007)
The Last Days of Europe. Epitaph for an Old Continent

Last, Murray (2005)
Towards a Political History of Youth in Muslim Northern Nigeria 1750–2000,
in: Jon Abbink / Ineke van Kessel (Hrsg.), *Vanguard or Vandals: Youth, politics and conflicts in Africa*, S. 37–54

Leahy, Elizabeth (2007)
mit Robert Engelman / Carolyn Gibb Vogel / Sarah Haddock / Tod Preston,
The Shape of Things To Come: Why Age Structure Matters to a Safer, More Equitable World, http://www.populationaction.org

Leonardi, Cherry (2007)
„‚Liberation' or Capture: Youth in between ‚Hakuma', and ‚Home' during Civil War and its Aftermath in Souther Sudan", in: *African Affairs*, vol. 106, no 424, S. 391–412

Mahajan, Vijay (2008)
Africa Rising: How 900 Million African Consumers Think

Malan, Rian (2012)
The Lions Sleep Tonight

Manning, Patrick (2010)
African Population. Projections, 1850–1960,
http://www.manning.pitt.edu/pdf/2010.AfricanPopulation.pdf

Manning, Patrick (2013)
African Population, 1650–1950: Methods for New Estimates by Region,
http://mortenjerven.com/wp-content/uploads/2013/04/AfricanPopulation.Methods.pdf

Marshall, Ruth (2009)
Political Spiritualities. The Pentecostal Revolution in Nigeria

May, John / Guengant, Jean-Pierre (2014)
„Les Défis démographiques des pays sahéliens", in: *Études*, no 4206, S. 19–30.

Mbembé, Achille (2016)
Politiques de l'inimitié

McGovern, Mike (2011)
Making War in Côte d'Ivoire

Michaïlof, Serge (2015)
L'Africanistan. L'Afrique en crise va-t-elle se retrouver dans nos banlieues?

Millman, Noah (2015)
The African Century, in: *politico.com* (5. Mai 2015), http://www.politico.com/magazine/story/2015/05/africa-will-dominate-the-next-century-117611

Mudimbé, Valentin (1988)
The Invention of Africa – Gnosis, Philosophy, and the Order of Knowledge

Museveni, Yoweri (1997)
Sowing the Mustard Seed. The Struggle for Freedom and Democracy in Uganda

Naipaul, V.S. (1983)
A Prologue to an Autobiography

Null, Schuyler (2011)
One in Three People Will Live in Sub-Saharan Africa, Says UN (New Security Beat, 8. Juni 2011), https://www.newsecuritybeat.org/2011/06/one-in-three-people-will-live-in-sub-saharan-africa-in-2100-says-un/

Ogawa, Naohiro et al. (2008)
Japan's Unprecedented Aging and Changing International Transfers, Beitrag auf der Konferenz „The Demographic Transition in the Pacific Rim", Séoul, 19.–21. Juni 2008,
http://ntaccounts.org/doc/repository/OMCM%202008.pdf

Olopade, Dayo (2014)
The Bright Continent. Breaking Rules and Making Change in Modern Africa

Packer, George (2006)
„*The Megacity. Decoding the chaos of Lagos"*, in: *The New Yorker*, 13. November 2006,
http://www.newyorker.com/magazine/2006/11/13/the-megacity

Radelet, Steven (2010)
Emerging Africa: How 17 Countries Are Leading the Way

Richburg, Keith (1997)
Out of America. A Black Man Confronts Africa

Sauvy, Alfred (1946, Neuauflage 2016)
„*Évaluation des besoins de l'immigration française"*, in: *Population*, vol. 711, S. 15–22

Schmitz, Jean (2008)
„Migrants ouest-africains vers l'Europe: historicité et espaces moraux", Einführung zu „*Migrants ouest-africains: miséreux, aventuriers ou notables?"*, in: *Politique africaine*, no 109, S. 5–15

Severino, Jean-Michel / Ray, Olivier (2010)
Le Temps de l'Afrique

Sommers, Marc (2006)
Youth and Conflict. A brief review of available literature, USAID,
http://www.crin.org/en/docs/edu_youth_conflict.pdf

Sommers, Marc (2015)
The Outcast Majority: War, Development, and Youth in Africa

Smith, Stephen (2015)
The Elite's Road to Riches in a Poor Country, in: Tatiana Carayannis / Louisa
Lombard (Hrsg.), *Making Sense of the Central African Republic*, S. 102–122

Spinks, Charlotte (2002)
Pentecostal Christianity and Young Africans, in: Alex de Waal / Nicolas Argenti,
Young Africa: Realizing the rights of children and youth

Sullivan, Rachel (2003)
Managing Modernity: African Responses to Rapid Population Growth,
Doktorarbeit an der Universität Berkeley, Kalifornien

Tabutin, Dominique (2007)
*Les Relations entre pauvreté et fécondité dans les pays du Sud et en Afrique
subsaharienne. Bilan et explications*, in: Benoît Ferry (Hrsg.), *L'Afrique face à
ses défis démographiques. Un avenir incertain*, S. 253–285

Tilly, Charles (2007)
Democracy

Time Magazine (1964)
Africa. Who is safe? (Portrait von Julius Nyerere), 13. März 1964

United Nations Population Division (1999)
The World at Six Billion,
http://www.un.org/esa/population/publications/sixbillion/sixbillion.htm

United Nations Population Division (2000)
Replacement Migration: Is It a Solution to Declining and Ageing Populations?,
http://www.un.org/esa/population/publications/migration/migration.htm

United Nations Population Division (2015)
World Population Prospects. The 2015 Revision, https://esa.un.org/unpd/wpp/

Vahlefeld, Markus (2017)
*Mal eben kurz die Welt retten. Die Deutschen zwischen Größenwahn und
Selbstverleugnung*, Vorwort von Henryk M. Broder

Vellut, Jean-Luc (1996)
Le Bassin du Congo et l'Angola, in: Unesco, *Histoire générale de l'Afrique. VI.
L'Afrique au xixe siècle jusque vers les années 1880*

Vennetier, Pierre (1976)
Les Villes d'Afrique tropicale

Weltbank (2017)
Africa's Cities. Opening Doors to the World, Bericht erstellt von Somik Vinay /
Lall / J. Vernon Henderson / Anthony J. Venables, http://www.worldbank.org/
en/region/afr/publication/africa-cities-opening-doors-world

DANKE!

Dieses Buch zu verfassen war ein Vergnügen und ein Privileg dank alter Freundschaften: in Frankreich mit Olivier Nora, dem Geschäftsführer des *Grasset* Verlags, und Ronald Blunden, dem Vize-Präsidenten von der *Groupe Hachette;* in Deutschland mit Andreas Rostek, meinem Herausgeber, den ich nach langen Jahren wiedergefunden habe – unverändert sympathisch und zuverlässig – und Thomas Schmid, den ich seit unseren journalistischen Gehversuchen in der *tageszeitung* nie aus den Augen verloren habe; wie immer hat mich auch Doris Köhn mit Rat und Tat unterstützt. Andreas Rostek und Dagmar Engel verdanke ich darüber hinaus eine deutsche Übersetzung, in der ich mich ganz und gar wiedererkenne. Ihnen allen möchte ich meine Dankbarkeit aussprechen. Die Verantwortung für den Inhalt dieses Buches liegt natürlich allein bei mir.

Mein Dank geht außerdem an Richard Cincotta, den Direktor für Demografische Studien am Stimson Center in Washington D.C. Mit Geduld und Freundlichkeit hat er mir Einlass in sein Reich gewährt: Ihm verdanke ich meine Entdeckung Afrikas als *„human geography".*

Es liegt mir gleichermaßen daran, Charles Piot und Achille Mbembé zu danken. Gemeinsam haben wir zwei Konferenzen zur internationalen und insbesondere afrikanischen Migration an der *Duke University* ausgerichtet. Sie haben Forscher aus Afrika, Europa und Amerika zusammengebracht, denen dieses Buch viele Anstöße verdankt. Mein Dank geht auch an Pierre Briand für seine Berichte über die Migranten von Paris, denen er hilft.

Und schließlich denke ich mit großer Verbundenheit an all die afrikanischen Migranten – auf ihrem Kontinent, in Europa und Amerika –, die mir ihre Lebensumstände geschildert haben. Sie haben mich damit auf einen Weg gebracht, der letztlich zu diesem Buch geführt hat. (S. Sm.)

Der Verlag dankt Eberhard Sucker, Thomas Schmid und nicht zuletzt Wolf-G. Hollmann für die Unterstützung.

Dieses Buch ist 2018 im Original unter dem Titel *Le ruée vers l'Europe* bei Grasset in Paris erschienen. Unsere Ausgabe basiert auf diesem Text und Aktualisierungen, die der Autor selbst besorgt hat.

ISBN 978-3-940524-75-1

Umschlaggestaltung: Gisela Kirschberg, Berlin
Umschlagfoto: © by NASA Goddard Photo and Video
Klappenfoto, vorn: © vikpoint/shutterstock.com
Klappenfoto, hinten: © Willy Barton/shutterstock.com

Satz und Gestaltung: Gisela Kirschberg, Berlin
Druck: GGP Media GmbH, Pößneck
Gesetzt aus der Minion und der Frutiger